LE SPÉCIALISTE

l'Équitation

MOIRA C. HARRIS
& LIS CLEGG

Adaptation française de
MARIE-CÉLINE CASSANHOL

GRÜND

28
0

« RIEN N'ÉGALE LA COMPLICITÉ
ENTRE UN CHEVAL
ET SON CAVALIER. »

R. S. Surtees, journaliste sportif
(1804-1864)

UN LIVRE DORLING KINDERSLEY

POUR L'ÉDITION ANGLAISE
Création éditoriale : Richard Gilbert
Création artistique : Mark Cavanagh
Responsable éditoriale : Stéphanie Farrow
Responsable artistique : Lee Griffiths
Direction artistique : Bryn Walls
Directeur de la publication : Jonathan Metcalf
PAO : Vania Cunha
Fabrication : Heather Hughes
Photographies : Kit Houghton et Bob Langrish

POUR L'ÉDITION FRANÇAISE
Adaptation française : Marie-Céline Cassanhol
Suivi éditorial et PAO : PAOh ! Dole
Secrétariat d'édition : Élodie Chaudière

ISBN 978-2-7000-1539-3
Dépôt légal : janvier 2007
Imprimé en Chine

Éditions Gründ
60, rue Mazarine – 75006 Paris
www.grund.fr

SOMMAIRE

QUICONQUE EST DÉJÀ MONTÉ À CHEVAL VOUS AVOUERA QU'APRÈS UNE PREMIÈRE EXPÉRIENCE EN SELLE, ON SE SENT INÉVITABLEMENT ENDOLORI ET COURBATURÉ. MAIS CE MOINDRE DÉSAGRÉMENT S'ESTOMPE DEVANT LA JOIE QUE PROCURE CETTE MÉMORABLE DÉCOUVERTE DE SENSATIONS NOUVELLES.

Quand on monte à cheval, certains muscles sont inhabituellement sollicités, car contrairement au vélo par exemple, il s'agit de réagir en harmonie avec une créature vivante. À cheval, la complicité est grande entre le cavalier et l'animal, même s'ils communiquent souvent en silence. Un cavalier voit s'envoler ses soucis quotidiens tant son esprit se concentre sur l'action qu'il exécute. Les courbatures du départ montrent bien que pratiquer l'équitation ne signifie en rien être passager, mais bien s'impliquer dans une activité sportive au plaisir partagé. Quel que soit le degré d'intérêt que vous y portez, que vous souhaitiez simplement pouvoir tenir en selle lors d'une promenade, ou que vous ayez l'intention de vous lancer dans l'épreuve cross-country de l'année prochaine, ce livre vous sera d'une grande utilité. Vous y trouverez de nombreuses informations concernant les bases de l'équitation, mais il ne saurait constituer votre unique méthode d'apprentissage : c'est un excellent complément à vos leçons d'équitation.

RANDONNÉE EN NOUVELLE-ZÉLANDE
Les côtes du Pacifique sud sont le lieu idéal pour une promenade sur la plage ou un galop vivifiant dans l'écume des vagues.

Ainsi, ce guide vous donnera une idée de ce qui vous attend et des objectifs à atteindre. Vous comprendrez pourquoi tant de personnes restent aujourd'hui encore fascinées par les chevaux, dans un monde au rythme effréné imposé par la technologie.

Les raisons de cet intérêt sont multiples. Il suffit de contempler un cheval : ses attraits sont indéniables. Sa force, sa beauté, son intelligence (associée à sa nature obligeante) lui ont permis de tisser une relation unique avec les hommes. Aucun autre animal aussi impressionnant par sa taille et sa vitesse n'est aussi désireux de nous obéir.

Aucun autre animal aussi impressionnant par sa taille et sa vitesse n'est aussi désireux de nous obéir.

DES RÔLES DIVERS

Longtemps, les chevaux n'ont intéressé les hommes que parce qu'ils les servaient obligeamment. Leur puissance et leur obéissance furent exploitées pour labourer les champs, pour porter les soldats dans la bataille, ou simplement servir de moyen de transport ; les chevaux étaient considérés comme des créatures utilitaires. Aujourd'hui encore, ils sont employés par les fermiers, les propriétaires de ranch et les forces de police. Ils participent aussi à de nombreux sports de compétition, qu'il s'agisse de franchir à toute allure le poteau d'arrivée, de traverser le désert, ou d'attaquer le dernier saut d'un concours aux Jeux Olympiques. Mais pour la plupart des cavaliers amateurs, le cheval est synonyme d'évasion ; c'est un véritable partenaire sportif et un compagnon de confiance.

Si l'on peut débattre de la façon dont on doit monter à cheval, cavaliers et cavalières s'accordent à dire que l'équitation n'est pas chose facile. Les « cavaliers innés » sont rares et l'apprentissage souvent incontournable. Certains consacrent leur vie à perfectionner leurs aptitudes et même les cavaliers de niveau mondial, les participants au dressage international et au concours complet travaillent avec des coachs.

Maîtriser un animal grand, lourd et puissant, doté de sa propre personnalité, peut constituer un défi pour l'esprit autant que pour le corps. Car vous apprendrez vite que chaque cheval est unique.

EN TOUTES SAISONS
On peut monter à cheval toute l'année. Ce robuste Haflinger, protégé par son épaisse robe hivernale, est tout à fait à son aise dans la neige.

CONSEILS ET INFORMATIONS

Les amoureux du cheval qui envisagent de se mettre à l'équitation, même pour une simple promenade, auront intérêt à bien connaître cet animal et à maîtriser les techniques de base. Bien choisir sa tenue et l'équipement appropriés est indispensable à la sécurité et au confort du cavalier. S'intéresser au comportement de l'animal garantit une meilleure compréhension de la conduite du cheval.

SORTIES ENTRE AMIS
Que vous fassiez du tourisme équestre ou de simples promenades, l'équitation reste un vrai plaisir.

Il est bon que les débutants apprennent à panser et à seller leur animal. Si vous prenez le temps de maîtriser ces notions de base, vous apprécierez d'autant mieux de monter à cheval, que vous partiez sur les pistes, en camp de vacances, ou dans un ranch de travail.

Près d'un cheval, prudence et sécurité doivent primer sur toute autre considération. Les bons cavaliers n'oublient jamais que leur sport peut parfois être dangereux. Un accident est toujours possible ; c'est pourquoi il est nécessaire de prendre certaines précautions qui garantiront la santé et le bien-être de la monture et de son cavalier.

À CHACUN SON CHEVAL

Si vous décidez de vous lancer sérieusement dans l'équitation, vous découvrirez qu'il y a beaucoup à apprendre en matière de sellerie et d'équipement, car celui-ci peut aider à améliorer les performances de votre animal.

Il existe quantité de disciplines parmi lesquelles vous pourrez choisir entre l'équitation western, le dressage, le jumping ou le cross-country. Quel que soit votre choix, vous disposerez de plusieurs méthodes pour progresser, maîtriser votre cheval et parfaire sa conduite. Savoir exécuter des figures ou des manœuvres complexes au manège, franchir des obstacles lors d'une randonnée, ou partir à la conquête des pistes exige beaucoup de pratique, d'adresse et de patience.

Les amateurs passionnés voudront peut-être plonger plus avant dans les divers aspects de l'équitation. Ceux que le concours intéresse devront perfectionner leurs talents pour l'exhibition et s'imprégner de la psychologie qui sous-tend toute victoire. Il faut beaucoup d'endurance pour sortir vainqueur en équitation, toutes catégories confondues.

Monter à cheval est un loisir exaltant. Beaucoup le considèrent comme une activité réservée aux enfants (posséder un cheval est le rêve de nombre d'entre eux). Quelques privilégiés grandissent parmi les chevaux, mais la grande majorité d'entre nous n'a pas cette chance. Heureusement, l'équitation peut se pratiquer à tout âge, et il n'est jamais trop tard pour réaliser votre rêve de galoper au soleil couchant ou dans l'écume des vagues sur un magnifique et vigoureux coursier.

HISTOIRE DE L'ÉQUITATION

HARNACHER UN CHEVAL

Le premier vrai cheval avait la taille d'un poney et était chassé pour sa viande par l'homme de Cro-Magnon. Très agile et rapide, il était l'un des animaux les plus doux de son époque. Ce qui explique peut-être que le cheval ait fini par devenir bien plus qu'une simple source de nourriture.

LA DOMESTICATION

Durant l'ère néolithique en Eurasie, vers 4000 av. J.-C., l'homme est passé d'une vie de chasse et de cueillette à la culture et à la domestication, élevant les animaux pour leur viande. Certains devinrent même des animaux domestiques. Apprivoiser les chevaux facilita leur consommation, mais leur nature docile contribua à faire évoluer leur rapport avec l'homme qui découvrit bientôt l'utilité de cet animal.

Le cheval devint une ressource plus précieuse encore lorsque les premiers agriculteurs découvrirent qu'il était plus facile de contrôler un troupeau quand on était soi-même à cheval. À partir de ce moment, l'homme eut une vision du monde complètement nouvelle.

EN SAVOIR PLUS

LE PREMIER CHEVAL

L'*Hyracotherium* est plus connu sous le nom Eohippus qui signifie « cheval de l'aube ». De la taille d'un chien, il vivait à la période éocène (53 à 34 millions d'années av. J.-C.). C'est l'ancêtre de l'*Equus caballus*, le premier « vrai cheval ».

Reproduction d'un *Hyracotherium*

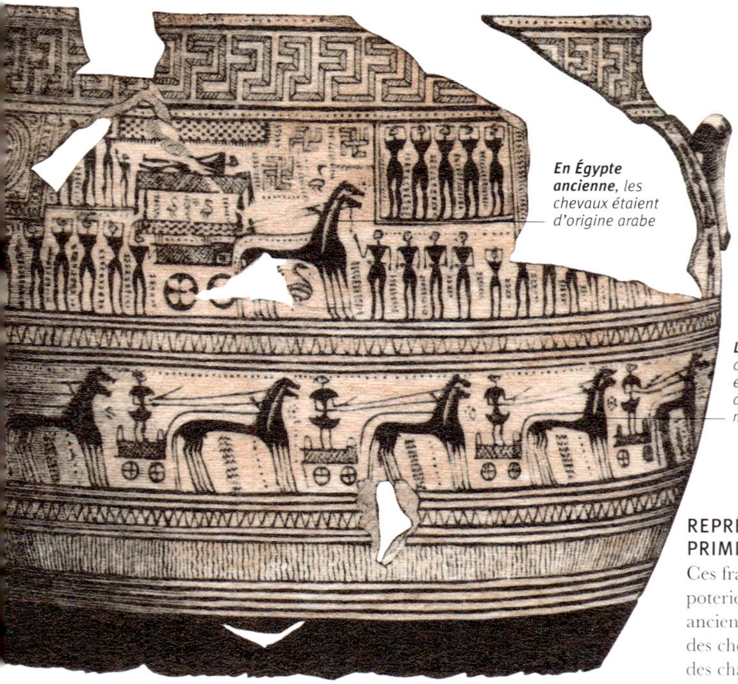

***En Égypte ancienne**, les chevaux étaient d'origine arabe*

***La plupart** des chevaux de cette époque étaient conduits et non montés*

REPRÉSENTATION PRIMITIVE

Ces fragments d'une poterie de l'Égypte ancienne montrent des chevaux tirant des chars.

CAVALIER ARAMÉEN
Le cheval devint important pour les premières armées du Proche-Orient. Ce bas-relief montre un cavalier araméen du IXᵉ siècle av. J.-C.

LES PREMIÈRES SELLERIES

Les premiers cavaliers s'accrochaient à leur monture sans trop savoir où elles les menaient, mais ils étaient déterminés à en gagner le contrôle. Certaines des premières selleries montrent que ces précurseurs avaient découvert que s'ils parvenaient à « freiner » la partie avant du cheval, l'animal entier obéissait. Des brides rudimentaires de cette époque (de simples tendons placés sur les naseaux ou une lanière de cuir enroulée autour de la mâchoire inférieure) ont été découvertes dans des excavations près de la mer Noire.

Une fois acquise la maîtrise du cheval, l'homme vit s'ouvrir de nouveaux horizons et les peuplades migrèrent vers le « croissant fertile » du Proche-Orient. Vers le milieu du second millénaire, les chevaux tiraient des chars à travers la Grèce, l'Égypte, la Mésopotamie et même la Chine. Au Proche-Orient, les hommes montaient déjà à cheval, ce qui changea radicalement le domaine de la guerre et de la chasse.

La sellerie évolua en même temps que la relation à l'animal. On attribue aux Chinois le développement des étriers et des fers. Les premiers mors, développés vers 1500 av. J.-C., furent découverts au Proche-Orient. Le cheval était un luxe que seuls les riches et les puissants pouvaient s'offrir. Les chars, parés lorsque royaux, étaient symboles de richesse et de supériorité. Les chevaux étaient eux aussi chargés d'ornements, du simple panache aux harnais de bronze les plus sophistiqués. Le cheval acquit rapidement le statut de symbole hiérarchique.

LE CHEVAL ET LES PREMIÈRES GUERRES

Dès 1500 av. J.-C., la puissance du cheval fut exploitée par l'armée. Du Proche-Orient jusqu'en Méditerranée, l'endurance et la force du cheval furent mises au service de la conquête des nations.

Les Égyptiens et les Hittites furent les grands bâtisseurs d'Empire de cette époque. Un texte datant de 1345 av. J.-C. environ, décrit la façon dont un guerrier hittite nommé Kikuli sélectionnait, entraînait et conditionnait des chevaux pour la bataille. Il élabora même des régimes nutritifs à base de rations d'avoine, d'orge, de foin, de paille et de sel. Kikuli avait une connaissance indéniable de la physiologie et de la psychologie du cheval. Ses méthodes pourraient encore être utilisées aujourd'hui.

MORS CHINOIS
Ce mors a probablement été porté par un cheval de cavalerie durant la dynastie Han (206 av. J.-C. – 220 apr. J.-C.). À cette époque, l'équipement revêtait aussi une importante fonction décorative.

LA MULTIPLICATION DES RACES

Les chevaux se développèrent en races et types distincts à mesure que l'homme comprenait la science de l'élevage. Dans chaque région, le climat, les différents sols, la topographie et les visées utilitaires eurent un impact sur l'apparition des diverses races équines.

Au cours des IVe et Ve siècles, plusieurs tribus asiatiques envahirent l'Asie occidentale sur leurs chevaux des plaines ; ces peuples rencontrèrent bientôt les tribus du désert et leurs fougueux chevaux arabes, qui supportaient les longs trajets sur une terre aride. Ceux-ci possédaient résistance, vitesse et agilité, auxquelles s'ajoutaient beauté et sensibilité. On les qualifia de « sang chaud », non seulement en rappel de leur origine, mais aussi pour leur intelligence et leur réceptivité.

Au Moyen Âge, l'extension du peuplement de l'Europe rendit nécessaire l'utilisation de chevaux corpulents et puissants capables de porter un chevalier en armure de cotte de mailles en plus de leur propre équipement de protection. À cause de leur taille, les chevaux étaient dressés de façon à être particulièrement obéissants. Originaire des plus froids pays d'Europe, le lourd cheval de trait était perçu comme un géant placide sur lequel pouvait combattre son chevalier.

Au XVe siècle, les soldats furent débarrassés de leurs lourdes armures pour manier les armes à feu et n'eurent donc plus besoin de chevaux aussi massifs pour les porter. Les éleveurs créèrent alors des chevaux de guerre plus petits et plus agiles.

LE TARPAN
C'est probablement au Tarpan, via l'Arabe, que nous devons la forme de la tête des chevaux que nous connaissons aujourd'hui. Il évoluait dans les plaines désertiques d'Europe et d'Asie.

Un caparaçon *chamarré habillait le cheval*

Une armure *de cottes de mailles protégeait le cavalier*

LES RACES MODERNES

Les chevaux « lourds » (de trait) sont apparus dans un climat froid et sur un sol cruel pour exécuter, avec force et volonté, un dur labeur. Les chevaux « légers » (montures d'équitation, de transport ou de loisirs), d'une grande beauté, furent conçus pour être rapides, endurants et agiles. Le poney (animal robuste doté d'intelligence et de détermination) fut élevé pour l'attelage et la promenade.

On dénombre près de 400 races, mais beaucoup d'entre elles sont très rares. Parmi ces races inhabituelles : l'Akhal-Téké du Turkménistan, avec sa robe aux reflets métalliques ; le Cheval du Désert du Namib, qui vit dans les conditions les plus inhospitalières de la Namibie ; le Noriker d'Autriche, un cheval lourd à la robe pommelée ; le Curly américain qui arbore une robe ondulée réputée hypoallergénique ; et le Falabella d'Argentine, qui ne dépasse pas les 75 cm au garrot.

CHEVALIERS EN ARMURE

Au Moyen Âge, les tournois de joutes constituaient un entraînement militaire et un divertissement. En voici une reconstitution.

EN SAVOIR PLUS

LA MONTE EN AMAZONE

Jusqu'au Moyen Âge, les femmes ne montaient pas à cheval. La position consistant à s'asseoir à califourchon sur un cheval, considérée inélégante, était presque impossible à cause des robes. Ainsi est née l'idée de monter avec les deux jambes du même côté. En 1580, Catherine de Médicis inventa une selle comprenant un pommeau supplémentaire sous lequel la cavalière pouvait loger sa jambe pour plus de sécurité. Deux cent cinquante ans plus tard, Charles Pellier créa une fourche basse qui s'incurvait au-dessus de la cuisse afin de permettre à la cavalière des allures plus soutenues.

Cavalière montant en amazone

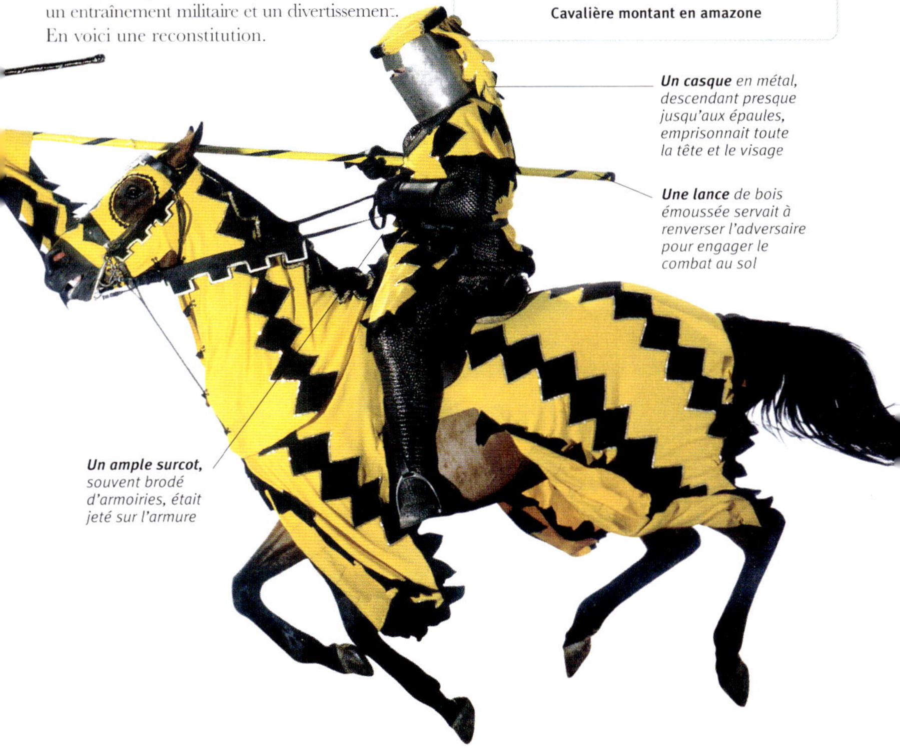

LES CHEVAUX ET LE SPORT

Aussi loin que remontent les témoignages, la course hippique est un sport pratiqué dans presque toutes les grandes civilisations. Selon certaines archives remontant à 4500 av. J.-C., des tribus nomades de l'Asie centrale auraient monté pour la course les chevaux qu'elles avaient apprivoisés. En 638 av. J.-C., les Grecs anciens avaient inscrit la course de chars et la course hippique à la liste des Jeux Olympiques. Au cours du XIIe siècle, les chevaliers anglais ramenèrent des Croisades de petits chevaux au sang chaud. Au XVIIe siècle, les courses étaient prisées par la noblesse britannique. C'est à cette époque qu'on leur attribua le sobriquet de « sport des rois ». Charles II, conscient que les qualités de ces chevaux d'Afrique du Nord pouvaient améliorer son cheptel, entreprit de les élever avec ses juments. Les poulains qui naquirent alliaient rapidité et endurance et participaient à des courses privées.

La lignée des Pur-sang remonte aux étalons d'Afrique du Nord amenés en Angleterre après 1662. Trois races comptent aujourd'hui parmi les chevaux de course : le Darley Arabian, le Byerley turc et le Godolphin Barb.

LE BYERLY TURC

Cette célèbre peinture de John Wootton montre que le Byerly turc possédait une robe brune et l'allure d'un cheval arabe.

LES CHEVAUX AUX JEUX OLYMPIQUES

AU COMMENCEMENT

C'est en 1896 que reprirent les Jeux Olympiques à Athènes, mais la compétition équestre ne figurait pas parmi les quatre premiers Jeux. Deux épreuves équestres firent leur début olympique à Paris en 1900, lorsque le saut en longueur et le saut en hauteur (puissance) furent pratiqués pour la première et unique fois. En 1906, on proposa d'ajouter les sports équestres aux Jeux Olympiques et ils figurèrent en 1912 au programme des Jeux de Stockholm. Les épreuves comprennent le dressage individuel, le concours complet sur trois jours et le jumping individuel et en équipe, chaque pays étant représenté par une équipe de six cavaliers. Le Comité International des Jeux Olympiques a déjà envisagé d'ajouter d'autres épreuves (l'endurance et le reining par exemple).

EXCLUSION ET INCLUSION

Quand les épreuves équestres furent acceptées, seuls des officiers commissionnés étaient autorisés à participer au concours complet et une poignée de civils seulement participait au dressage et au jumping. Après la Seconde Guerre mondiale, la proscription des participants civils fut levée et hommes et femmes purent concourir ensemble, dans les seules épreuves olympiques où ils se rencontraient sur un pied d'égalité.

Jessica Kuerten, saut d'obstacles, 2004

Blyth Tait, concours complet, 2004

Équipe allemande, dressage, 2000

LES COURSES ORGANISÉES
Durant le règne de la reine Anne (1702-1714), la course hippique devint en Angleterre un sport organisé où plusieurs chevaux et cavaliers couraient devant des spectateurs. Des champs de courses furent construits dans tout le pays (les champs de course d'Ascot de la reine Anne, près du château de Windsor, ouvrirent en 1711). Les éleveurs se spécialisèrent et l'élevage du « pur-sang » pour la course se développa dans les haras. La course de Pur-sang américains est la course de plat la plus populaire aux États-Unis, plusieurs États organisent des courses pour les Quarter Horses, Appaloosas et Arabes.

DE NOUVEAUX SPORTS
Les sports équestres virent le jour avec les courses et ne cessèrent ensuite de se diversifier. Grâce à l'invention de la locomotive à vapeur en 1710 et aux innovations de la Révolution industrielle, le rôle du cheval évolua peu à peu, passant de l'utilitaire à l'agréable.

De nombreux événements sportifs étaient inspirés de l'équitation militaire. On a retrouvé, en 500 av. J.-C., au cours du règne du roi perse Darius, des versions militaires du polo. Ce n'est qu'en 1869 que les occidentaux goûtèrent à ce jeu, après qu'il ait été ramené d'Inde par les officiers britanniques.

LES MOGHOLS ET LE POLO
Le polo fut d'abord joué sur des champs arides de Perse et de Chine par des guerriers nomades, plus de 2000 ans auparavant. Il s'avéra profitable aux entraînements militaires.

Le dressage fut développé pour le champ de bataille. La Haute École, créée durant la Renaissance, apprenait aux chevaux à exécuter des sauts, des manœuvres, et certaines postures pour protéger leur cavalier.

Le saut d'obstacles est né de la chasse au renard, qui nécessitait de sauter des haies et des murs pour poursuivre la proie. Les premiers concours eurent lieu en Irlande au milieu des années 1800, avec la Royal Dublin Society.

L'attelage puise ses origines dans les antiques courses de chars romaines. Aujourd'hui, on peut pratiquer en concours la course attelée (un cheval et un sulky) ou le marathon (deux paires de chevaux et une voiture à quatre roues). Les courses de chuck-wagon (cantines ambulantes de l'ouest américain) constituent le clou de Calgary Stampede, le premier rodéo canadien. Les épreuves modernes d'attelage (comprenant un ou plusieurs chevaux ou poneys) sont basées sur le modèle des concours complets. Elles ont débuté en 1968, quand les règles furent établies par Son Altesse Royale le Prince Philippe.

LES ORIGINES DES STYLES

Au début, monter à cheval ne nécessitait guère plus que de savoir tenir en selle et envoyer des signaux rudimentaires pour maîtriser l'animal. Mais l'équitation est rapidement devenue un exercice complexe. Tandis que le rôle du cheval se diversifiait, différents styles apparurent selon les régions.

L'ÉQUITATION CLASSIQUE

Généralement appelée « classique » ou « anglaise », c'est une méthode souple qui s'adapte facilement à presque toutes les situations, de la promenade au concours. Les méthodes modernes sont l'aboutissement d'un mélange entre les anciennes techniques de la cavalerie et de la chasse et celles du dressage et de la « haute école », incarnée par les cavaliers de la célèbre École d'Équitation espagnole de Vienne et leurs chevaux Lippizans.

Ces méthodes sont également très bien illustrées par le Cadre Noir, le régiment de cavalerie d'élite basé à l'École nationale d'équitation de Saumur, dont les démonstrations de dressage bénéficient d'une grande renommée, et qui a produit parmi les meilleurs concurrents français.

LIPPIZAN
Le cheval se cabre et rue avant que ses membres antérieurs ne touchent le sol.

La Grande-Bretagne ne montrait d'abord guère d'enthousiasme pour le dressage, préférant la chasse et les joutes. Mais Henri VIII fut suffisamment curieux pour engager un dresseur de chevaux formé en Italie pour la cour de Hampton. William Cavendish fut anobli marquis de Newcastle par Charles Ier en 1628 ; grand cavalier, il ouvrit une école à Antwerp après avoir été banni d'Angleterre par Oliver Cromwell. Après la Première Guerre mondiale, les chevaux ne furent plus aussi nécessaires à l'armée, et l'équitation plaisir put prendre son essor.

LA CHARGE DE LA BRIGADE LÉGÈRE
La cavalerie a joué un rôle capital dans la guerre de Crimée (1854-1855). Mais la « Charge de la brigade légère » se termina par d'énormes pertes humaines et « équestres ».

COW-BOY ET BÉTAIL
Le sens du bétail, l'aptitude à comprendre et à bien réagir au langage corporel bovin, est très prisé dans un ranch équestre.

Cependant, le talent des palefreniers de l'armée se perdait, et des spécialistes en matière d'équitation et de soins devinrent indispensables. Si l'on a longtemps associé une image militaire à l'équitation, c'est parce que jusque dans les années 1950, les écoles de cavalerie étaient parmi les seules à transmettre cet enseignement. Un grand nombre d'anciens instructeurs de cavalerie ont largement contribué à faire de l'équitation classique ce qu'elle est aujourd'hui.

L'ÉQUITATION WESTERN

Vers 1500, les conquistadors espagnols accostèrent dans le Nouveau Monde avec leurs chevaux de guerre. Durant de nombreuses décennies, comme ils s'implantaient dans ce qui est aujourd'hui l'Amérique centrale et l'Amérique du Sud, les Espagnols troquèrent leur tenue de combat et leur armement pour un équipement, des vêtements et un style d'équitation adaptés aux besoins des *vaqueros* (vachers). De la *bota* semblable à la botte des cow-boys modernes au chapeau à large bord, toute l'Amérique fut marquée au cours des deux siècles suivants par l'influence des *ranchers* espagnols et mexicains.

Vers 1700, quand les colons d'Amérique du Nord se lancèrent à la conquête de l'Ouest (vers ce qui allait devenir le Texas, l'Arizona, le Nouveau Mexique, le Colorado et la Californie), ils observèrent les *vaqueros* avec grand intérêt, fascinés non seulement par leurs vêtements et leur équipement, mais surtout par leur façon de monter. Leurs chevaux, finement dressés pour réagir à la moindre commande, possédaient un incroyable sens du bétail. À la fin de la guerre entre les États-Unis et le Mexique en 1848, les Américains assimilèrent peu à peu la culture du ranch des Hispaniques. Les premiers cow-boys étaient nés.

Dans les années 1850, on se mit à sélectionner des chevaux à l'allure déliée et faciles à monter. Les chevaux qui trottaient de façon souple et douce étaient très recherchés. Le Quarter Horse américain, l'Appaloosa et le Paint Horse sont de parfaits *stock horses* (chevaux de ranch).

COMPRENDRE SON CHEVAL

L'ANATOMIE DU CHEVAL

Chez le cheval, le rapport entre structure et fonction s'appelle « conformation ». Un cheval peut exécuter diverses tâches que lui demande l'homme, mais comme nous, les chevaux sont tous bâtis différemment et n'excelleront pas dans les mêmes domaines.

LES TRAITS CARACTÉRISTIQUES
La tête d'un cheval doit être bien proportionnée par rapport à son corps. Son encolure, élancée et galbée, doit reposer entre des épaules puissantes et inclinées. Si sa gorge est trop large, il aura du mal à travailler avec un mors.

La conformation d'un cheval dépend de sa race. Ses côtes doivent être bien espacées pour une capacité respiratoire maximale, sa croupe ne doit pas être plus haute que son garrot de façon à transférer le poids vers l'arrière, et son poitrail doit être large et musclé. Son échine (de la crête jusqu'aux muscles de son arrière-main) agit comme un pont suspendu : presque tout le poids du cheval repose entre les « piliers » que sont ses membres antérieurs et postérieurs, essentiels à son bien-être (une blessure peut impliquer la fin de sa carrière, mais aussi menacer sa vie). Sous les genoux et les jarrets, les muscles sont remplacés par un jeu complexe de tendons et de ligaments. Le cheval possède un mécanisme de blocage des articulations qui lui permet de dormir debout.

L'ANATOMIE DU CHEVAL
La plupart des noms désignant les différentes parties d'un cheval sont spécifiques. Si elles sont toutes bien proportionnées et équilibrées, on dit que le cheval a une bonne conformation.

MESURER LA TAILLE

Traditionnellement, on mesurait un cheval en mains et en pouces ; cette vieille coutume était pratiquée par les cavaliers qui plaçaient leur main à l'horizontale et comptaient le nombre de largeurs de main du garrot au sabot. Aujourd'hui, le terme de « main » représente 10 cm. La taille est maintenant mesurée en mètres.

Un cheval doit mesurer plus de 1 m 48. Si sa taille est inférieure, il sera considéré comme un poney. Ce dernier n'est pas à confondre avec le jeune cheval appelé *yearling*. Un poney est un équidé adulte, mais de petite taille.

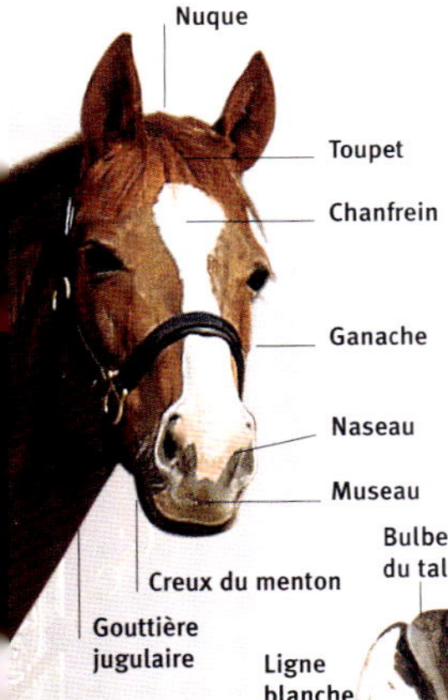

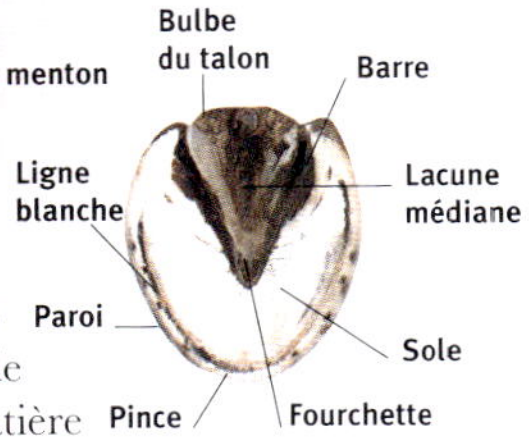

LES SABOTS

Constitués de la même matière que nos ongles, les sabots ne cessent de « pousser ». Les sabots d'un cheval en liberté s'usent naturellement, au gré des sols parcourus. Mais ceux d'un cheval domestique devront être parés régulièrement.

LES ROBES

NOIR
Un cheval noir possède une robe entièrement noire, jusqu'à sa crinière et sa queue.

BAI
Son corps et sa tête sont marron, plus ou moins foncé. La crinière, la queue et le bas des membres sont assortis de poils noirs.

LOUVET
Sa robe, sa crinière et le bas de ses membres sont alezans avec des poils noirs.

ALEZAN
Sa robe cuivrée peut aller du clair au brun-roux. Sa crinière et sa queue sont semblables ou plus claires.

PALOMINO
Sa robe est dorée et sa crinière et sa queue sont couleur crème, parfois blanches.

ROUAN
Sa robe présente un mélange de poils blancs et noirs (Rouan clair), roux (Rouan vineux) ou alezans (Rouan fraise).

GRIS
Leur robe varie du blanc au gris foncé. Elle peut être unie, pommelée (comme ici) ou mouchetée.

PIE ET PIE ALEZAN
La robe d'un Pie est blanche avec de larges taches noires. Celle d'un Pie alezan est blanche avec de larges taches marron.

APPALOOSA
L'Appaloosa est un cheval gris à la robe tachetée de noir ou de brun.

LES MARQUES DE LA TÊTE ET DES MEMBRES

BOUT DE NEZ
Tache blanche entre les naseaux ; peut les recouvrir.

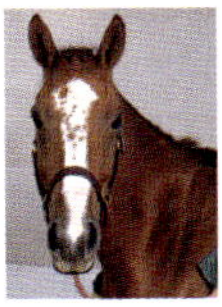
LISTE NEIGÉE
Large ligne blanche verticale et tachetée.

BELLE FACE
Tache blanche couvrant tout l'avant de la tête.

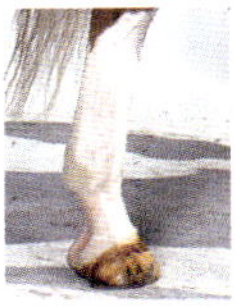
BALZANE HAUT CHAUSSÉE
Partie blanche allant du sabot au genou.

PETITE BALZANE HERMINÉE
Petites taches qui parsèment la couronne blanche.

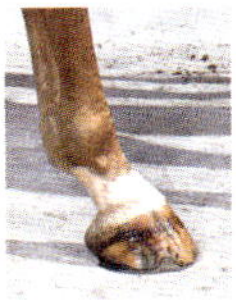
BALZANE NORMALE
La tache blanche s'étend du sabot jusque sous le boulet.

LES CHEVAUX EN LIBERTÉ

Il y a quelque chose de grandiose dans un troupeau de chevaux en liberté et les voir évoluer procure un sentiment d'humilité. La plupart des chevaux sauvages sont souvent issus d'un cheptel autrefois domestiqué. Leur instinct et leurs gènes ont fait d'eux des créatures capables de résister aux plus terribles conditions et de s'épanouir malgré de nombreuses privations.

LES CHEVAUX SAUVAGES

On utilise souvent le terme de chevaux « sauvages », mais leur espèce n'est guère différente de celle des chevaux domestiqués. Le Mustang américain, le Brumby d'Australie, le Poney New Forest d'Angleterre et le Camarguais sont tous des chevaux qui vivent en liberté. Ils peuvent être capturés et apprivoisés, et certains d'entre eux s'avèrent excellents pour l'équitation et la compétition.

Le seul cheval sauvage n'ayant jamais été domestiqué est le Przewalski (*Equus ferus*), nommé d'après l'explorateur et naturaliste russe qui le découvrit dans les steppes de Mongolie en 1881. Les Mongols l'appellent « takhi ». Tout petit (environ 1,32 m au garrot), il affiche des traits légèrement grossiers, tels que les zébrures sur les membres, une crinière en brosse et une queue effilée. Malgré les lois qui le protègent depuis 1962, sa race s'est lentement éteinte au cours du siècle dernier, jusqu'à ce qu'il n'en reste plus un seul en liberté.

Heureusement, quand ces chevaux furent découverts, quelques spécimens

LE PRZEWALSKI
Le Przewalski est réintroduit par petits groupes dans les steppes de Mongolie. Ils sont aujourd'hui une centaine à évoluer en liberté.

EN SAVOIR PLUS

LES ÉQUIDÉS SAUVAGES

Les zèbres sont des membres sauvages de la famille du cheval. Certains ont été apprivoisés et vivent en captivité, mais aucun n'a jamais été domestiqué. Il existe trois espèces répertoriées : le Grévy (*Equus grevyi*), le zèbre de montagne (*Equus zebra*) et le zèbre commun ou des plaines (*Equus burchelli*). Tous vivent en Afrique. Plus petits qu'un cheval, ils mesurent entre 1,02 et 1,32 m. Chaque espèce se reconnaît à ses rayures uniques, véritable camouflage dans les herbes hautes.

Zèbre commun ou des plaines

furent transportés en Europe, où ils se reproduisirent dans les zoos. Grâce à un excellent programme d'élevage en captivité et à une fondation créée pour sauver cette race de l'extinction totale, quelques troupeaux vivent dans des parcs naturels.

Il existait autrefois un autre cheval sauvage de la famille des zèbres. Le Couagga (*Equus quagga*), proche du zèbre des plaines, était un animal du désert qui vivait en Afrique. Sa robe fauve était zébrée du museau aux épaules. Malheureusement, le Couagga fut chassé et exterminé dans les années 1870. Quelques-uns vécurent en captivité dans des zoos en Europe, mais aucun ne survécut après les années 1880.

L'INSTINCT DE SURVIE

Au cours des millénaires, les équidés ont développé des instincts qui ont participé à la sauvegarde de l'espèce. Les chevaux domestiques en sont également dotés.

L'instinct du groupe est très fort chez un cheval. Tous les membres d'un troupeau réagissent en fonction du groupe ou de son meneur. En liberté, le véritable chef est souvent l'une des anciennes et des plus sages juments. Cette jument dominante régit les mouvements du groupe. Le rôle d'un étalon sera de rassembler son troupeau, de procréer et de tenir à l'écart les étalons rivaux.

En pleine nature, le cheval est une proie. L'un de ses instincts les plus forts le poussera soit à combattre, soit à fuir. S'il se sent en danger, son inclination naturelle est la fuite. Mais s'il est acculé, il se protégera à coups de dents et de sabots.

Un cheval réagit au langage corporel de ses congénères, surtout en cas de danger potentiel. Si l'un d'eux considère devoir fuir devant une menace, les autres l'imiteront, préférant la fuite à la réflexion. Un troupeau entier peut se mettre en mouvement en une fraction de seconde après le signal donné par l'un de ses membres.

DÉPLACEMENTS EN GROUPE

La jument dominante de ce troupeau de chevaux « sauvages » porte une cloche autour du cou afin d'aider les *ranchers* à les localiser, car ses membres la suivront quoi qu'il arrive.

LA NATURE DES CHEVAUX

Le cheval est un animal sociable et grégaire. Son désir de compagnie est si fort qu'un cheval ayant perdu son cavalier peut, sans se soucier, continuer à galoper avec les autres. Généralement, le cheval n'est pas de nature agressive. L'objet d'une dispute sera souvent lié au maintien ou à la prise d'une position hiérarchique dans le groupe.

VIVRE EN TROUPEAU

Isoler un cheval de ses semblables peut lui être insupportable, mais l'harmonie dans le groupe n'est pas pour autant garantie. Chez les chevaux domestiqués, les étalons sont habituellement tenus à l'écart des juments et des hongres car il est dans leur nature de rassembler les premières et de combattre les seconds. Juments et hongres peuvent être gardés ensemble, mais cela peut générer des luttes de pouvoir, les dominants s'efforçant d'asseoir leur position.

Dans la hiérarchie d'un groupe, les chevaux les plus vieux et les plus sages sont généralement au sommet et les plus jeunes et les moins expérimentés viennent en dernier. Introduire un nouveau spécimen dans un troupeau peut rompre l'équilibre des pouvoirs et créer quelques querelles, qui s'émailleront de cris, de dents découvertes, voire de coups de sabots. Mais souvent, le nouveau venu trouve assez rapidement sa place dans la hiérarchie.

Les chevaux aiment le contact ; on les verra se tenir tête-bêche, se faire une toilette mutuelle avec les dents et les lèvres ou écarter les mouches d'un coup de queue. Ils tissent souvent des amitiés durables et peuvent se languir pendant des semaines d'un ami qui leur a été enlevé.

CONDITIONS ARTIFICIELLES

Le cheval est fait pour parcourir jusqu'à 25 km par jour, paissant l'herbe et digérant sa nourriture en un processus constant. Cependant, un cheval de selle est souvent placé dans des conditions qui ne répondent pas à ses besoins. Il est logé dans une stalle ou un box, parfois durant toute la journée et reçoit une ou deux larges rations énergétiques au lieu de paître pendant des heures. Et si l'écurie lui offre chaleur, confort et propreté, elle est également un facteur isolant.

Même si ses facultés d'adaptation sont excellentes, le cheval peut être stressé par ces conditions de vie artificielles. Un manque de stimulation mentale ou physique se manifestera de plusieurs manières, le cheval pouvant trouver un exutoire fâcheux à sa nervosité. Il peut développer des « stéréotypes », souvent appelés vices (comportements compulsifs à travers lesquels le cheval s'occupe pour mieux supporter son environnement). C'est une réaction similaire à celle que l'on rencontre parfois chez les animaux captifs dans les zoos.

HEUREUX COMPAGNONS
Les chevaux ne sont pas de nature solitaire et préfèrent être en compagnie.

UN CHEVAL HEUREUX

Un cheval est heureux si son propriétaire comprend sa nature et lui fournit un environnement aussi naturel que possible. Il doit pouvoir paître dans de vastes pâturages en compagnie d'autres chevaux et ne doit être ramené à l'écurie qu'en cas de nécessité. Mais les zones urbaines ou arides n'offrent guère de champs ou d'herbe. Pour que le cheval ne s'ennuie pas, il faut alors privilégier l'exercice et le contact avec ses semblables, lui donner de plus petites rations, plus fréquemment, et même des jouets ou des miroirs qui attireront son attention.

Les chevaux sont considérés comme des animaux routiniers, auxquels profitent les habitudes. Si les repas, l'exercice et le temps de liberté sont planifiés selon des horaires fixes, votre cheval restera au mieux de sa forme.

LIBRES COMME L'AIR
Des troupes de Yeguas, de solides chevaux, vivent à leur rythme dans de gigantesques étendues des steppes de Patagonie.

EN SAVOIR PLUS

LES VICES D'ÉCURIE

- TIC À L'APPUI : le cheval s'accroche à une barrière, une porte ou tout autre objet horizontal et avale de petites quantités d'air.
- TIC RONGEUR : le cheval tente de grignoter le bois en plus de déglutir de l'air.
- DÉAMBULATION : le cheval tourne en rond dans sons box au point de creuser un sillon.
- TIC DE L'OURS : le cheval se tient membres écartés et se balance d'un antérieur sur l'autre.

UN ANIMAL PENSANT

Le cheval est assez tolérant et acceptera les erreurs d'un maître inexpérimenté sans trop se montrer récalcitrant. En revanche, son excellente mémoire peut être autant bénéfique que préjudiciable à son cavalier.

UNE MÉMOIRE EXCEPTIONNELLE

La façon dont un cheval pense est fortement influencée par sa mémoire. Les expériences (négatives comme positives) affecteront ses pensées et son comportement, ce qui est utile lors de l'apprentissage. Un cheval apprécie les récompenses et apprendra vite que caresses ou tons de voix encourageants correspondent à une action correcte. De la même façon, il associera une situation passée au présent. Par exemple, un cheval qui refuse de monter dans un van ne se montre pas forcément désobéissant ou têtu. Il se souvient peut-être de sa dernière expérience durant laquelle il a été malmené par un conducteur indifférent. Ne voulant pas revivre ce désagréable épisode, on comprendra son refus de monter dans le van.

DÉCLENCHER UN INSTINCT
Un van peut évoquer une grotte sombre au cheval, ce qui réveille parfois chez lui un instinct de peur.

TECHNIQUES DE DRESSAGE

Les dresseurs qui ont une longue expérience reconnaissent les

EN SAVOIR PLUS

L'ÉQUITATION ÉTHOLOGIQUE

L'équitation éthologique s'est énormément développée au cours des dix dernières années. Cependant, vers 400 av. J.-C. déjà, Xénophon, un soldat athénien, avait rédigé un traité d'art équestre (*peri hippikes*), qui attachait déjà une grande importance au bien-être de l'animal.

Les amateurs de cette équitation étudient la nature et le langage corporel des chevaux et utilisent la psychologie équine pour les dresser. Leurs méthodes diffèrent légèrement, mais la plupart communiquent avec le cheval afin d'induire les « bonnes réponses » et de rendre difficiles les « mauvaises ». Quand le cheval tente une réponse correcte, l'entraîneur le récompense. Le cheval réagit à la pression des jambes, des rênes ou à un léger coup de cravache. S'il cède à la pression, celle-ci est relâchée. C'est la récompense. Le cheval recherche le relâchement de la pression pour s'assurer qu'il a bien fait. L'américain Pat Parelli est l'un des fondateurs de l'équitation éthologique.

Pat Parelli

compétences cognitives du cheval et savent en tirer parti.

Les récompenses systématiques facilitent grandement le dressage. Par le passé, il était considéré comme normal de briser un cheval par la force ou la violence. Aujourd'hui, quand on donne le premier dressage à un poulain, on utilise le terme de « débourrage ». La nourriture sert de récompense pour l'apprentissage de tours plutôt que pour l'acceptation de la selle.

Un cheval plus âgé et bien dressé peut participer à l'éducation d'un plus jeune. Un cheval « vert » ou inexpérimenté, n'ayant jamais traversé un ruisseau ni sauté une barrière, peut acquérir suffisamment de confiance pour le faire en suivant simplement son aîné.

Un cheval peut apprendre à surmonter ses instincts, surtout celui de fuite, grâce à une désensibilisation. Placé dans des situations angoissantes, on le laisse examiner son environnement jusqu'à ce qu'il se sente à son aise. Cela s'avère utile pour les chevaux de la police montée qui doivent rester calmes dans le bruit, qui normalement effraie les chevaux.

PREMIÈRES ÉTAPES

Dans le processus d'apprentissage qui se déroule au cours des premières heures suivant la naissance, un poulain s'imprègne de sa mère. C'est ainsi qu'il apprend à reconnaître des individus (le plus souvent sa mère et ses semblables). Ce processus peut devenir une technique d'apprentissage. Si le poulain est subtilement manipulé dans des conditions similaires à celles de son futur entraînement, il les acceptera facilement à l'âge adulte.

JUMENT ET SON POULAIN
Un poulain répond aux signaux émis par sa mère. Si elle est calme et satisfaite, son poulain le sera aussi.

LES SENS DU CHEVAL

Parce que les chevaux étaient autrefois des proies, leurs sens se sont aiguisés pour sauvegarder l'espèce. Au fil des siècles, ils sont devenus d'agiles athlètes dotés d'un incroyable instinct de conservation, ne se contentant pas de survivre, mais parvenant à prospérer avec le temps.

LA VUE

Les yeux placés de part et d'autre de la tête offrent au cheval un champ de vision très étendu : il peut voir pratiquement tout ce qui l'entoure, sauf ce qui est situé directement derrière lui ou sous son museau. Il tournera donc la tête en conséquence. Un cheval peut différencier plusieurs couleurs, même s'il ne les perçoit pas comme nous. Un obstacle de couleur vive sera pour lui d'un doux rouge, bleu ou gris. En revanche, il voit très bien de nuit et l'introduction d'une source lumineuse ne fera qu'affecter sa vision. Comme les hommes, la vue des chevaux diminue avec l'âge et ses yeux sont susceptibles de contracter des maladies semblables aux nôtres.

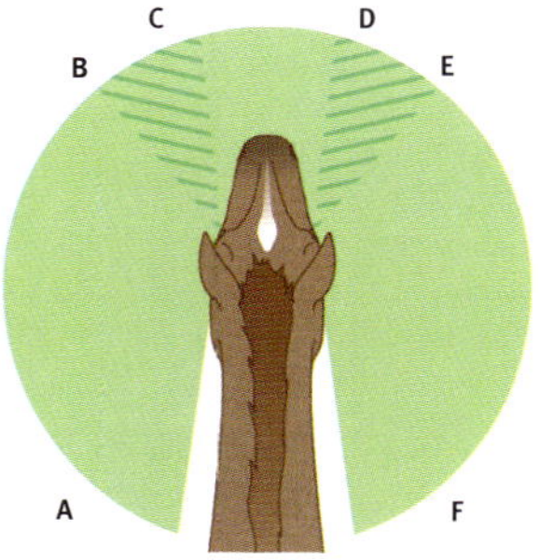

LE CHAMP DE VISION
Un cheval peut voir presque à 360° (A à F). Il voit bien devant lui (C à D), mais souffre de deux angles morts : juste sous son museau et directement derrière lui. Sa vision latérale est excellente.

L'OUÏE

Le sens le plus développé du cheval est l'ouïe. Il peut entendre des sons hautes fréquences inaudibles pour l'homme et même un bruit émis à des kilomètres de distance. C'est pourquoi bruit et vacarme bouleversent un cheval. Mais il peut être dressé à reconnaître certains mots ou sons pour obéir à un ordre vocal.

EN SAVOIR PLUS

LES MOUVEMENTS DES OREILLES
Un cheval sollicite énormément son ouïe. Il peut faire pivoter indépendamment chaque oreille à près de 180°, de l'avant vers l'arrière, en un instant seulement. Il canalise ainsi des sons venant de directions différentes. La position de ses oreilles trahit aussi l'humeur d'un cheval (voir p. 37).

Oreilles pointées vers l'avant

Oreilles tendues vers les côtés

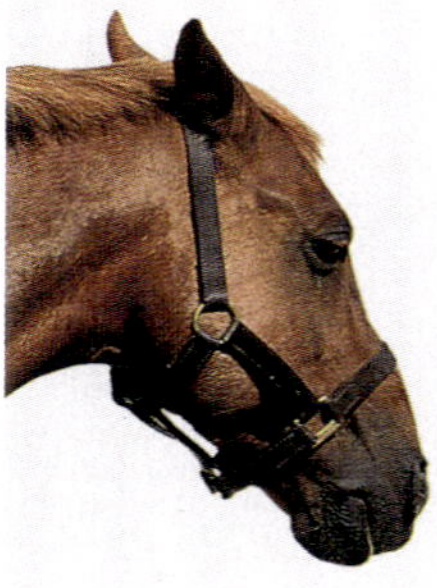

Oreilles tendues en arrière

LE GOÛT

Le goût d'un cheval dépend de son mode de vie. Par exemple, un cheval de course reçoit rarement des friandises. Il ne sait donc pas forcément que pommes, sucre, mélasse ou carottes sont bons à manger. Malgré tout, son palais sait discerner les saveurs ou faire la différence entre du foin sec et du foin frais en fleur. Il peut même différencier deux sortes d'eau, ce qui, pour son propriétaire, peut s'avérer difficile en voyage. Il peut enfin refuser de s'alimenter ou de boire si le goût lui semble trop étranger.

L'ODORAT

Avec l'ouïe, l'odorat est essentiel à la survie d'un cheval. Très développé, il lui permettra de décider si un individu qui s'approche est « ami » ou « ennemi ». Il peut sentir l'eau de très loin et pour rentrer chez lui, il se fiera à son odorat, non à sa mémoire des lieux. Un étalon est capable de reconnaître une jument en chaleur jusqu'à 8 km de distance. Et une jument reconnaît ses poulains non pas en les voyant, mais en les sentant.

LE COMPORTEMENT

L'ATTITUDE DU FLEHMEN

Un cheval adopte souvent cette attitude en réaction à des odeurs ou des goûts inhabituels. Un étalon se comporte ainsi quand il essaie de localiser une jument en chaleur. Le cheval retrousse sa lèvre supérieure en levant la tête pour faire pénétrer l'air le long de son organe voméronasal situé dans son palais.

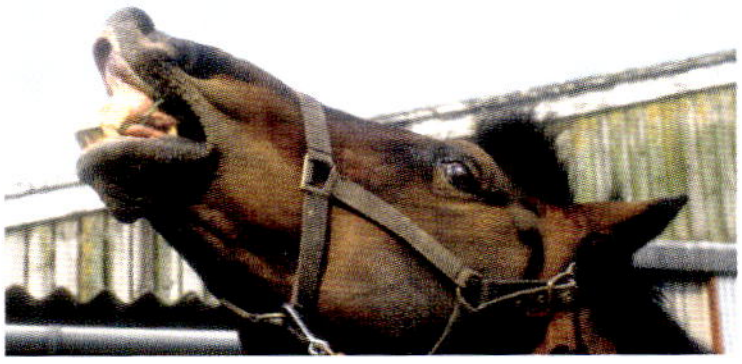

Cheval prenant l'attitude du Flehmen

LE TOUCHER

Le cheval possède une peau fine au poil ras. Il est donc très sensible au toucher et l'une de ses activités préférées est la toilette. S'il sent une mouche se poser sur sa robe, il la chassera d'un habile coup de queue. Il s'aidera de ses lèvres et de ses moustaches pour sentir quels brins d'herbe il va arracher et manger. Un cheval de dressage entraîné est capable d'interpréter les moindres pressions de jambes de son cavalier. Si celui-ci doit constamment presser un cheval pour qu'il avance, cela ne signifie pas qu'il est insensible, mais plutôt qu'il est désensibilisé à force de contacts trop appuyés avec les jambes.

LA SENSIBILITÉ

Le corps entier d'un cheval est sensible au toucher. Pour ne pas le surprendre, prévenez-le avant de poser la main sur lui.

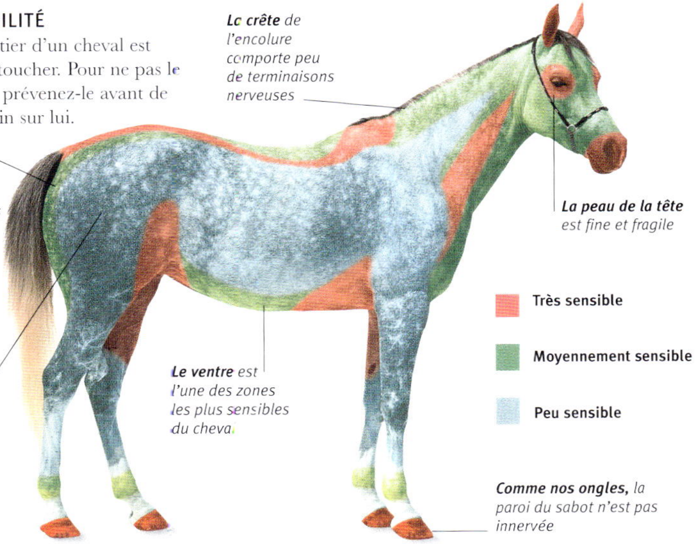

LE LANGAGE CORPOREL

S'il ne frétille pas de la queue, pas plus qu'il ne ronronne, un cheval possède néanmoins maintes façons d'exprimer ce qu'il ressent. Les signes sont parfois subtils, mais il suffit d'un peu d'expérience pour bien les interpréter. Les bons dresseurs comprennent les moindres signes.

LES YEUX

Les pupilles d'un cheval ne peuvent se dilater, ce qui rend son regard difficile à interpréter. Normalement, un cheval a une expression douce dans les yeux. La zone située juste au-dessus indique s'il est en colère ou inquiet. Certains, lorsqu'ils ont peur, dévoilent le blanc de l'œil.

LA BOUCHE ET LES LÈVRES

La bouche d'un cheval est très expressive. Une lèvre inférieure tombante dénote souvent chez un vieux cheval son calme et sa satisfaction. S'il mâchonne ou donne des coups de langue, l'animal est docile. Un cheval qui frotte son museau se montre affectueux tandis qu'un cheval qui grince des dents ou les découvre exprime irritation ou colère.

LES PIEDS ET JAMBES

Un cheval qui piaffe exprime son impatience. S'il garde un membre postérieur en l'air, il se repose confortablement. Mais s'il le lève et le secoue, il est très en colère et menace de donner un coup de pied.

COMPRENDRE LE LANGAGE CORPOREL

ÉMOTION	LANGAGE CORPOREL ET COMPORTEMENT
Satisfaction	■ Encolure et position de la tête détendues, membres postérieurs au repos et léger balancement de la queue ■ Regard doux ■ Oreilles mobiles et attentives ■ Lèvre inférieure tombante (vieux chevaux)
Intérêt	■ Tête et cou légèrement tendus vers le haut ■ Oreilles en avant ■ Naseaux légèrement dilatés ■ Cheval campé sur ses membres, tourné vers l'objet de son intérêt ■ Yeux brillants
Soumission	■ Tête baissée ■ Cheval figé ■ Se pourlèche ou mâchonne ■ Bouge parfois les pieds ■ Yeux attentifs ■ Une oreille est tendue vers l'individu dominant ■ La queue reste basse
Agressivité	■ Dos légèrement arrondi, cou baissé, tête parfois tendue ■ Dents découvertes, il peut faire claquer ses mâchoires ■ Arrière-main tendue, fouettements de queue, oreilles couchées ■ Regard perçant et assuré
Excitation	À L'ÉCURIE ■ Le cheval tourne en rond ■ Lève la tête de façon significative, cou tendu ■ Yeux écarquillés, parfois le blanc est visible ■ Naseaux dilatés ■ Peut pousser des hennissements ■ Queue courbée, parfois dressée AU PRÉ ■ Le cheval peut galoper, ruer, bouger sa tête, s'arrêter brutalement ou caracoler ■ S'ébroue parfois après le galop ■ Rythme cardiaque élevé
Colère	■ Le cheval fixe l'objet de sa colère avec un regard sévère ■ Il peut piaffer ■ Fouette vigoureusement sa queue et couche ses oreilles ■ Peut grincer des dents ou tenter de mordre
Malade ou déprimé	■ Regard éteint ■ Position de fatigue, cou baissé et queue immobile ■ Membres souvent écartés pour se maintenir debout ■ Expression désintéressée ■ Oreilles en position neutre ou latérale ■ Respiration parfois inhabituelle
Peur	■ Bonds et ébrouements ■ Yeux cerclés de blanc ■ Naseaux dilatés ■ Tête tendue vers le haut ■ Rythme accéléré ■ Oreille pointée vers l'objet de sa peur

LA POSITION DES OREILLES
Elles sont l'une des parties les plus expressives du cheval. Tendues en avant, elles signifient que le cheval s'intéresse à quelque chose situé devant lui. Une oreille tendue en arrière alors que l'autre est tendue en avant, le cheval fait attention à ce qui se trouve derrière lui (souvent, le cavalier). Des oreilles couchées en arrière indiquent que l'animal est en colère. Certains chevaux tiennent parfois leurs oreilles de côté, ce qui est un signe de profonde concentration.

LES MOUVEMENTS DE QUEUE
Sans pour autant frétiller de la queue, le cheval s'en servira néanmoins de moyen de communication. S'il la tient très basse, il se peut qu'il soit nerveux, ou qu'il ne se sente pas bien. S'il la balance tranquillement, il est détendu et heureux. Une queue portée naturellement montre sa bonne humeur, mais s'il la fouette, le cheval exprime son mécontentement.

ALERTE ET HEUREUX
Un cheval heureux arbore une expression confiante que même un novice peut reconnaître.

LES ALLURES

La plupart des chevaux possèdent quatre allures naturelles : le pas, le trot, le canter ou petit galop et le galop. Certaines races possèdent des allures particulières, telles que le tölt du cheval islandais. La plupart du temps, le cheval marche et paît et ne partira au galop que pour échapper à un danger.

LE PAS

Allure la moins rapide et la plus utilisée. Elle est à quatre temps, c'est-à-dire que les pieds frappent le sol l'un après l'autre (postérieur gauche, antérieur gauche, postérieur droit, antérieur droit). Au pas, un cheval aura trois pieds au sol et un en l'air. Un cheval marche à une vitesse d'environ 3 km/h.

Poser du postérieur gauche

LE TROT

Le trot est plus rapide que le pas. C'est une allure à deux temps. Les membres bougent par paires diagonales, le postérieur gauche en tandem avec l'antérieur droit, suivis du postérieur droit en tandem avec l'antérieur gauche. Un cheval trotte à une vitesse d'environ 10 km/h.

Poser du bipède diagonal droit

LE CANTER OU PETIT GALOP

Le canter, plus rapide que le trot, est une allure asymétrique à trois temps : antérieur droit, postérieur gauche, postérieur droit et antérieur gauche ensemble. Le cheval semble avoir un rythme décalé et « mène » avec l'un de ses antérieurs, ici le droit (v. p. 151) à une allure d'environ 27 km/h.

Poser de l'antérieur dro

LE GALOP

C'est l'allure la plus rapide du cheval. Elle est très proche du canter, mais le membre postérieur touche le sol juste avant l'antérieur avec lequel il forme le bipède. Les chevaux de course, surtout les sprinters, peuvent à cette allure dépasser les 70 km/h.

Poser du postérieur droit, puis poser du bipède diagonal droit

Poser de l'antérieur gauche

EN SAVOIR PLUS

LES ALLURES MOINS CONNUES

- Le tölt est l'allure typique du cheval islandais. À quatre temps, elle est aussi rapide que le galop.
- L'amble est une allure latérale à deux temps à laquelle les jambes se déplacent à l'unisson de chaque côté. Certaines races l'adoptent naturellement.
- Le paso est une allure latérale à quatre temps qu'exécute le Paso péruvien. Contrairement à d'autres latérales, elle peut être rassemblée et allongée.

Poser de l'antérieur gauche — *Poser du postérieur droit* — *Poser de l'antérieur droit*

Poser du diagonal droit — *Poser du bipède diagonal gauche*

Poser du postérieur gauche — *Poser du bipède diagonal gauche*

Poser du postérieur droit, suivi du postérieur gauche — *Poser de l'antérieur droit, suivi de l'antérieur gauche* — *Poser du postérieur droit, suivi du bipède diagonal droit*

COMMENT ABORDER UN CHEVAL

Il n'est pas dans la nature d'un cheval d'être méchant, mais sa taille et sa propension à la nervosité exigent d'agir avec prudence. Certains chevaux aiment le contact avec les humains tandis que d'autres préfèrent la compagnie de leurs semblables. Plus vous passerez de temps avec votre cheval, mieux vous comprendrez sa personnalité.

TRAVAILLER AVEC UN CHEVAL

Quand vous abordez un cheval, faites-lui sentir votre présence de manière douce mais claire. Évitez tout geste brusque ou saccadé. Un cheval aime la prévisibilité, alors approchez-le avec calme et confiance.

Faites très attention à sa puissante arrière-main et restez près de votre cheval de façon à toujours le garder à portée de la main. Un coup de pied peut causer de sévères blessures ; c'est pourquoi réduire la distance entre vous et l'animal réduit également la puissance de l'impact éventuel. Ne passez pas sous son encolure ni sous son ventre et faites attention à ne pas laissez vos pieds trop près de ceux du cheval. Il peut lui arriver de vous écraser le pied par accident s'il transfère distraitement son poids d'un membre sur l'autre.

ÊTRE RESPONSABLE

Assumez toujours le rôle du dominant, mais sans exagération. Que vous meniez

MARCHER DERRIÈRE UN CHEVAL

Quand vous passez derrière un cheval, posez une main sur sa croupe et caressez-le pour qu'il sache où vous êtes. Un cheval donne un coup de pied par surprise plus que par colère.

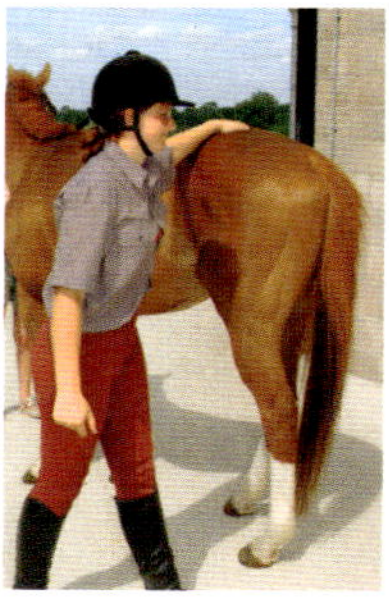

Posez votre main

Commencez à faire le tour

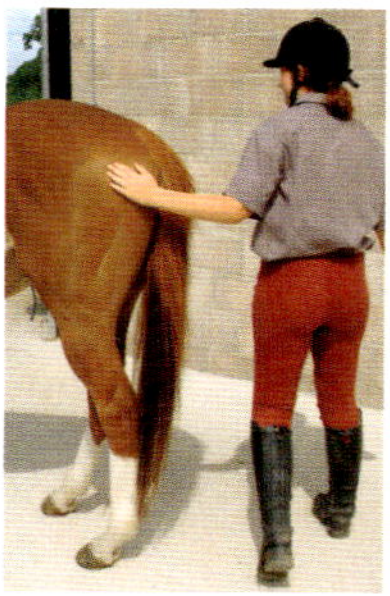

Gardez la main sur lui

À FAIRE ET NE PAS FAIRE

- **Apprenez** à bien aborder un cheval. Vous diminuerez les risques de blessure pour l'un comme pour l'autre.
- **Portez** des chaussures qui protégent vos orteils qui peuvent être écrasés.
- **Restez** soucieux des goûts de votre cheval. Toucher ses oreilles peut lui déplaire quand un autre ne s'en souciera pas.
- **Ne vous agenouillez** pas près d'un cheval. Accroupissez-vous afin de vite reculer si nécessaire.

S'accroupir pour examiner le membre postérieur d'un cheval

APPRENEZ À CONNAÎTRE VOTRE CHEVAL
Apporter les soins élémentaires tels que le pansage vous permettra de mieux connaître votre cheval. C'est aussi l'occasion de vérifier qu'il ne souffre pas de blessures ni d'engorgement.

un cheval, que vous le montiez ou le douchiez, vous devez être celui qui commande. Un cheval autoritaire doit être corrigé afin de savoir qu'il agit mal.

Quand vous le longez, le cheval doit vous suivre épaule à épaule. Ni vous ni lui ne doit tirer l'autre. S'il vous bouscule, deux brèves secousses sur la longe devraient suffire à lui faire reporter son attention sur vous.

S'il s'attarde au contraire et traîne le pas, gardez une longue cravache de dressage dans l'autre main (voir p. 132). Quand le cheval vous fait ralentir, tendez le bras et donnez un petit coup de poignet pour lui donner une petite tape sur l'arrière-main. Cela devrait suffire à lui apprendre qu'il doit avancer à votre allure et non à la sienne.

Si vous devez corriger votre cheval car il se montre autoritaire ou insouciant, faites-le sans tarder et sans vous mettre en colère. Très sensible aux émotions, un cheval ne comprendra pas si vous le punissez pour une erreur commise plus tôt. Il ne fera le lien entre punition et mauvais comportement que si vous le corrigez au moment de son erreur.

CONNAÎTRE SES POINTS SENSIBLES

Observez votre cheval pendant que vous le pansez ou le sellez, retenez les endroits où il est particulièrement sensible (voir p. 35) et évitez de les frotter. Si vous touchez l'un de ses points sensibles, il se peut qu'il couche les oreilles ou fasse mine de vous mordre. N'hésitez pas à parler à votre cheval pendant que vous le pansez. Il saura ainsi où vous vous trouvez.

FRIANDISES ET RÉCOMPENSES
Offrez-lui des friandises dans le creux de votre main. Préférez le moment où le cheval porte un licol plutôt qu'un filet, le mors entravant sa bouche.

LA SELLERIE

L'ÉQUIPEMENT ESSENTIEL

La gamme des équipements d'équitation est très large. Certains sont empreints de traditions séculaires, d'autres sont issus des dernières technologies. Lorsque vous choisirez votre équipement et celui de votre cheval, gardez à l'esprit que le gadget dernier cri n'est pas le plus nécessaire. Commencez par une sellerie et une tenue simples.

TENUE D'ÉQUITATION

Tout d'abord, l'essentiel est de s'équiper d'une bombe et de chaussures appropriées (voir pp.49 et 72). Votre bombe doit répondre aux normes de sécurité les plus récentes (voir p. 53). Elle doit être à la bonne taille et le harnais doit être ajusté sous peine de compromettre confort et sécurité.

Au début, les culottes d'équitation (voir pp.48-49) ne sont pas indispensables. Un jean coupé droit ou tout autre pantalon résistant conviendront tant que vous y êtes suffisamment à l'aise. Cependant, les culottes d'équitation restent la tenue la plus pratique et la plus résistante. Pour l'équitation western de tous les jours, un jean long et évasé qui couvre les bottes sera le mieux adapté (voir pp.72-73).

PORTER UNE SELLE
Vous pouvez appuyer le troussequin sur votre hanche ou placer la selle sur votre bras, pommeau vers le coude.

Superposez vos vêtements et optez pour des tissus adaptés à l'effort physique et aux conditions climatiques ; prévoyez la chaleur et l'intensité du travail fourni pendant une leçon comme le froid et le vent d'une balade en hiver. Les gants ne sont pas nécessaires, mais ils protégeront vos mains des irritations et du froid tout en vous offrant une meilleure prise si les rênes sont mouillées.

SELLE WESTERN
Pour les concours, les cavaliers western choisissent souvent une selle particulièrement ouvragée, aussi confortable que la selle ordinaire.

LA SELLERIE ANGLAISE

Un cheval destiné à être monté a besoin d'un filet, d'un mors et d'une selle (voir pp. 54-61). Il importe avant tout que ces éléments soient de bonne qualité et bien adaptés à votre cheval. Taillés dans un cuir solide, ils devront être entretenus par un nettoyage régulier au savon glycériné. S'il est assez facile de poser correctement un filet, une nouvelle selle doit toujours être ajustée par un sellier qualifié. La plupart des chevaux n'ont besoin que d'un seul type de mors. Mais certains préfèrent en changer occasionnellement et d'autres ont besoin d'un mors différent pour le travail de vitesse.

Des bandes ou guêtres de protection (voir p. 63) sont utiles pour le saut d'obstacles et le cross-country, mais un cheval un peu maladroit en portera pour d'autres tâches. Néanmoins, ne cédez pas à la tentation de la mode et n'utilisez que les articles de sellerie dont vous avez réellement besoin.

LA SELLERIE WESTERN

L'équipement de base sera le même que pour la sellerie anglaise : une selle et un

filet (voir pp.74-77). Choisissez le mors le plus simple auquel le cheval réagit bien pour travailler.

Il existe plusieurs types de selles, mais pour qu'elle soit confortable et durable, des matières et une fabrication de qualité sont incontournables. La selle western est robuste, d'un cuir plus épais que son homologue anglaise. La sangle peut être faite de diverses matières telles que le nylon ou le néoprène ; elle doit être large et confortable pour le ventre du cheval. Les selles western sont traditionnellement posées sur un tapis de selle en laine, souvent coloré. Il peut être complété par un tapis de laine uni qui, posé en dessous, absorbera sueur et humidité.

Comme la selle, le filet doit être d'un cuir solide et souple, la couture serrée et régulière et les boucles, en acier inoxydable plutôt qu'en plaqué.

FILET ET MORS ANGLAIS
Le filet et le mors vous aident à contrôler la tête du cheval. Ce filet comprend une muserolle combinée et un mors de filet. Il est ajusté au mieux pour le confort du cheval.

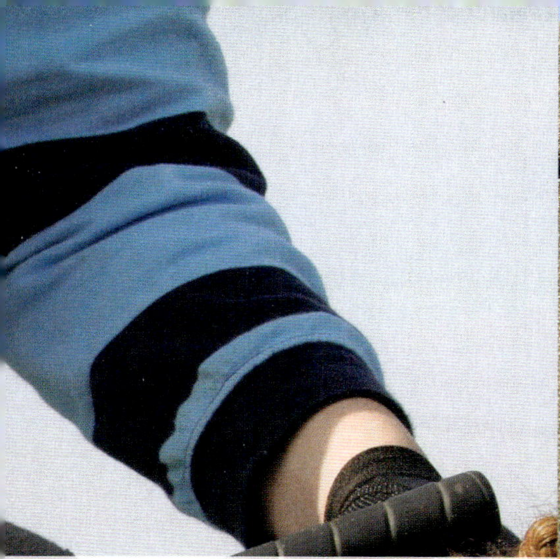

L'ÉQUIPEMENT ANGLAIS

L'équipement de l'équitation classique a une image plus formelle que l'équipement western. La sellerie doit avant tout être adaptée au cheval et la tenue du cavalier doit lui assurer confort et sécurité.

LES TENUES D'ÉQUITATION USUELLES

Confort, sécurité, liberté de mouvement et facilité d'utilisation sont primordiaux. Optez pour des tissus matelassés, imperméables et coupe-vent, capables de réguler votre température car vous pourrez éprouver chaleur, froid et humidité au cours d'une même chevauchée. Évitez les vêtements trop larges et portez toujours une bombe et des chaussures adaptées.

CHEMISE OU TEE-SHIRT

Chemises et tee-shirts ordinaires conviennent très bien pour monter à cheval tant qu'ils offrent une liberté de mouvement suffisante et que le tissu est confortable. Le coton est une matière agréable mais les microfibres sont idéales car elles laissent la peau respirer et sèchent rapidement, surtout si vous les superposez. Évitez débardeurs et coupes courtes qui exposent trop la peau au soleil et aux morsures éventuelles.

LES VESTES

Les vestes d'équitation les plus simples sont semblables à celles que l'on porte pour le plein air. Fendues dans le dos pour dégager le troussequin, elles empêchent la pluie de couler directement sur la selle. Choisissez le tissu le plus aéré, même si cela compromet parfois l'imperméabilité du vêtement.

Vue de face

Vue de dos

UNE BONNE VESTE

Optez pour une veste imperméable et aérée dotée d'un rabat dans le dos que vous pourrez fermer lorsque vous ne montez plus.

UNE TENUE PRATIQUE

Le confort doit l'emporter sur des considérations esthétiques. La sécurité doit être votre principale préoccupation.

Un gilet matelassé *constitue une couche supplémentaire très pratique.*

CULOTTES D'ÉQUITATION ET JODHPURS

Les jodhpurs ajustés et extensibles (de longueur normale portés avec des boots) et les culottes (plus courtes portées avec des bottes) sont résistants et fonctionnels. La plupart sont renforcés au genou et certains le sont également à l'entrejambe. Les jeans sont acceptables mais ne conviennent guère par temps pluvieux. La moleskine peut être une bonne alternative.

LES GANTS

Les gants doivent être ajustés, souples et offrir une bonne prise. Optez pour des gants en fibres synthétiques, comme le polaire ou le nylon, renforcés sur la paume et les doigts car ces zones sont très sollicitées. L'été, des gants de coton aux paumes garnies de picots sont l'idéal. Les gants au crochet ou en cuir sont très élégants mais guère pratiques.

Gants en coton

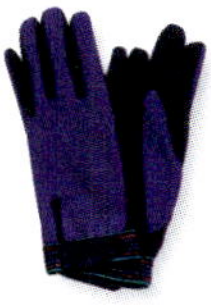

Gants synthétiques

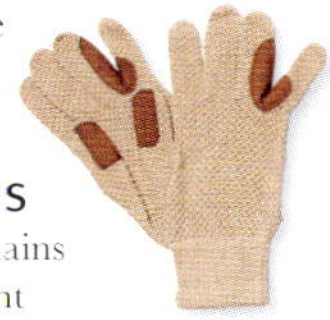

Gants au crochet

Gants en cuir

PROTECTION DES MAINS

Les gants protègent vos mains des irritations et améliorent la prise si les rênes sont humides.

BOTTES ET CHAPS

La matière des bottes doit être solide (en cuir de préférence) pour protéger vos pieds. Un petit talon les empêchera de glisser dans les étriers et une semelle extérieure doit couvrir le bas de la botte. Pour tous les jours, choisissez plutôt des boots paddocks ou jodhpurs avec de petites chaps. En cuir ou en daim, celles-ci offrent la même protection que des bottes hautes.

Boots paddock en cuir

Petites chaps

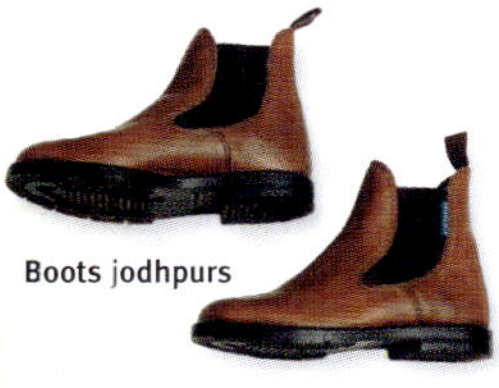

Boots jodhpurs

PROTECTION DES PIEDS

Des chaussures adaptées diminuent le risque de rester accroché à l'étrier.

LES TENUES DE COMPÉTITION

Les tenues varient légèrement en fonction de la discipline et du niveau, mais la tenue élémentaire comprend une culotte beige, des bottes et une chemise avec cravate ou lavallière, une veste en tweed, bleu marine ou noir, des gants, et une bombe bleu marine ou noire. Avoir l'air élégant fait partie du jeu ; vous et votre cheval devez vous faire honneur.

HABILLÉ POUR L'OCCASION

S'habiller pour une compétition exige de se plier au protocole (culotte et lavallière avec veste spécifique). Il existe aussi des règles concernant l'aspect fonctionnel et la sécurité ; les équipements de protection (voir p. 53) sont imposés pour certaines disciplines. Le cavalier et sa monture doivent toujours être élégants, surtout pour l'exhibition et le dressage.

TENUE CLASSIQUE
Une veste de tweed de qualité est chaude, aérée, imperméable, durera des années et convient pour la plupart des premiers niveaux de concours. Pour compléter la tenue, choisissez une culotte beige clair ou foncé.

TENUE DE CROSS-COUNTRY
Les gilets de protection sont exigés dans ce sport ; optez pour un haut sportif, tel qu'un polo de rugby coloré, à enfiler dessous ou par-dessus. On trouve des gilets dans plusieurs coloris, que vous pouvez assortir à votre haut et à votre toque.

LES ACCESSOIRES

CRAVATES ET LAVALLIÈRES

La lavallière se porte sur un col droit. La lavallière de couleur ou la cravate et le col normal se portent avec une veste de tweed ; la lavallière blanche, avec une veste noire ou bleu marine.

Lavallière de couleur

Cravate et col normal

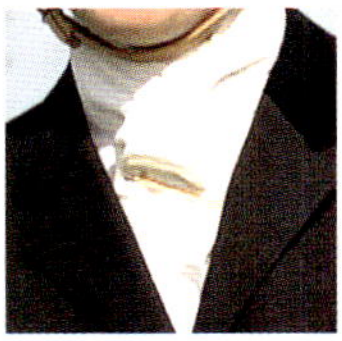

Lavallière blanche

La bombe *(noire ou bleu marine) doit être assortie à la veste*

Le col *des chemises est souvent amovible de manière à porter cravate ou lavallière*

On doit *porter des gants pour le dressage. Le blanc, aux plus hauts niveaux, est très chic, mais à vos débuts, le noir ou le marron sont tout à fait convenables*

Avec une veste *noire ou bleu marine, la culotte doit être blanche ou beige pâle*

Les bottes *doivent être noires ou marron ; il est de coutume pour les adultes de porter des bottes hautes*

Les éperons *ne sont exigés qu'au plus haut niveau de dressage*

TENUE DE DRESSAGE

Cette cavalière porte une tenue idéale pour les concours de dressage. La veste de compétition peut être d'une matière synthétique ou mélangée laine. La bombe est assortie à la veste et sa lavallière bien nouée, sa chemise blanche, ses gants, sa culotte pâle et ses bottes reluisantes complètent sa tenue.

LA PROTECTION DU CAVALIER

La bombe est l'un des éléments essentiels de l'équipement d'un cavalier. Elle doit être en bon état et conforme aux dernières normes de sécurité instaurées par votre pays ou par la discipline dans laquelle vous concourez. Ces normes concernent également le type de harnais ; un vendeur documenté vous conseillera pour la taille et l'ajustement.

ÉVITER LES BLESSURES GRAVES

Rien ne peut vous protéger intégralement : il vous appartient de prendre les précautions nécessaires pour réduire les risques. Bombes et gilets de protection sont conçus pour protéger vos organes vitaux. Ils absorbent les chocs et aident à amortir l'impact. En coupe, la matière matelassée ressemble à du polystyrène injecté de bulles d'air. L'impact provoque une compression de cette matière. Il est donc important de remplacer tout équipement de protection ayant subi un choc conséquent (lors d'une chute ou après avoir heurté une surface dure ou reçu un coup). Prenez-en soin et remplacez-les environ tous les cinq ans, même s'ils n'ont subi aucun choc.

OBLIGATIONS LÉGALES

Souvent, les cavaliers ne sont pas autorisés à partir sur la route sans une bombe homologuée. Les lois étant sujettes à révision, il est important de se tenir informé.

BOMBES ET HARNAIS

Une bombe et un harnais intacts, bien ajustés et homologués sont indispensables pour tout cavalier, en toute situation. Des normes sont établies en Grande-Bretagne, en Europe, aux États-Unis, en Australie et en Nouvelle-Zélande. Actuellement, elles n'autorisent pas les harnais à mentonnière.

UNE BOMBE BIEN AJUSTÉE

La bombe et le harnais doivent être correctement ajustés. Achetez-les chez un détaillant qui saura vous conseiller.

Le harnais *ne doit pas comporter de mentonnière*

LES ACCESSOIRES

LA TOQUE

La soie colorée se porte pour le cross-country, le noir ou le bleu marine lors d'événements plus officiels. Choisissez un tissu fluorescent pour les sorties, surtout sur les routes.

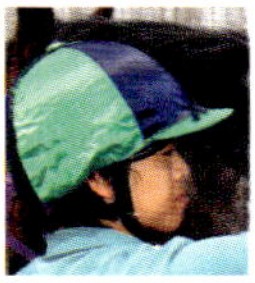

Soie colorée

DIVERS ÉQUIPEMENTS

BOMBE VENTILÉE

Légère, elle est appréciée par les adeptes du jumping et de l'endurance.

BOMBE DE VELOURS

Élégante avec son harnais de cuir, elle convient à maintes disciplines.

GPA CARBONE

Son renfort frontal en fibre de carbone est très apprécié pour la compétition.

Bombe légère et ventilée

Bombe de velours

GPA carbone

GILETS DE PROTECTION

Il existe divers types de gilets : certains sont spécifiquement conçus pour les jockeys ; d'autres pour le cross-country ; et enfin, les derniers concernent l'équitation classique, le jumping et le travail. Les épaulières sont parfois intégrées au gilet de protection.

UNE PROTECTION SUR MESURE

L'avant et le dos du gilet doivent parfaitement correspondre à vos mesures. Si vous grandissez ou subissez un important changement morphologique, adaptez votre protection.

Vue de face

Vue de dos

LES SELLES

La majorité des selles sont formées sur une structure appelée l'arçon. Habituellement en bois, c'est lui qui détermine la taille et la largeur de la selle ; si l'on peut ajuster la matelassure qui l'entoure, c'est d'abord l'arçon qui doit être adapté au cheval. La garniture est souvent constituée de laine, mais on utilise aussi des systèmes de coussins d'air.

LA SELLE MIXTE

Si le cheval n'est pas monté régulièrement pour une discipline spécifique, une seule selle lui suffira. On choisira alors le modèle polyvalent, situé entre la selle de dressage et la selle d'obstacles (voir pp. 56-57). L'arçon peut être rigide ou « élastique ». Ce dernier comporte une pièce d'acier souple insérée de part et d'autre de la structure en bois et offre souvent plus de confort au cavalier.
En ce qui concerne le cheval, il suffit que la selle soit bien adaptée et le poids du cavalier réparti harmonieusement.

VUE DE PROFIL

Positionnez la selle de manière à ce que le troussequin soit légèrement plus haut que le pommeau. La partie la plus basse du siège se trouvera ainsi au milieu du dos du cheval.

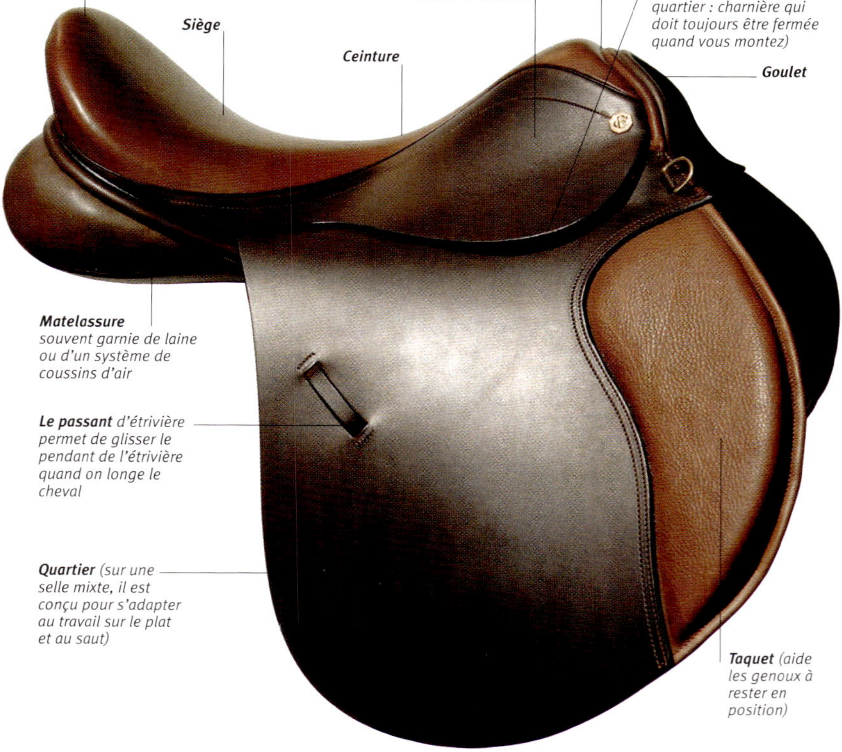

LE DESSOUS DE LA SELLE

Il ne faut pas oublier de nettoyer régulièrement le dessous de la selle et de traquer les signes d'usure. Le cuir doit être souple, mais il ne faut le huiler trop souvent (voir p. 93)

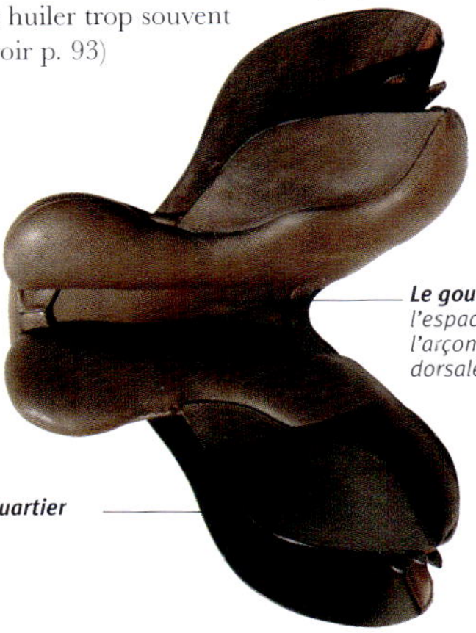

VUE DE DOS

De dos, on doit pouvoir observer un espace dégagé entre la selle (avec son cavalier) et le dos du cheval.

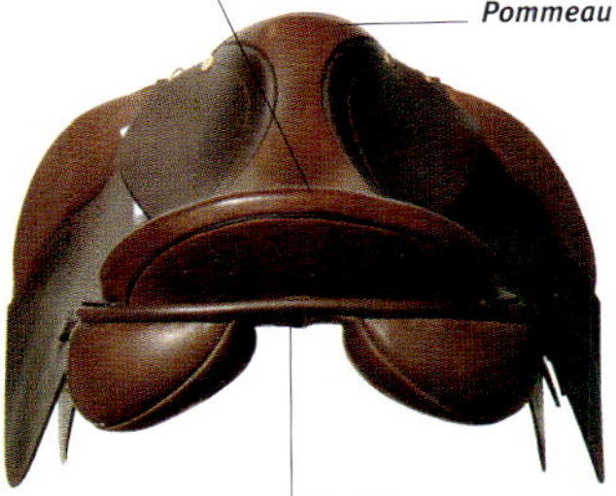

DÉMONTER UNE SELLE

Enfilez chaque étrivière dans l'œil situé en haut de chaque étrier puis attachez-les. Faites glisser le pendant de l'étrivière dans le couteau et tirez pour que la boucle repose bien à plat près du couteau. Le pendant de l'étrivière ne doit pas être glissé dans le passant pendant que vous montez. La sangle s'attache grâce à deux contre-sanglons situés sous le quartier, de part et d'autre de la selle.

PRÉPARER LA SANGLE

Posez la sangle sur la selle afin de pouvoir l'attacher facilement lorsqu'elle sera sur le cheval.

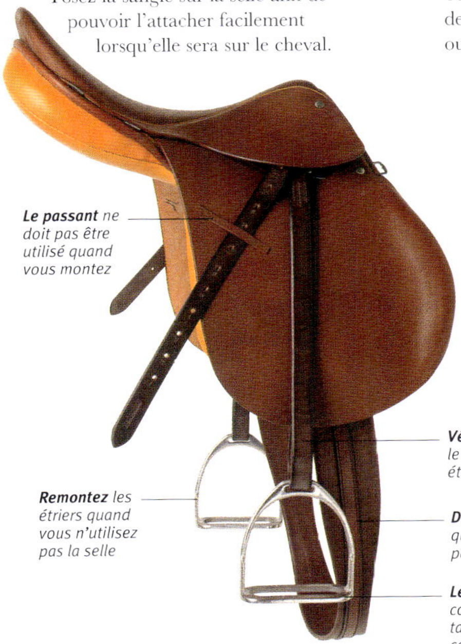

SOUS LE QUARTIER

Sous le quartier, on peut voir d'autres éléments de la selle comme les articulations de l'arçon ou les contre-sanglons.

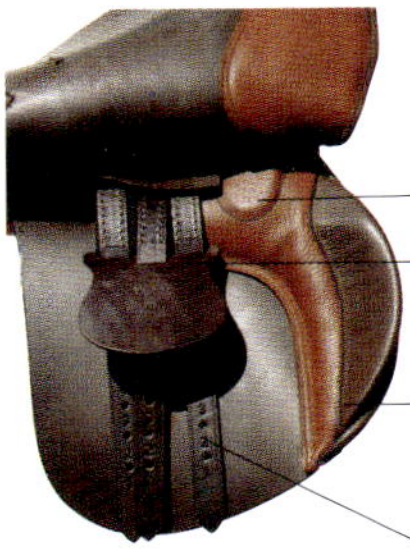

LES DIFFÉRENTES SELLES

Les cavaliers qui pratiquent assidûment une discipline spécifique auront besoin d'une selle mieux adaptée que la selle mixte. Des formes spéciales existent pour le dressage, le saut d'obstacles et diverses classes de concours. Les selles de cross-country reposent souvent sur le modèle d'une selle de course très légère qui maximalise le contact entre le cavalier et sa monture et exclut tout poids superflu. Les cavaliers sont nombreux à ne pas utiliser de taquets épais et matelassés. Si ces derniers semblent garantir plus de stabilité, certains pensent que si le cheval tombe, ils risquent de retenir le cavalier, l'empêchant de s'éjecter.

LA SELLE D'OBSTACLES
Le siège est relativement plat. Les quartiers ont une coupe inclinée vers l'avant et les taquets servent à optimiser la stabilité du cavalier.

LA SELLE DE DRESSAGE
Les quartiers sont droits et leur forme plus profonde ; le centre de gravité est plus près du pommeau permettant au cavalier une utilisation optimale de son assiette.

LES DIFFÉRENTES SANGLES

Souvent en cuir ou en nylon, cette pièce essentielle de sellerie est la seule qui permet de tenir la selle en place. Elle doit être entretenue avec soin, de même que les sanglons de la selle. Certaines comportent un segment élastique qui permet au cheval de bouger plus librement et de mieux respirer. Il faut cependant les serrer plus que les autres (voir p. 67).

Sangle Atherstone

Sangle matelassée

Sangle combinée

DIVERSITÉ DES MODÈLES
Certaines sont plus étroites derrière le coude du cheval afin de réduire les risques de frottement. La sangle combinée et la sangle Atherstone se ressemblent, mais l'Atherstone est faite d'une seule pièce.

ÉTRIERS ET SEMELLES

Les étriers les plus courants sont hauts et étroits ou larges et arrondis. Pour plus de sécurité, on place souvent une semelle de caoutchouc sur la base de l'étrier. Si cela est toujours possible sur les premiers, utilisez une semelle sur les seconds que si les semelles de vos bottes sont en cuir. Les étriers de sécurité sont conçus pour que le pied se libère automatiquement en cas de chute.

UNE ÉTRIVIÈRE

Une étrivière doit être de bonne qualité. Les matières synthétiques ne sont pas aussi solides que le cuir véritable.

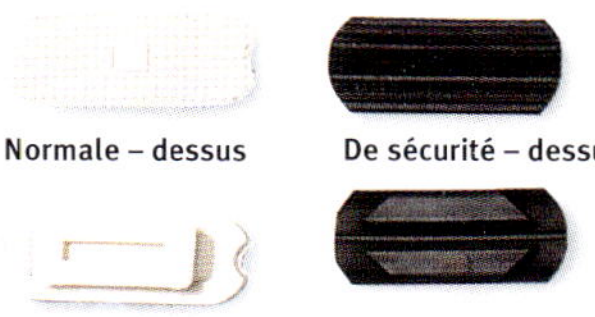

Normale – dessus | **De sécurité – dessus**

Normale – dessous | **De sécurité – dessous**

LES SEMELLES

Ci-dessus, les types « normale » et « de sécurité ». Les semelles sont amovibles et peu chères. Remplacez-les dès qu'elles sont usées.

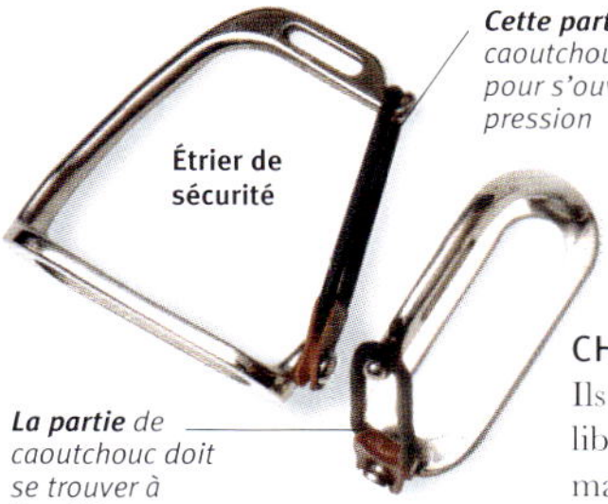

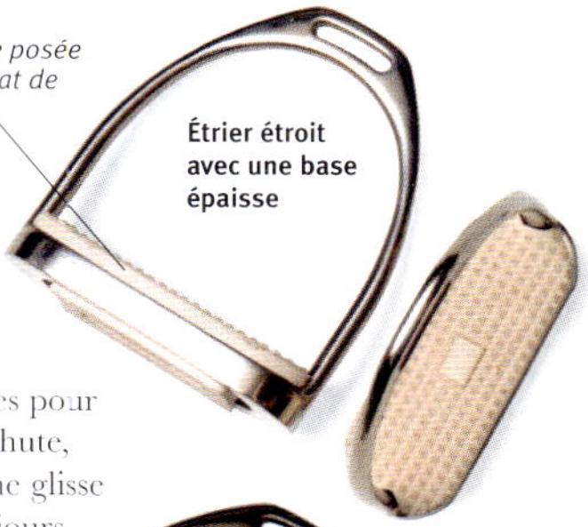

CHOISIR DES ÉTRIERS

Ils doivent être assez larges pour libérer le pied en cas de chute, mais pas trop pour qu'il ne glisse pas à travers. Utilisez toujours des étriers de sécurité si la selle n'a pas de couteau (voir p. 54).

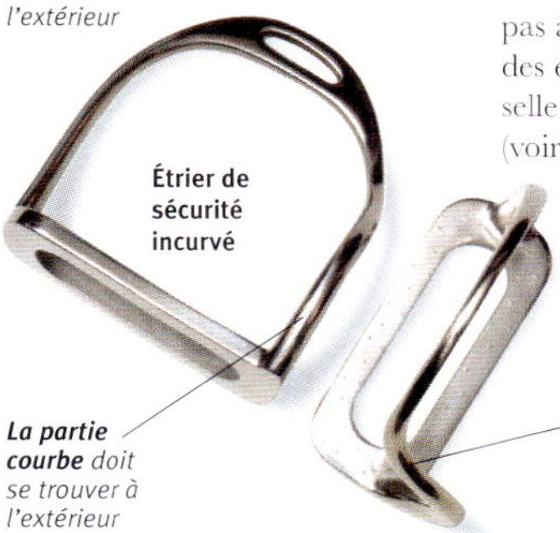

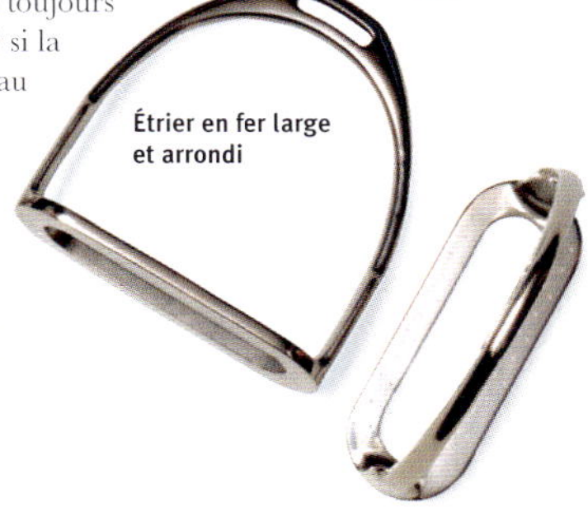

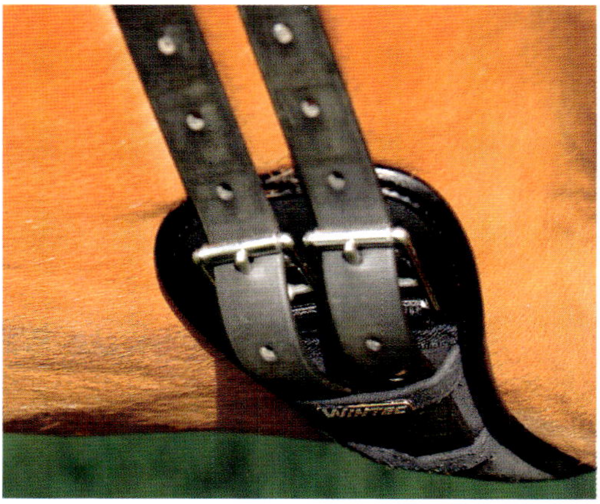

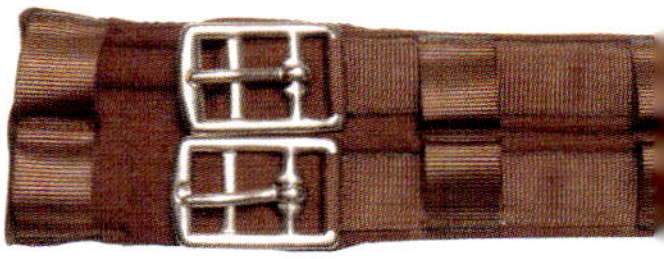

Boucles d'une sangle de dressage

LA SANGLE DE DRESSAGE

La sangle de dressage est courte, parfois élastique, et conçue pour les très longs sanglons des selles de dressage. Elle s'attache plus bas pour permettre aux jambes du cavalier de reposer bien à plat sur le quartier de la selle.

Sangle de dressage attachée

FILETS ET MORS

Utilisez un filet chaque fois que vous montez, car il vous permet de mieux contrôler le cheval. Le licol seul offre moins de sécurité. Quand vous choisirez votre mors et votre muserolle, demandez conseil à une personne expérimentée, car mal utilisés, ces deux éléments peuvent causer de graves dommages.

LES FILETS

S'il est de bonne fabrication, correctement placé et entretenu, un filet de cuir de bonne qualité durera plusieurs années et sera confortable pour le cheval. Un bon cuir est solide, mais il vous donne aussi la garantie de casser sous une trop forte pression : aussi étrange que cela paraisse, un cheval doit pouvoir se libérer s'il reste accroché quelque part. On trouve des filets lavables et synthétiques, mais ils ne sont peut-être pas aussi durables, sûrs et confortables.

La têtière et la sous-gorge sont taillées dans une seule pièce de cuir. La têtière est reliée au mors grâce aux montants et la sous-gorge permet au filet de ne pas passer par-dessus les oreilles. Le frontal empêche la têtière de glisser en arrière. La muserolle n'est pas nécessaire mais elle est souvent utilisée. Les montants, la muserolle, la sous-gorge, le mors et les rênes sont reliés par des systèmes de boucles.

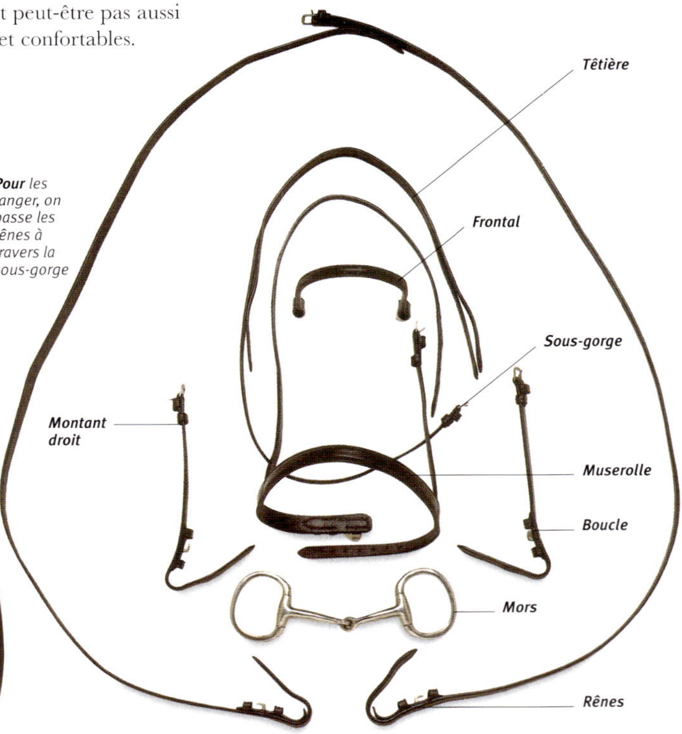

RANGER UN FILET

Le mieux est de pendre la têtière sur un gros crochet, le frontal vers vous. Passez la sous-gorge entre les rênes et bouclez-la. Placez la muserolle autour des montants et glissez-la dans ses passants.

LES PIÈCES DU FILET

La première fois que vous désassemblez un filet, étalez chaque élément pour bien étudier leur agencement. Pour le remonter, passez la muserolle et la têtière à travers le frontal, puis attachez les montants, le mors et les rênes.

LE FILET

Ce terme s'applique aux bridons à mors unique, le plus souvent un mors de filet ou Pelham (voir pp.60-61). On peut l'utiliser avec diverses muserolles telles le caveçon, la combinée, l'allemande (voir p. 60), ou sans muserolle. Sur tous les filets, la boucle doit être tournée vers l'extérieur.

HACKAMORE

Ce bridon sans mors repose sur le nez et convient à des chevaux puissants ou qui ne tolèrent pas le mors. Il nécessite l'adresse de cavaliers expérimentés.

LES MUSEROLLES

Le caveçon est le plus simple (voir p. 59). Ce n'est pas un élément de contrôle mais une attache entre une martingale fixe et le filet. Le nez d'un cheval est très sensible (les narines sont plus profondes que ne le laissent voir les naseaux). C'est pourquoi les muserolles sont à manipuler avec précaution, et seulement en cas de nécessité. Une muserolle allemande peut être utilisée pour un cheval qui résiste au mors en ouvrant la bouche, en mâchonnant ou en passant sa langue dessus. Une muserolle croisée agit de la même manière mais sur une zone plus étendue, et sa lanière inférieure gênera moins la respiration du cheval. Une muserolle combinée est un caveçon auquel on a ajouté une pièce attachée sur le devant et qui agit comme une muserolle allemande.

MUSEROLLE ALLEMANDE
Elle se positionne quatre doigts au-dessus des naseaux.
La partie inférieure se place entre le menton et les anneaux.

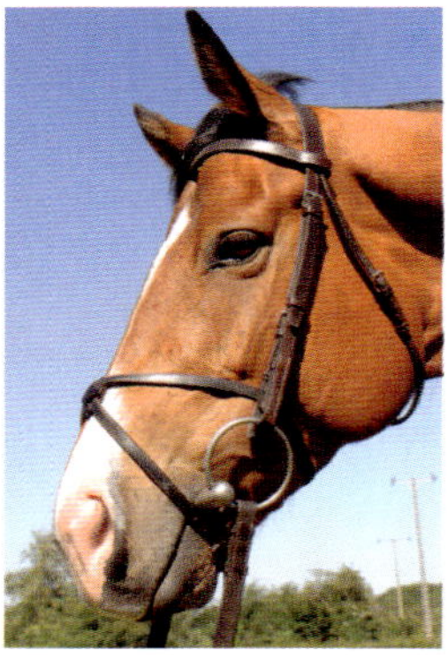

MUSEROLLE CROISÉE
Elle comporte deux lanières qui s'entrecroisent sur le chanfrein. L'une se boucle sous le mors et l'autre au-dessus.

MUSEROLLE COMBINÉE
La partie supérieure se place comme un caveçon. La lanière inférieure passe sous le mors, sans gêner les narines.

LES MORS

Chaque type de mors applique une pression sur une ou plusieurs parties de la bouche, des lèvres, de la langue et de la tête. On peut les classer en deux grandes catégories : le mors de filet, qui n'agit que sur la bouche, et le mors avec gourmette ou de type pelham, qui agit sur l'auge et constitue souvent un deuxième mors pour une bride double. Les deux peuvent avoir un canon droit ou brisé ; le canon à brisure unique a une action de « casse-noix » qui peut être dommageable ; la double brisure sera plus douce.

Un bon positionnement est essentiel. Le mors doit ressortir d'environ 5 mm de chaque côté de la bouche. Un mors à canon droit ne doit pas plisser les commissures des lèvres du cheval ; un canon brisé doit faire « sourire » le cheval sans créer de rides.

DIVERSES MATIÈRES

Il existe des mors en inox, plastique ou caoutchouc. S'il n'est pas de bonne qualité, le mors risque de se briser ou de causer des irritations. Vérifiez son état régulièrement.

Mors de filet

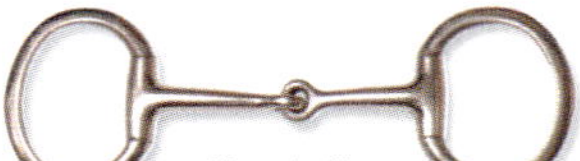

Mors à olives simple

Mors à olives avec double brisure

Mors Waterford

Mors Pessao avec trois anneaux

LES MARTINGALES

Les martingales les plus utilisées sont la martingale fixe et la martingale à anneaux. Elles permettent de mieux contrôler le cheval et ne doivent pas servir une visée esthétique. Une longue lanière les relie d'un côté à la sangle et de l'autre aux rênes ou à la muserolle.

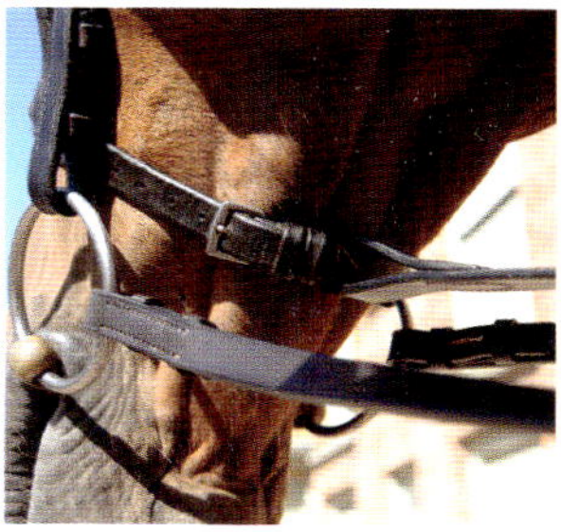

LA MARTINGALE FIXE

Elle permet un meilleur contrôle du cheval en l'empêchant de lever la tête trop haut ; elle est utile pour les chevaux qui secouent facilement la tête. Elle relie directement la muserolle à la sangle.

MARTINGALE À ANNEAUX

La martingale à anneaux n'est utile que si le cheval entrave votre maîtrise en levant ou secouant trop la tête. Elle est munie de deux lanières en forme de V qui relient le collier aux rênes.

Chantilly à double brisure

Chantilly droit

Mors à double brisure en cuivre

Mors espagnol

Mors Pelham

DIVERS ÉQUIPEMENTS

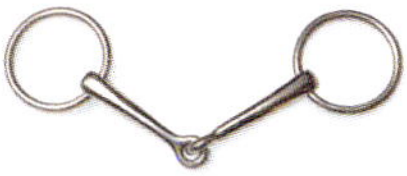

Mors de filet

Mors avec gourmette

BRIDE DOUBLE

Elle est munie de deux mors (un de filet léger et mince et un avec gourmette) et donc de deux paires de rênes. Elle offre au cavalier plus de contrôle et de subtilité dans le maniement des rênes. Elle est souvent utilisée pour le dressage de haut niveau, le cavalier devant être capable de manier chaque paire de rênes indépendamment.

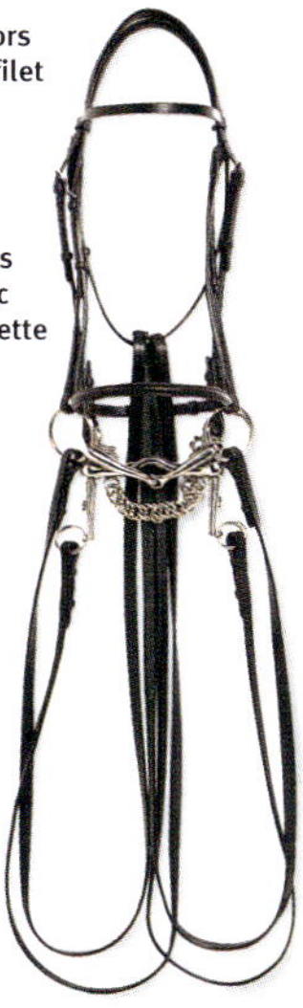

Bride double

LES PROTECTIONS DU CHEVAL

Outre l'équipement essentiel (selle et filet), plusieurs éléments de sellerie vous aideront à réduire les risques de blessures et d'inconfort pour votre cheval. Tapis de selle, guêtres et bandes servent tous un but spécifique, mais ils ne doivent en aucun cas être utilisés pour compenser une sellerie mal adaptée ou les maladresses d'un cavalier non attentionné.

CONFORT ET SÉCURITÉ

Les autres équipements exigent la même qualité d'adaptation à l'animal que la selle et le filet. Des articles tels que les pads ou les guêtres ne sont pas des accessoires de mode. Chacun a son utilité, et ils peuvent causer ou masquer des dommages s'ils sont mal utilisés. Cependant, quelques équipements supplémentaires peuvent parfois faire toute la différence.

POUR LE SAUT

Il est recommandé de mettre des guêtres pour le jumping ou le cross-country, le cheval courant le risque de s'infliger des coups ou de forger.

***Les tapis** de selle peuvent amortir les chocs sur le dos du cheval*

SOUS LA SELLE

Les cavaliers utilisent souvent un tapis de selle pour minimiser la salissure. Le coton ou la laine sont les mieux appropriés. Le tapis doit s'insérer parfaitement dans le goulet de la selle.

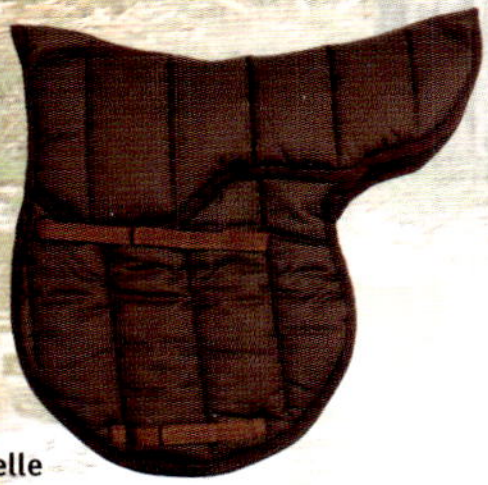

Tapis de selle

DIVERS ÉQUIPEMENTS

LES PADS

Ils offrent un meilleur amortissement sous toute la selle ou seulement sous la partie avant ; ils s'avèrent utiles en cas de fluctuations du poids du cheval et modifient l'ajustement de la selle.

Pad de garrot **Pad dorsal**

HEURTER ET FORGER

Les chevaux qui ont tendance à forger, c'est-à-dire à heurter leurs antérieurs avec la pince de leurs sabots postérieurs, ou les chevaux à qui vous demandez d'exécuter une tâche inhabituellement rapide ou difficile peuvent avoir besoin de protections.

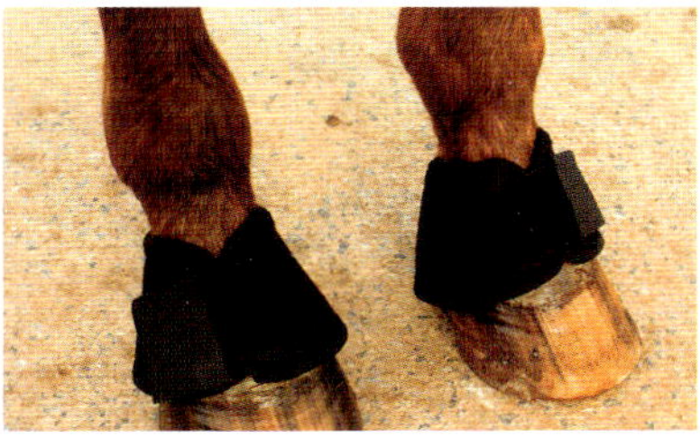

LES CLOCHES

Souvent utilisées pour le cross-country, elles réduisent les risques de blessures. Les plus simples se glissent sur le sabot, mais elles sont parfois délicates à poser et ont tendance à se retourner. Celles à bandes Velcro, comme ci-dessus, sont plus faciles d'emploi.

***Les guêtres** protègent les jambes des coups que peut s'infliger le cheval*

CONSEIL TECHNIQUE

POSER DES BANDES

Elles soutiennent les tendons et protègent les membres. Plus fines que les flanelles d'écurie et parfois extensibles, il ne faut pas trop les serrer. Toujours posé sur une couche de ouate, le bandage part du genou et s'arrête au boulet.
Étape 1 Entourez la jambe de ouate. Posez la bande en diagonale (le haut doit dépasser) puis tournez autour de la jambe pour l'emprisonner. **Étape 2** Repliez le haut de la bande sous le prochain tour et enroulez en descendant. **Étape 3** Recouvrez le haut du boulet et remontez, puis attachez fermement la bande.
Étape 4 Assurez-vous que le bandage n'entrave pas les mouvements du cheval.

Commencez en haut

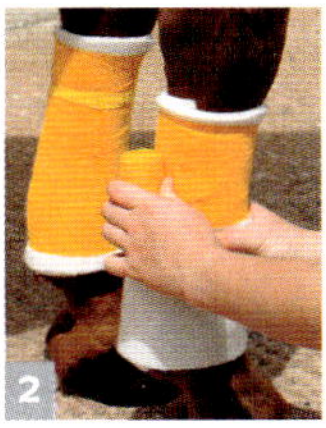

Enroulez en descendant

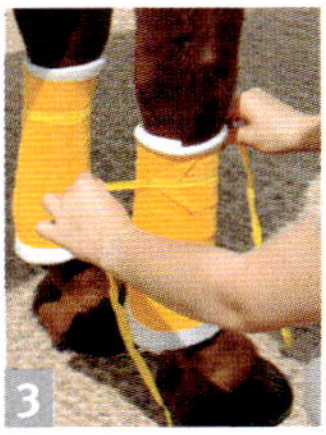

Attachez fermement

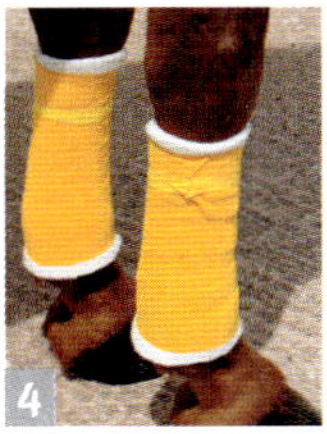

Bandage terminé

POSER DES GUÊTRES

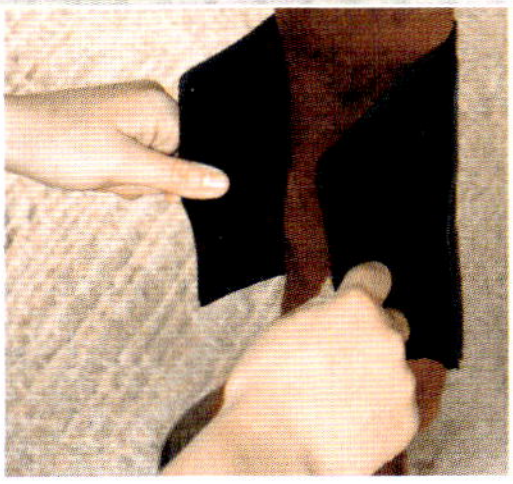

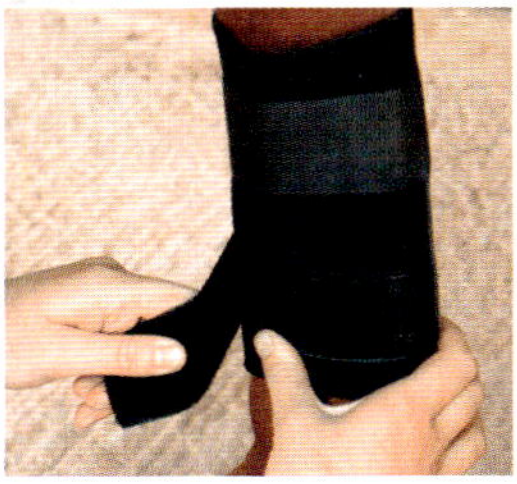

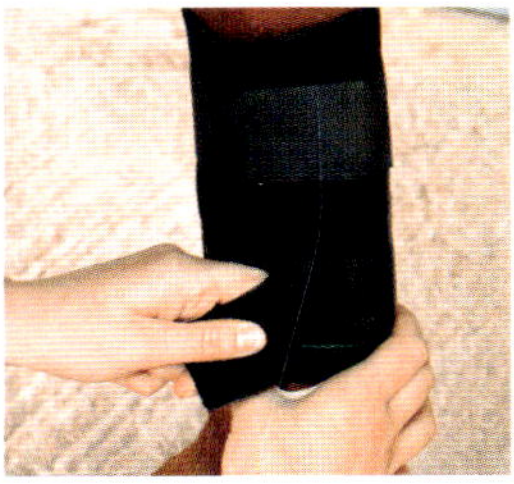

1 POSITIONNEZ LA GUÊTRE

Elle se loge entre le genou et le boulet. Placez-la un peu plus haut et faites-la glisser pour l'ajuster de sorte que les poils ne soient pas rebroussés. Les guêtres sont souvent faciles à poser.

2 ATTACHEZ LA GUÊTRE

Commencez par le haut. Les extrémités doivent être tournées vers l'arrière. Pour les guêtres à double fermeture, attachez les bandes intérieures d'avant en arrière et les autres, d'arrière en avant.

3 DERNIÈRE VÉRIFICATION

Assurez-vous que la guêtre tient bien en place. Elle ne doit ni glisser, ni tourner, ni entraver l'action du cheval.

PLACER UN LICOL

On utilise un licol pour mener et attacher un cheval. Il en existe en cuir, en nylon ou en toile. Il comporte une têtière, une sous-gorge et une muserolle reliées par des montants. Quand vous attachez un cheval sellé, posez toujours un licol par-dessus le filet et ne l'attachez pas avec les rênes.

1 ENFILEZ LA MUSEROLLE
Détachez d'abord la boucle de la têtière. Debout du côté gauche du cheval, tenez la muserolle à deux mains et faites-la passer précautionneusement sur le museau du cheval.

2 RAMENEZ LA TÊTIÈRE
Tenez la muserolle de la main gauche et prenez la têtière dans la droite. Poussez-la aussi haut que possible, puis faites passer son extrémité par-dessus la tête du cheval, derrière ses oreilles.

CONSEIL TECHNIQUE

ATTRAPER UN CHEVAL INDISCIPLINÉ
Passez le licol et la longe sur votre épaule et approchez-vous du cheval de façon à ce qu'il vous voie. S'il refuse de se laisser attraper, cachez le licol derrière vous et offrez-lui une carotte, qu'il aura comme récompense une fois le licol enfilé. Si son attitude réfractaire est habituelle, faites-lui associer licol (ou le travail) et plaisir (nourriture).

Offrez-lui une friandise

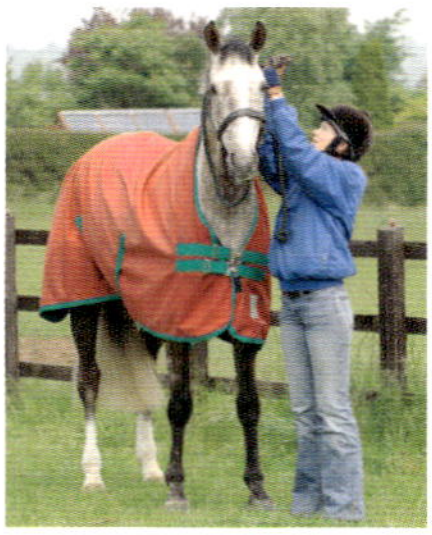

Attachez le licol

DIVERS ÉQUIPEMENTS

LES LICOLS

Les licols de cuir ou de nylon répartissent bien la pression appliquée sur la tête du cheval. Cependant, les licols de nylon non doublés ne sont pas sûrs en voyage (voir p. 270) ou pour le nettoyage car sous la pression, ils casseront moins facilement que le cuir (si le cheval reste accroché quelque part, il doit pouvoir s'échapper pour éviter de se blesser).

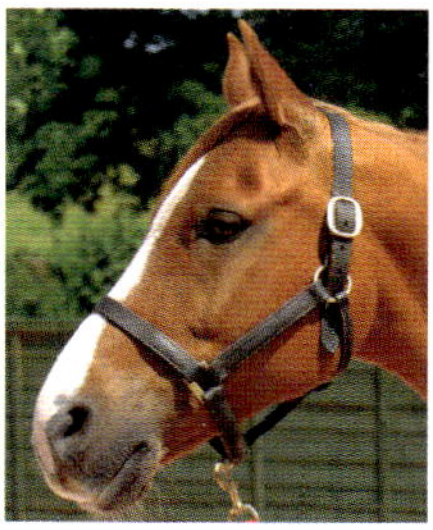

Licol en cuir

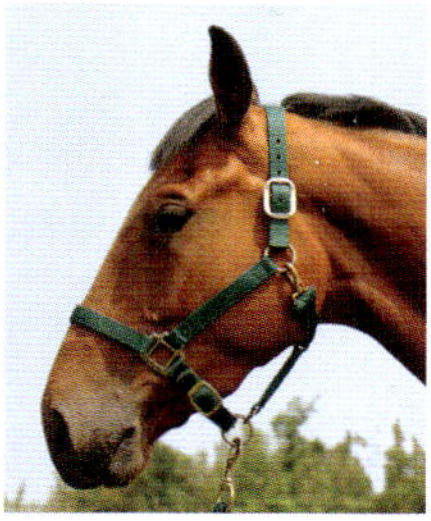

Licol en nylon

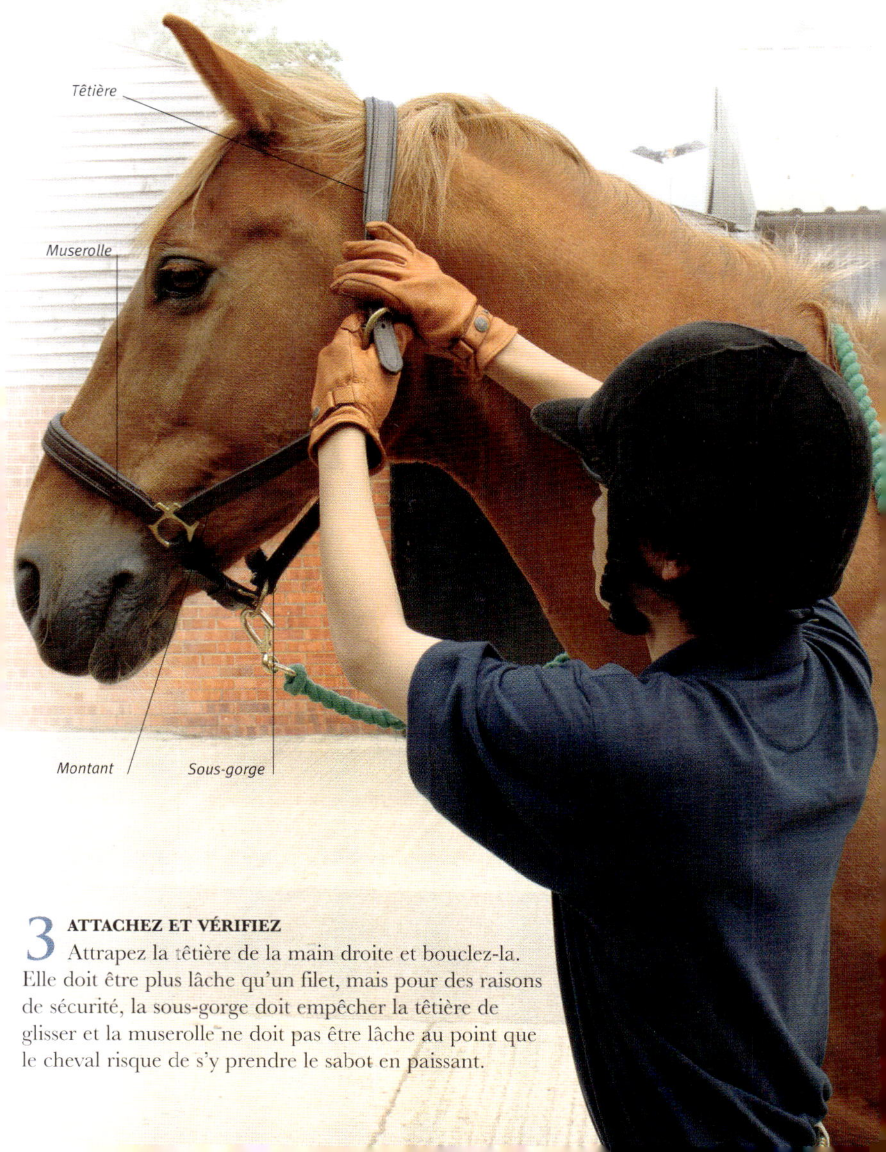

3 ATTACHEZ ET VÉRIFIEZ
Attrapez la têtière de la main droite et bouclez-la. Elle doit être plus lâche qu'un filet, mais pour des raisons de sécurité, la sous-gorge doit empêcher la têtière de glisser et la muserolle ne doit pas être lâche au point que le cheval risque de s'y prendre le sabot en paissant.

SELLER UN CHEVAL

Avant d'installer la selle, vérifiez que les étriers sont remontés et posez la sangle sur la selle pour qu'elle ne vous gêne pas et que vous puissiez la boucler. Assurez-vous que le dos et le ventre du cheval sont propres et bien lisses. Exercez-vous à installer une selle sans rien dessous ; vous verrez exactement là où elle doit être positionnée.

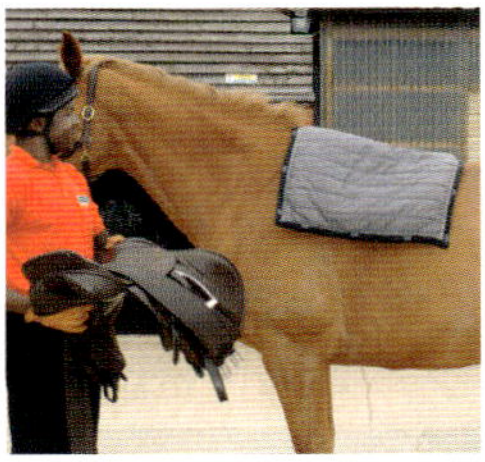

1 POSEZ LE TAPIS Un cheval se selle habituellement par la gauche. Le tapis peut se poser en premier ou en même temps que la selle. Posez-le légèrement trop haut sur le garrot et faites-le glisser en position vers l'arrière de façon à lisser les poils dans le bon sens.

2 POSEZ LA SELLE Le pommeau dans la main gauche et le troussequin dans la droite, posez la selle en douceur sur le tapis. Insérez le tapis dans le goulet et repositionnez-les, le pommeau devant affleurer le garrot.

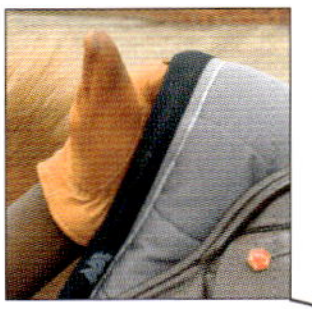

***Soulevez** le tapis pour l'insérer sous le pommeau et le troussequin afin de toujours laisser un espace aéré entre la selle et l'épine dorsale du cheval*

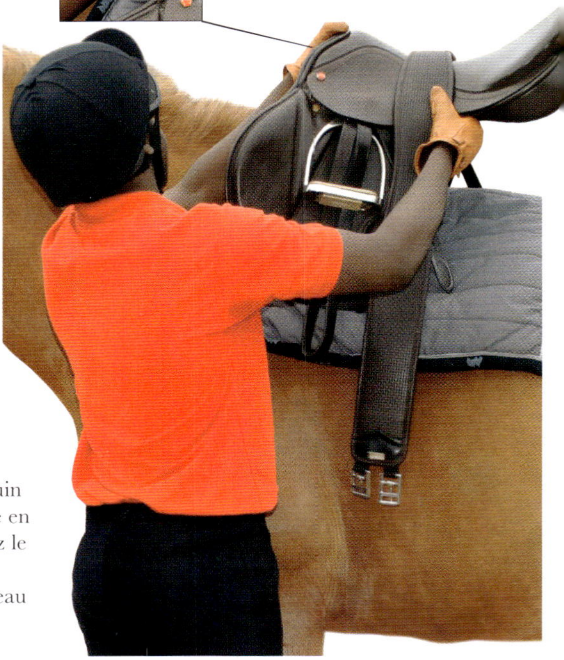

TECHNIQUE

AJOUTER UNE MARTINGALE À ANNEAUX

Si votre cheval est équipé d'une martingale, passez sa tête par la courroie de l'encolure, la boucle côté gauche. **Étape 1** Attrapez la sangle et enfilez-la dans le passant situé à l'extrémité de la martingale. **Étape 2** Après avoir mis le filet, défaites la boucle centrale des rênes et passez-les dans un anneau de la martingale, puis rebouclez-les.

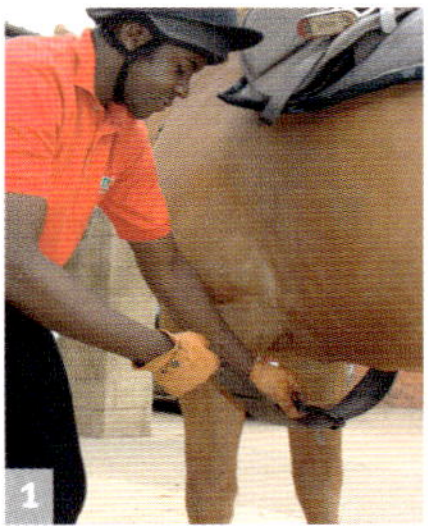

Enfilez la sangle dans le passant

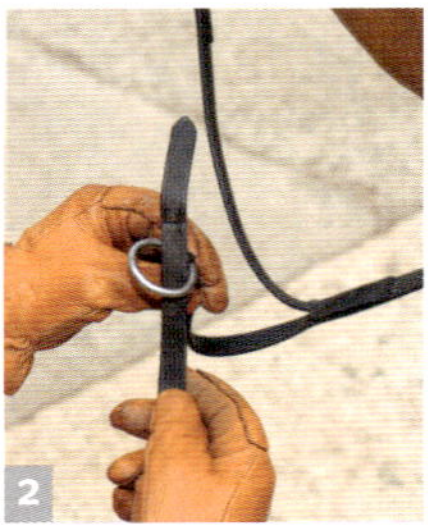

Enfilez les rênes dans les anneaux

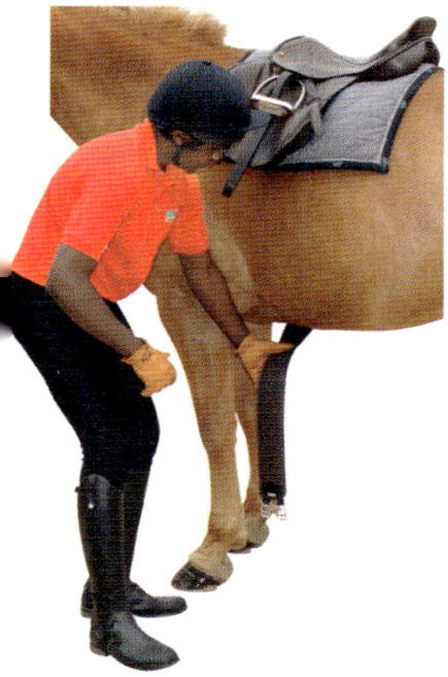

3 ATTRAPEZ LA SANGLE Laissez la sangle pendre du côté droit puis attrapez-la en passant la main sous le ventre du cheval. Veillez à ce que la selle et le tapis reposent bien à plat sur les flancs du cheval.

***Les sanglons** doivent tous être bouclés au même trou, les deux côtés devant être équilibrés*

4 BOUCLEZ LA SANGLE Bouclez le premier sanglon, puis le deuxième et assurez-vous qu'aucune lanière n'est retournée. Ne serrez pas trop au début ; une largeur de main doit séparer la sangle et le coude du cheval.

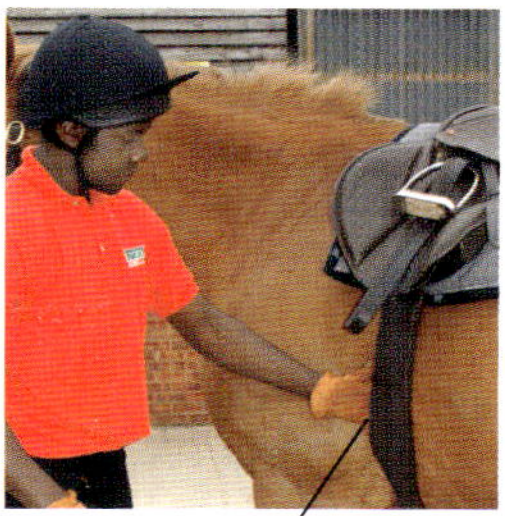

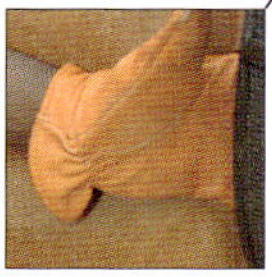

***Avant de monter,** passez la main à plat sous la sangle pour bien lisser la robe du cheval*

5 DERNIÈRE VÉRIFICATION

Attachez la sangle pour que la selle tienne bien en position. Ne la resserrez pas avant de monter. Resserrez-la quand vous êtes prêt à partir et lissez les poils en dessous.

DESSELLER

Une fois descendu de cheval, remontez les étriers pour éviter qu'ils heurtent son dos lorsque vous retirerez la selle, puis dessanglez. Si le cheval a transpiré, ne retirez pas la selle immédiatement, cela risquerait de le blesser (votre poids sur son dos aura ralenti sa circulation et quelques minutes peuvent être nécessaires pour qu'elle redevienne normale).

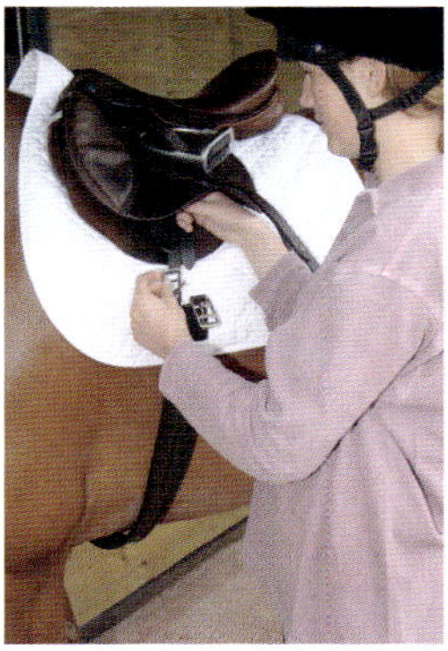

1 DÉTACHEZ LA SANGLE

Détachez la sangle du côté gauche et laissez-la retomber doucement ; défaites la martingale si nécessaire.

2 RELEVEZ LA SANGLE Passez à droite du cheval. Posez la sangle sur la selle, le dessous vers le haut pour que les saletés ne se déposent pas sur la selle.

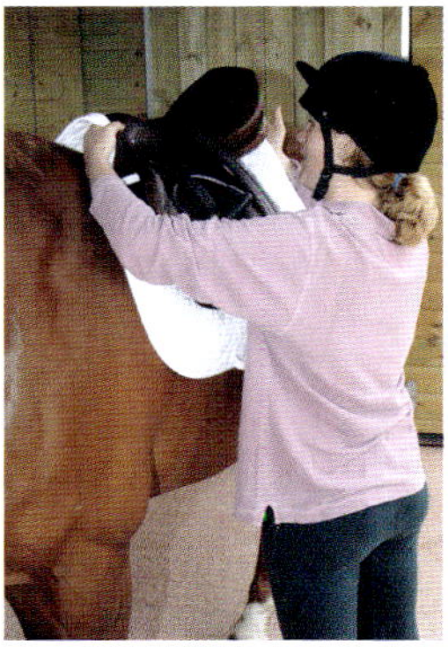

3 FAITES GLISSER LA SELLE

Passez du côté gauche, tenez le pommeau et le tapis dans votre main gauche, le troussequin et le tapis dans la droite. Faites glisser le tout vers vous.

BRIDER

Avant de passer le filet, vérifiez qu'il est correctement assemblé. Défaites la muserolle et retirez les rênes de la sous-gorge (voir pp.58-59). Tenez-vous toujours à gauche du cheval et prenez l'habitude d'exécuter des gestes corrects et sûrs. Si vous devez rattacher le cheval ensuite, enfilez le licol par-dessus le filet.

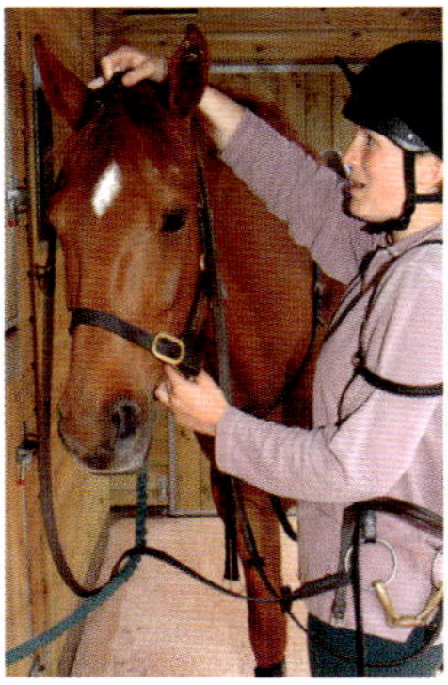

1 RETIREZ LE LICOL

Posez la bride sur votre épaule gauche et passez les rênes par-dessus la tête et l'encolure. Détachez le licol, retirez-le et pendez-le à portée de main.

***Tenez** les montants rassemblés sous le frontal*

2 LE MORS

Maintenez le filet dans la main droite et faites passer la tête du cheval par-dessous. Prenez le mors entre le pouce et l'index de la main gauche et pressez-le délicatement contre la bouche du cheval en l'incitant à l'ouvrir.

***Ne forcez** jamais un cheval à accepter le mors*

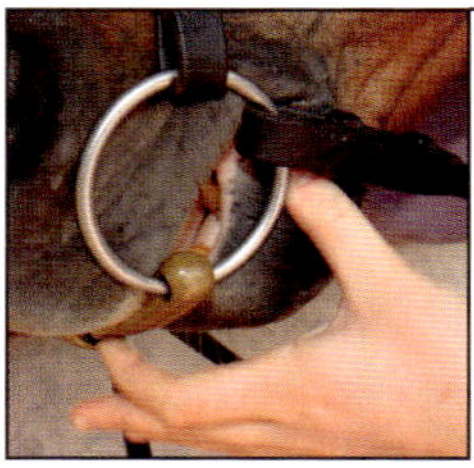

***Incitez** le cheval à ouvrir la bouche en introduisant le pouce à la commissure des lèvres. Les barres sont dépourvues de dents, mais restez tout de même prudent*

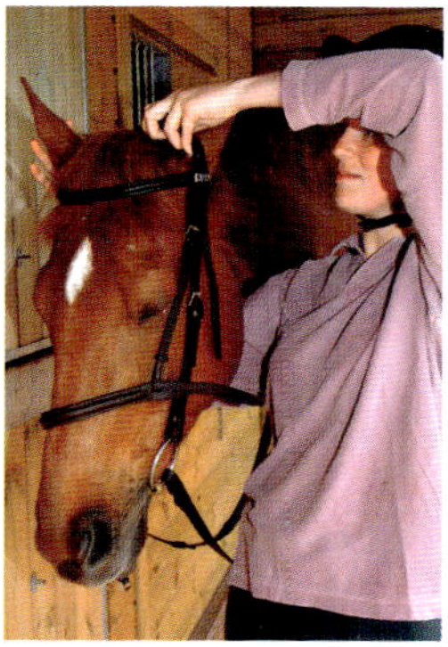

3 **LES OREILLES**
Une fois le mors accepté, remontez le filet de sorte que le mors repose contre les commissures des lèvres. Passez la têtière précautionneusement par-dessus les oreilles. Dégagez le toupet du frontal et veillez à ce qu'aucun crin ne reste pris dessous.

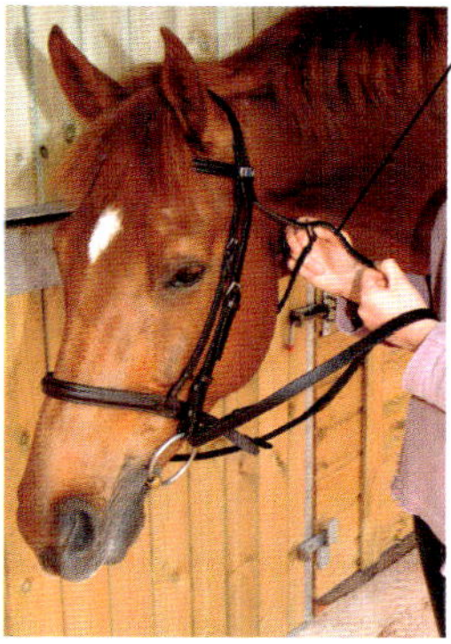

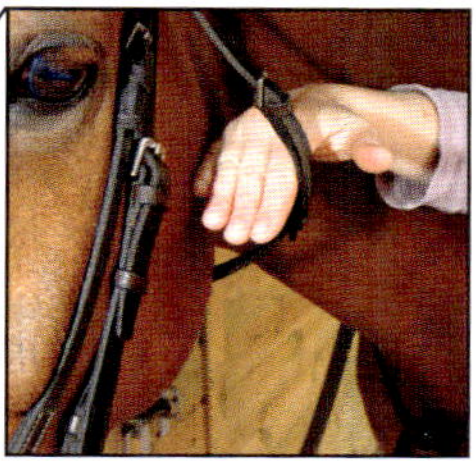

***Vous devez** pouvoir passer votre main à l'horizontale entre la sous-gorge et la joue du cheval : elle doit être assez serrée pour empêcher le filet de glisser par-dessus la tête, mais ne doit pas entraver ses mouvements ou sa respiration*

4 **LA SOUS-GORGE**
Passez la main sous la tête du cheval pour attraper la sous-gorge. Assurez-vous qu'elle n'est pas tordue avant de la ramener du côté gauche et de la boucler.

5 **ATTACHEZ LA MUSEROLLE**
Debout devant le cheval, vérifiez que le filet est bien droit. Ajustez-le si besoin puis bouclez la muserolle sous le menton du cheval.

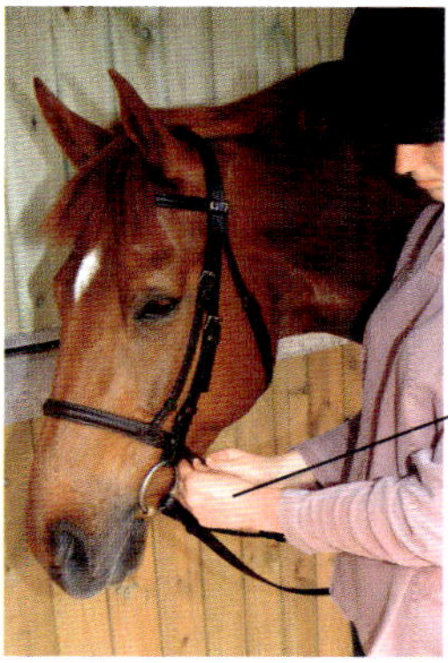

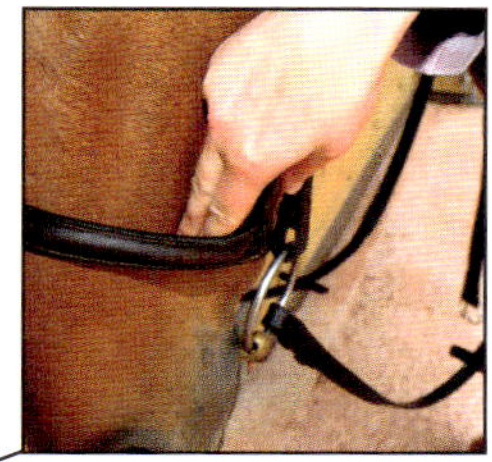

***Vous devez** pouvoir passer deux doigts entre la muserolle et la tête du cheval*

DÉBRIDER UN CHEVAL

Si vous déharnachez à l'écurie, placez le cheval face à la porte pour ne pas avoir à passer derrière lui pour sortir. Si vous voulez lui mettre un licol, ayez-le à portée de main et une fois le filet retiré, laissez les rênes sur l'encolure du cheval jusqu'à ce que le licol soit bouclé. Ne tirez jamais sur le mors pour le retirer. Retirez la têtière en douceur et laissez le mors glisser hors de sa bouche.

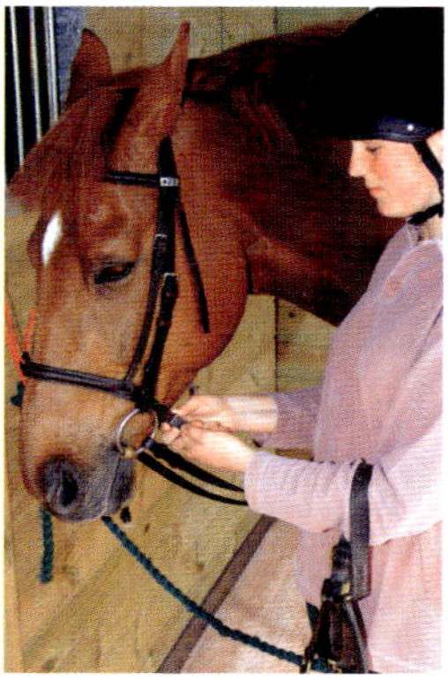

1 **DÉFAITES LES LANIÈRES**
Laissez les rênes sur l'encolure. Détachez la muserolle et la sous-gorge, en vous tenant à gauche.

2 **PASSEZ PAR-DESSUS LES OREILLES**
Passez la têtière dessus les oreilles pour laisser le mors glisser hors de la bouche.

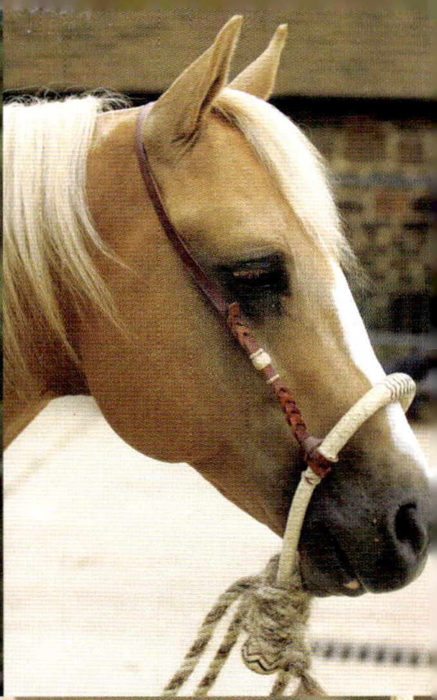

L'ÉQUIPEMENT WESTERN

Ornements détaillés et finement ouvragés sont l'apanage de l'équipement western moderne. Cependant, la sellerie ne fut pas toujours aussi sophistiquée ; autrefois destinée aux tâches difficiles, elle était fonctionnelle plus qu'esthétique. Aujourd'hui, l'équitation western est pratiquée pour le plaisir, une notion que reflète bien les éléments de l'équipement.

LA TENUE WESTERN

Il n'existe pas de « costume » à proprement parler. Les cavaliers montent pour le plaisir et portent donc des habits pratiques dont le style reflète néanmoins les origines de l'Ouest sauvage. En compétition, on attend d'eux qu'ils fassent preuve de classe et d'originalité.

LES CHAPEAUX

Le chapeau western est incontournable. À large bord pour abriter du soleil les yeux du cavalier, il est en feutre ou en paille pour absorber la transpiration. Néanmoins, il n'offre aucune protection en cas de blessure.
La plupart des cavaliers optent aujourd'hui pour un nouveau casque semblable à la bombe d'équitation.

CHAPEAU DE PAILLE
Il doit être tissé de fibres fines et serrées afin de ne pas se déformer.

CHAPEAU DE FEUTRE
Ils sont souvent faits de poils de lapin traités pour une plus grande longévité.

LES BOTTES

Les cavaliers western portent souvent des bottes roper. Solides, elles protègent les pieds lorsque vous travaillez près du cheval. À bout rond, elles peuvent être enfilées ou lacées. Leur talon empêche le pied de glisser dans l'étrier et de rester accroché, ce qui est dangereux en cas de chute.

Boots roper à lacer

Bottes roper à enfiler

JEANS ET CHEMISES

La majorité des cavaliers portent des jeans ; la coupe « cow-boys » est la plus appréciée. La taille est plus haute que celle d'un jean normal, l'entrejambe est plus large afin de s'adapter à la position en selle et ils sont évasés de manière à glisser facilement sur les bottes.
La couture plate à l'entrejambe évite les irritations causées par la selle. Pour plus de confort, on trouve aujourd'hui des denims extensibles.

On porte habituellement une chemise de coton à manches longues, mais sweaters et tee-shirts conviennent aussi, en fonction du temps. Les manches longues protègent du soleil, des branches tombantes et des broussailles.

À FAIRE ET NE PAS FAIRE

■ **Ne montez pas** sans chapeau et pensez au port du casque, même au manège. Comme toute activité équestre, l'équitation western comporte des risques.
■ **Portez** un casque léger et ventilé lors des sorties. Il doit s'attacher avec un harnais autour des oreilles et sous le menton pour protéger votre crâne en cas de chute.
■ **Portez** un casque de sécurité si vous participez à des épreuves rapides comme le barrel racing ou le pole bending.

Cavaliers portant un casque

TENUES DE COMPÉTITION

Les différentes classes ont leur propre style mais en général, la tenue de compétition tend à être haute en couleurs, avec ses chemises à motifs et ses boucles en argent. Les cavaliers assortissent souvent leur tenue à la robe de leur monture.

UNE TENUE IMPECCABLE

En compétition, portez une tenue originale qui ne nuira ni à votre habileté ni à votre cheval.

TENUE DÉCONTRACTÉE

Des vêtements trop serrés limitent vos mouvements ; trop grands, ils causent des irritations.

GRANDES CHAPS

Ces jambières étaient destinées à protéger les jambes des broussailles, des cordes et des barrières. Elles doivent monter haut sur les hanches, descendre jusqu'au sol et couvrir les bottes du cavalier.

LA SELLE WESTERN

Une selle western polyvalente pèse environ 18 kg. La structure est composée de l'arçon, avec le troussequin, la jupe et le bourrelet (pommeau) recouvert de cuir (souvent cru, car plus solide et flexible). Les selles western sont principalement fabriquées en trois tailles : 14 pouces, 15 pouces et 16 pouces.

INVESTIR DANS UNE SELLE

Certains dépensent des milliers d'euro pour une selle de compétition customisée, mais nul besoin de faire pareil investissement pour pratiquer l'équitation western. Les selles existent de divers types pour diverses tâches, mais une selle de travail polyvalente, plus simple et moins chère que les autres, conviendra parfaitement aux débutants et à ceux qui ne souhaitent pas entrer dans la compétition. Plus abordables encore, les selles synthétiques sont aussi plus légères. Mais décorations et prix mis à part, une bonne selle est synonyme de qualité de fabrication et de matériaux.

LA SELLE MIXTE

C'est le choix idéal pour ceux que la compétition n'intéresse pas.

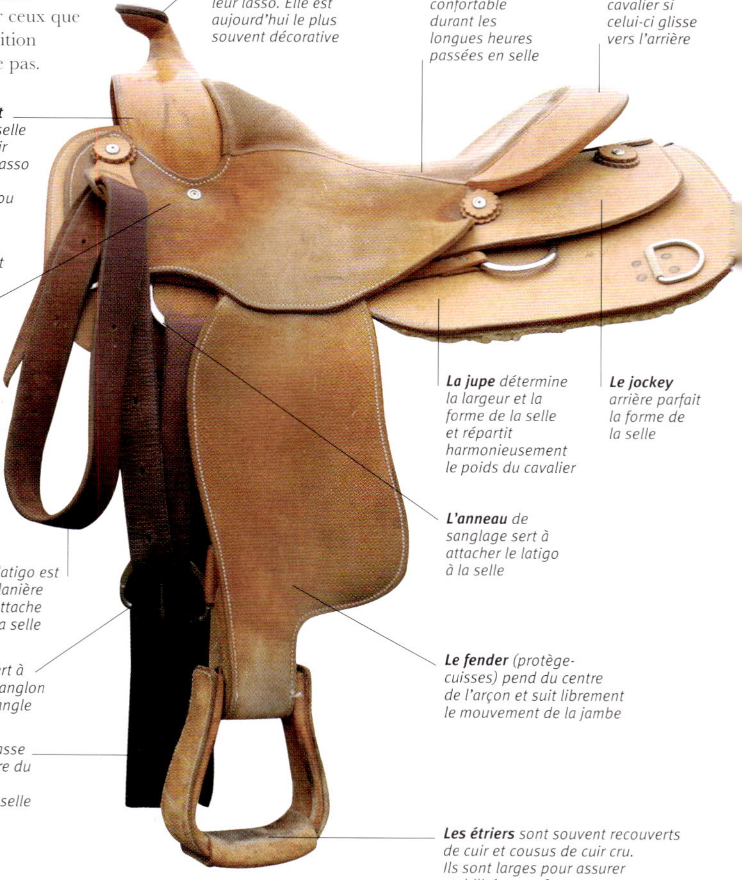

La patte de fixation permet de remonter le pendant du sanglon latigo et de le fixer devant la jambe

Le collier de chasse empêche la selle de glisser vers l'arrière, même si celui-ci est plus décoratif que fonctionnel

L'anneau de sanglage varie d'une selle à l'autre

LA SELLE DE LOISIR

Proposant un grand choix de cornes, de bourrelets, de sièges et de jupes selon les besoins du cavalier, les selles de loisir sont assez simples. Bien qu'elles soient parfois magnifiquement décorées, elles sont le plus souvent imprimées de motifs pour masquer les imperfections du cuir.

SELLE D'EXHIBITION

L'un des plus beaux aspects de la selle western d'exhibition est le repoussage de son cuir. Nombre d'entre elles sont décorées d'argent.

SELLE D'ENDURANCE

Plus légère, la selle d'endurance donne au cheval une plus grande liberté de mouvement ; elle est aussi extrêmement confortable.

LES BRIDONS WESTERN

Il existe plusieurs styles de bridons en équitation western. Ils sont ajustables et existent en trois tailles (poneys, Arabes et chevaux). Certains styles servent dans des disciplines spécifiques, d'autres sont utilisés selon l'expérience et le tempérament du cheval.

LES FILETS WESTERN

En équitation western, le filet est le plus souvent en cuir. Pour l'apprentissage et l'équitation de tous les jours, le filet western est le plus apprécié. La plupart des filets sont combinés à des rênes ouvertes. Contrairement aux rênes anglaises, les deux lanières ne se rejoignent pas à leur extrémité. On peut les tenir à deux mains et les rassembler sur l'encolure du cheval ou dans une seule main, au-dessus de la corne de la selle (voir p. 220).

LE MORS DE FILET

On l'utilise souvent lors de l'apprentissage ou des randonnées. Comme son homologue anglais, le mors de filet fonctionne en appliquant une pression directe sur les commissures des lèvres et sur la langue du cheval. Le type le plus utilisé en équitation western est un mors à anneaux ronds et au canon brisé.

Le bridon *ne passe que sur une seule oreille*

Le montant *est ajustable de façon à adapter la position du mors dans la bouche du cheval*

Les mors *de filet à anneaux ronds sont courants pour l'apprentissage et l'équitation de tous les jours*

LE BRIDON WESTERN

Un bridon western élémentaire n'a généralement pas de muserolle ni de frontal ; le filet passe par-dessus une ou deux oreilles de façon indépendante.

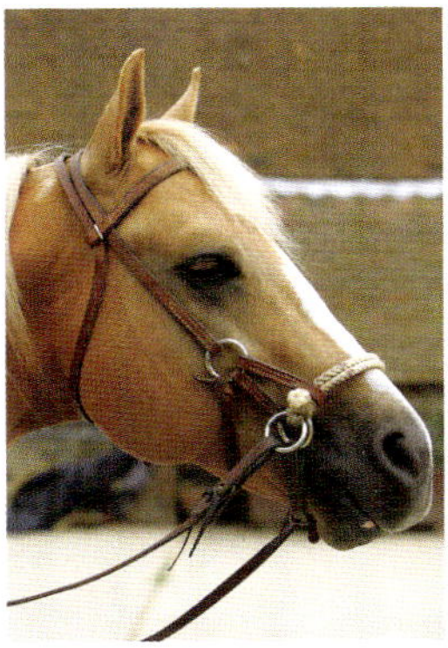

LE SIDE-PULL

Comprenant une muserolle et une lanière sous la mâchoire, le side-pull applique une pression de part et d'autre de la tête, selon la rêne que l'on agite.

FILET ET MORS DE BRIDE

Un mors de bride applique une pression sur la bouche mais aussi sur la langue, le palais, le creux du menton et la nuque du cheval.

BOZAL ET MECATE

La combinaison d'un bozal et de rênes mecate fonctionne comme un bridon sans mors. La pression s'applique sur le chanfrein plus que sur le menton.

LES TYPES DE BRIDONS

Le side-pull (filet sans embouchure) est souvent utilisé pour dresser des chevaux destinés à l'équitation western. Il enserre correctement la tête et les rênes sont attachées directement sur les côtés. Il inflige une pression directe, le cavalier tirant sa main dans la direction vers laquelle il veut aller.

Un cheval bien dressé peut être monté avec un filet et un mors brisé ; il répond à des aides discrètes appliquées sur son encolure. La brisure de certains mors est basse, laissant plus de place pour la langue tandis que d'autres sont assez hautes, infligeant une pression sur le palais du cheval. Dans des mains inexpérimentées, un mors brisé peut s'avérer trop dur, car un cheval répond souvent à de très légers stimuli. Un bozal est une sorte de muserolle en forme d'anneau qui se termine par une boule sous le menton. Les rênes mecate sont en corde tressée. Attachées à la boule, elles peuvent servir de longe. Un cavalier utilise ses deux mains avec un bozal et des rênes mecate ; le cheval le sent attraper les rênes à travers le bozal.

Le Hackamore mécanique, appelé simplement Hackamore en équitation anglaise (voir p. 59), est un bridon sans mors que l'on manie à une ou deux mains en équitation western. Il comporte souvent des lanières qui agissent sur la nuque, le chanfrein et le menton du cheval. Il permet un grand contrôle du cheval et on le verra donc équiper des bêtes puissantes lors d'épreuves de vitesse ou sur les pistes.

DIVERS ÉQUIPEMENTS

LICOL DE HALTER EN CORDE

Au lieu du licol classique (voir pp.64-65), certains cavaliers utilisent un licol de halter pour longer leur cheval. Il offre un contrôle plus précis en appliquant une pression sur la tête et le chanfrein et s'attache par un nœud de sécurité au niveau de la joue. La partie supérieure doit reposer juste derrière les oreilles et la muserolle, être espacée de la pommette d'une largeur de deux doigts.

Cheval portant un licol de halter en corde

SELLER

Une selle western est lourde et peu maniable ; avant de la hisser sur le dos du cheval, familiarisez-vous avec sa taille et son poids et exercez-vous à la poser sur un tonneau ou une barrière. Accrochez l'étrivière droite et la sangle autour de la corne de sorte qu'elles ne se prennent pas sous la selle.

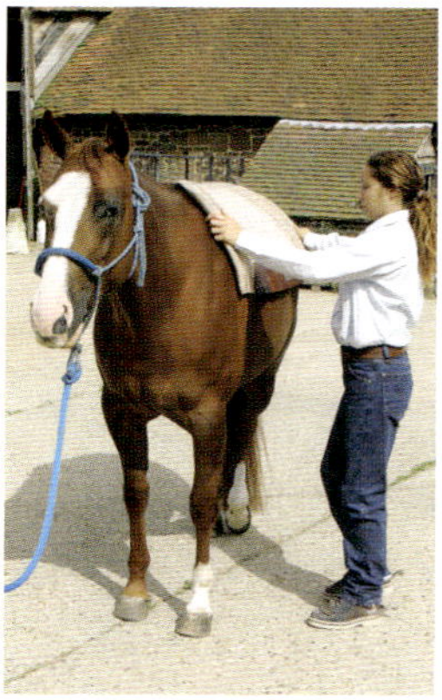

1 POSEZ LE TAPIS DE SELLE Tenez-vous du côté gauche et posez le tapis de selle devant le garrot puis faites-le glisser en position, juste derrière le garrot.

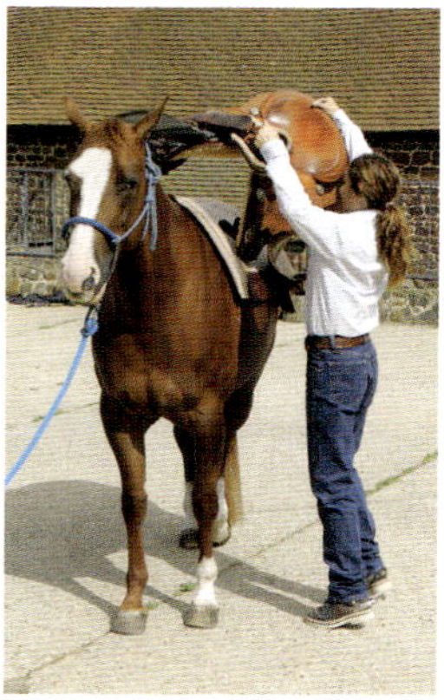

2 POSEZ LA SELLE Une main sous le pommeau et une sur la jupe, tenez la selle à hauteur de votre hanche. Balancez-la vers la droite pour la poser sur le dos.

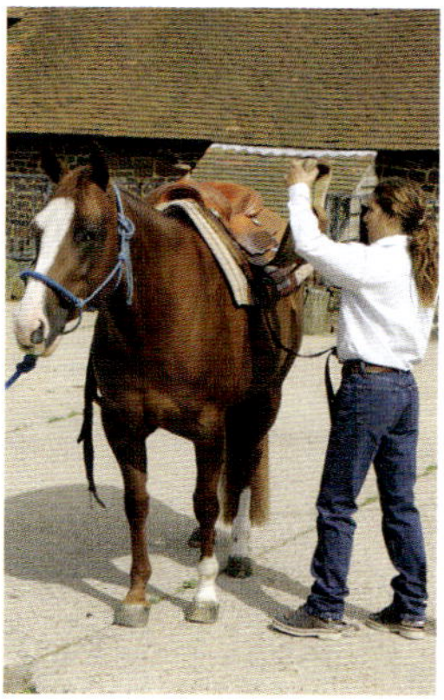

3 REPLACEZ LES ÉTRIERS Laissez pendre la sangle et décrochez l'étrier droit. Accrochez l'étrier gauche à la corne pendant que vous attachez la sangle.

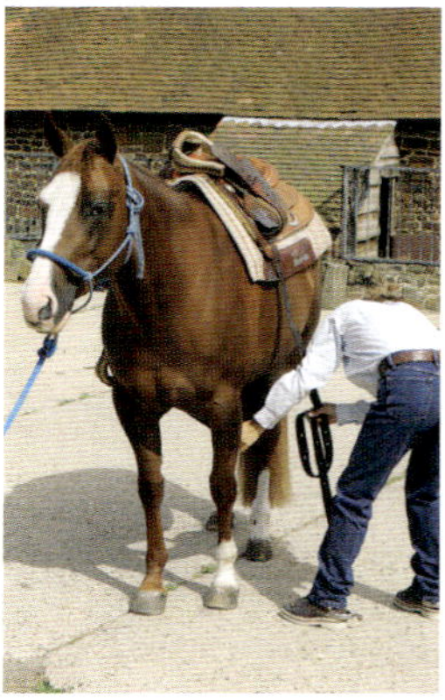

4 ATTRAPEZ LA SANGLE Passez la main sous le ventre du cheval pour saisir le pendant de la sangle et ramenez-le vers vous.

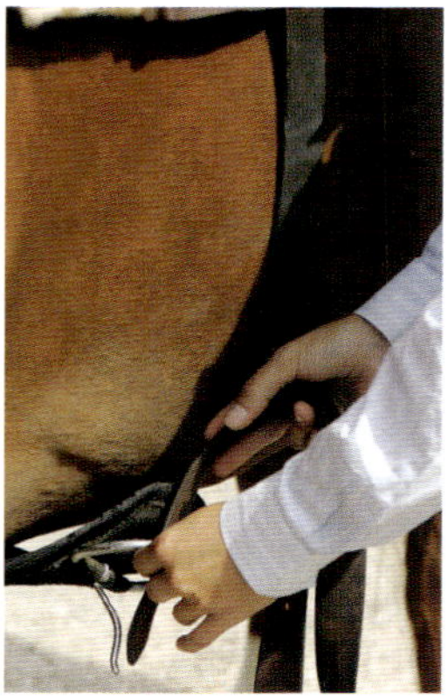

5 ENFILEZ LE SANGLON LATIGO Saisissez le sanglon latigo et faites-le passer à travers la boucle de la sangle.

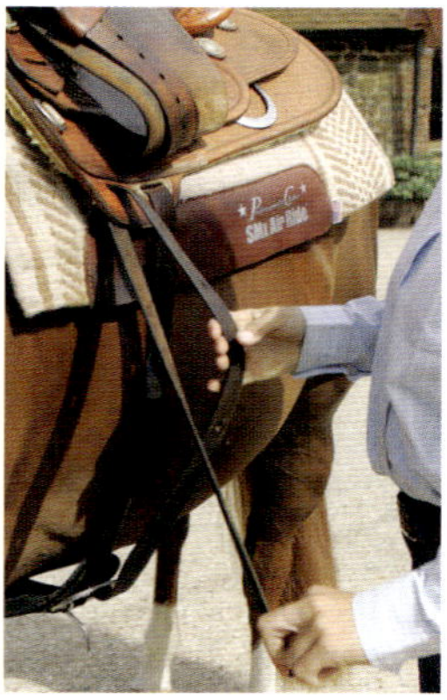

6 ATTACHEZ LE SANGLON LATIGO Remontez le sanglon et enfilez-le dans l'anneau de sanglage puis à nouveau dans la boucle de la sangle.

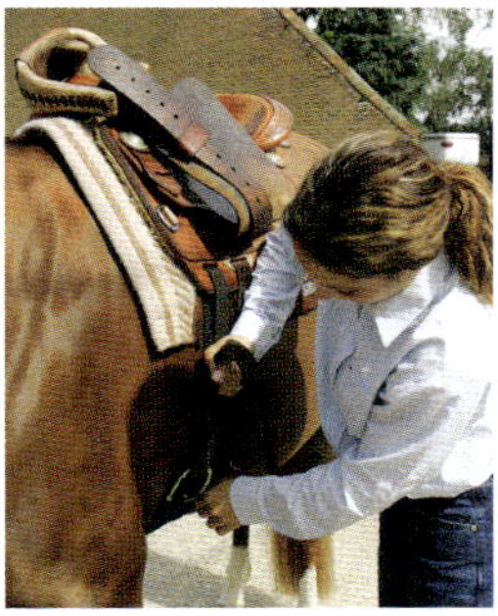

7 BOUCLEZ LA SANGLE
Tirez bien le sanglon et bouclez la sangle. Vous devez pouvoir glisser une main à plat entre le cheval et la sangle. Une fois sur le cheval, une selle western est difficile à ajuster ; vérifiez la sangle avant de monter.

8 POUR TERMINER
Enfin, glissez l'extrémité du sanglon latigo dans la patte de fixation.

DESSELLER

Les étapes à suivre pour desseller sont les mêmes que pour seller, mais dans l'ordre inverse. La selle est plus facile à ôter qu'à poser car vous n'avez pas besoin de la lever, mais gardez à l'esprit qu'elle reste très lourde. Vous devrez adopter le bon geste de manière à ne pas heurter le cheval avec une lanière, une boucle ou un étrier.

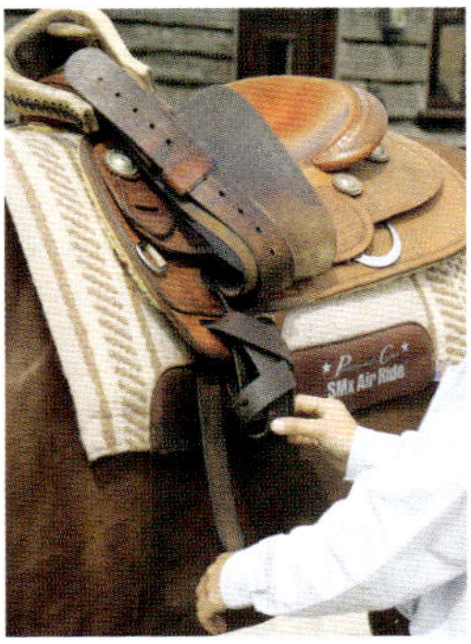

1 REMONTEZ LE SANGLON
Détachez le sanglon latigo et faites-en un nœud lâche. Enroulez l'extrémité autour du nœud et glissez-la dans l'anneau de sanglage.

2 REMONTEZ LA SANGLE
Du côté droit, remontez la sangle et accrochez la boucle à la selle.

3 ÔTEZ LA SELLE
Placez-vous du côté gauche pour ôter la selle. Glissez vos bras sous le tapis de selle. Soulevez-le légèrement et tirez-le vers vous avec la selle.

METTRE LE FILET

Faites bien attention à ce que la sellerie soit installée correctement, mais aussi à ce qu'elle ne procure aucune gêne au cheval. Tenez-vous du côté gauche pour poser un filet. Sa simplicité vous permettra de maîtriser rapidement cette opération.

1 TENEZ LE FILET Tenez les rênes dans la main gauche et le filet dans la droite. Passez-le sous le menton du cheval et posez-le sur le chanfrein.

2 PRÉSENTEZ-LUI LE MORS Posez les rênes sur l'encolure du cheval puis prenez le mors dans la main gauche en écartant le filet.

3 OUVRIR LA BOUCHE Posez la main gauche à plat contre la bouche du cheval puis insérez le pouce entre ses lèvres pour qu'il ouvre la bouche.

4 REMONTEZ LE FILET Essayez de ne pas heurter ses dents avec la partie métallique en glissant le mors dans sa bouche et en remontant le filet.

5 PASSEZ LES OREILLES Passez le filet par-dessus les oreilles du cheval et faites-les doucement glisser dans les passants.

6 DERNIÈRE VÉRIFICATION Le mors doit à peine plisser les commissures des lèvres. Une gourmette ne doit pas avoir d'effet tant que le cavalier ne tire pas sur les rênes.

RETIRER UN FILET

Retirez le filet du côté gauche. Ceci est plus facile que de l'installer car le cheval tend à laisser tomber le mors lorsque vous descendez le filet. Ne tirez pas celui-ci trop rapidement, il pourrait heurter les dents du cheval. Si cela se répétait trop souvent, le cheval risquerait de ne plus se laisser brider facilement. Mais si vous retirez doucement le filet, le cheval se laissera faire et lâchera le mors. S'il y a une sous-gorge, comme sur les filets anglais (voir pp.58-59), assurez-vous de l'avoir détachée avant de tout retirer.

1 LEVEZ LE FILET Détachez la sous-gorge, s'il y en une, avant d'ôter le filet. Soulevez-le légèrement pour le faire passer par-dessus les oreilles, puis interrompez votre geste.

2 ENLEVEZ LE MORS Laissez le cheval lâcher le mors. En général, il le fait immédiatement, mais laissez-lui le temps dont il a besoin.

SOIGNER SON CHEVAL

LES BESOINS D'UN CHEVAL

Un cheval a besoin d'attention et de soins réguliers. Établissez une routine dans laquelle nourriture, eau, pansage et exercices sont prodigués à la même heure. En outre, les sabots nécessitent d'être entretenus par un maréchal-ferrant ; il est de votre devoir de vous assurer que rien n'occasionnera d'éventuels problèmes.

DE BONNES CONDITIONS DE VIE

Que le cheval soit à l'écurie ou au pré, au travail ou au repos, vous devez lui assurer des conditions de vie optimales. Tous les chevaux apprécient la routine ; certains ont besoin de plus d'attention que d'autres, mais en général, un cheval n'aime guère qu'on le câline ou qu'on s'occupe de lui plus que de nécessaire.

Un cheval d'écurie aura besoin de couvertures en hiver (voir p. 94-95). Au pré, certains voient leur pelage s'épaissir ; s'ils sont nourris correctement, il suffira à leur garantir chaleur et protection. Les soins varient d'un type de cheval à un autre, selon le mode de vie ; c'est à vous de comprendre ses besoins. Après avoir monté un cheval, et surtout s'il a beaucoup travaillé, vous devez vous assurer de son confort et vous occuper de lui en premier.

L'exercice est important ; un cheval ne saurait rester debout dans sa stalle trop longtemps. Au mieux, il s'ennuiera et sera difficile à manier ; au pire, cela peut engendrer des problèmes de santé. Si un cheval d'écurie ne peut être monté, il doit être placé en pâture, même pour peu de temps, ou bien pratiquer une autre forme d'exercice, comme la longe.

EXERCICE ET LIBERTÉ
Un cheval a besoin d'espace pour se défouler en galopant ou en se roulant dans l'herbe.

UNE ATTENTION RÉGULIÈRE

Quel que soit son mode de vie, un cheval doit être examiné quotidiennement en cas de blessure ; ses pieds doivent être curés, ses sabots parés (voir p. 90-91) et il doit être nourri et abreuvé. L'écurie la nuit et le pré le jour est une solution pratique, surtout si vous ne le montez pas chaque jour. Nettoyez une fois par jour et apportez nourriture et foin, matin et soir. S'il passe toute sa journée à l'écurie, le cheval doit être nourri au moins trois fois par jour et le nettoyage doit être au moins biquotidien ; un cheval au pré n'aura besoin que d'une ou deux visites par jour. Cherchez la moindre blessure, curez ses pieds et vérifiez qu'il dispose d'eau et que les barrières sont sûres.

LES SOINS VÉTÉRINAIRES
Si vous faites appel à un vétérinaire, installez le cheval à l'écurie ou dans un espace clos. Lavez-le au préalable pour faciliter l'examen.

RÉCAPITULATIF

L'INDISPENSABLE

- De bonnes conditions de vie, eau et fourrage en quantité, selon ses besoins, et entretien des pieds et de sa santé générale.
- Une routine qu'il comprend et un responsable qu'il respecte et à qui il fait confiance.
- La compagnie d'autres chevaux ou du bétail.
- Un abri pour les intempéries et une couverture adaptée.

UNE BONNE SELLERIE
Tout cheval devrait posséder sa propre selle et son propre filet, adaptés précisément à ses mesures et bien entretenus.

UN PEU DE COMPAGNIE

Un cheval est un animal sociable qui préfère la compagnie à la solitude. C'est pourquoi il est nécessaire de lui apprendre à être monté avec d'autres ; d'instinct, il respectera la hiérarchie du groupe et le membre dominant. Le cavalier ou dresseur endossera ce rôle de meneur ; le cheval doit savoir qu'il peut vous faire confiance, que vous le nourrirez et que vous le protégerez en cas de danger. Apprenez à encourager votre cheval en le félicitant et faites toujours montre de patience.

Il est bon pour lui de vivre parmi d'autres chevaux ou animaux. Un cheval qui vit dans un environnement positif, dont il comprend la hiérarchie, sera plus facile à manipuler qu'un cheval isolé et stressé. On raconte même que certains chevaux de courses refusaient de voyager sans leur compagnon préféré, qu'il s'agisse d'un mouton ou d'un poulet !

MENER ET ATTACHER

En plusieurs occasions, vous devrez longer votre cheval : pour se rendre au pré, faire le tour de la cour, trotter devant le vétérinaire, entrer et sortir du box… Un licol est suffisant pour ces situations. Mais sur la route, vous contrôlerez mieux votre cheval avec un filet.

LONGER UN CHEVAL
On se tient généralement du côté gauche, mais le cheval ne verra aucune objection à être longé du côté droit. Marchez juste devant son épaule et tenez la longe près de sa tête, dans votre main droite. Tenez le mou de la longe dans l'autre main : ne l'enroulez jamais autour du poignet car vous risqueriez d'être blessé si le cheval tirait brusquement.

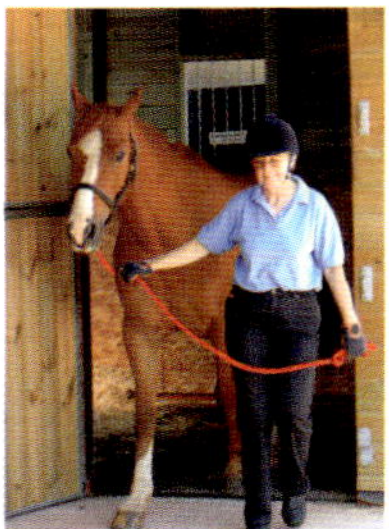

À L'ÉCURIE
L'embrasure de la porte doit être assez large pour vous permettre de passer à côté du cheval. Ne le laissez pas vous pousser ni vous bousculer.

ÉPAULE CONTRE ÉPAULE
Marchez à hauteur de l'épaule du cheval pour le contrôler le mieux possible. Vous pourrez ainsi maîtriser son allure.

***Tenez** le mou de la longe dans la main gauche*

***N'enroulez** jamais la longe autour de votre main car vos doigts en souffriraient si le cheval tirait d'un coup sec*

MENER PAR LA BRIDE
Faites passer les rênes par-dessus la tête du cheval. Tenez-les près de son menton, de la main droite, en gardant un doigt entre elles pour les séparer. Tenez le mou de la longe dans l'autre main.

ATTACHER UN CHEVAL

Pour une sécurité optimale, il vaut mieux faire un nœud de sécurité. En cas d'urgence, il vous suffit de tirer dessus pour libérer le cheval. Attachez toujours la longe à une ficelle qui cassera facilement (celle-ci est fixée à un anneau) : si le cheval reculait brutalement, la ficelle casserait avant qu'il ne puisse se faire mal.

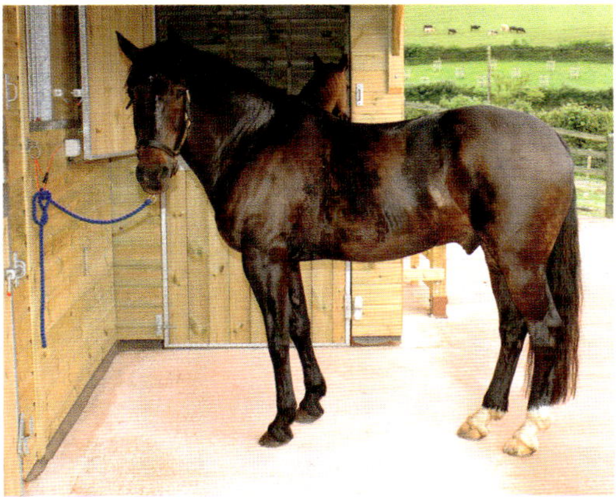

ATTACHÉ EN TOUTE SÉCURITÉ
La structure à laquelle vous attachez la ficelle doit être solide pour ne pas être arrachée par le cheval. La longe doit être juste assez longue pour lui laisser une certaine liberté de mouvement.

EN PRATIQUE

FAIRE UN NŒUD DE SÉCURITÉ AVEC UNE LONGE
Pour plus de clarté, le nœud est ici montré attaché à un anneau. En réalité, vous devriez attacher la longe à une ficelle qui elle, sera attachée à l'anneau. **Étape 1** Passez l'extrémité libre dans la boucle de ficelle et repassez-la dessus pour former une boucle. **Étape 2** Faites une deuxième boucle et enfilez-la dans la première. **Étape 3** Tirez sur la deuxième boucle pour serrer. Enfilez l'extrémité de la corde dans cette boucle pour empêcher que le cheval ne se libère.

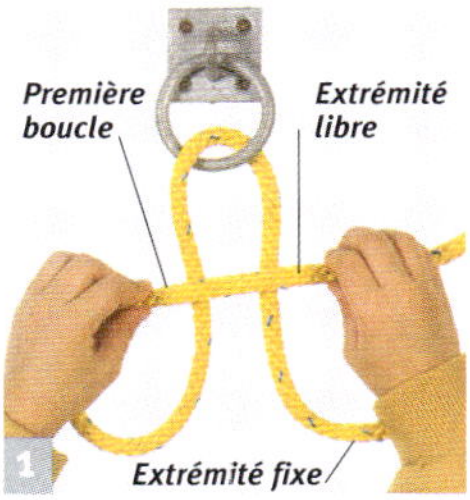

Faites une boucle

Faites une deuxième boucle

Nœud terminé

LE PANSAGE

Un pansage régulier est indispensable sauf si votre cheval est tout le temps à l'extérieur, auquel cas il suffit de nettoyer la boue et les salissures avant de le monter. Les pieds doivent être curés tous les jours, les yeux et les naseaux essuyés avec une éponge propre. Ne lavez pas la boue trop souvent car cela expose le cheval à d'éventuelles irritations cutanées.

LE KIT DE PANSAGE

Ces éléments sont indispensables et ils dureront longtemps si vous les gardez secs et propres. Dans l'idéal, chaque kit ne devrait servir que pour un cheval, mais cela n'est pas toujours très pratique dans les grandes écuries. Pour panser un cheval, attachez-le dans un endroit sûr et bien aéré de sorte que la poussière ne pénètre ni dans votre nez, ni dans le sien.

BROSSE DURE

On l'utilise pour les pelages épais. Ses longs poils durs éliminent la boue séchée. Elle ne convient pas aux chevaux à la peau fragile.

BROSSE DOUCE

Ses poils courts et doux permettent d'éliminer la saleté et les poils morts. On peut aussi l'utiliser avec précaution pour la crinière et la queue.

ÉTRILLE EN CAOUTCHOUC

Une étrille sert à décoller la boue de la robe, activer la circulation sanguine et à masser les muscles.

BROSSE À HUMIDIFIER

Mouillez-la avant de l'utiliser pour lisser la crinière et la queue ou pour décrotter les sabots. Ses poils sont trop durs pour être utilisés sur la robe.

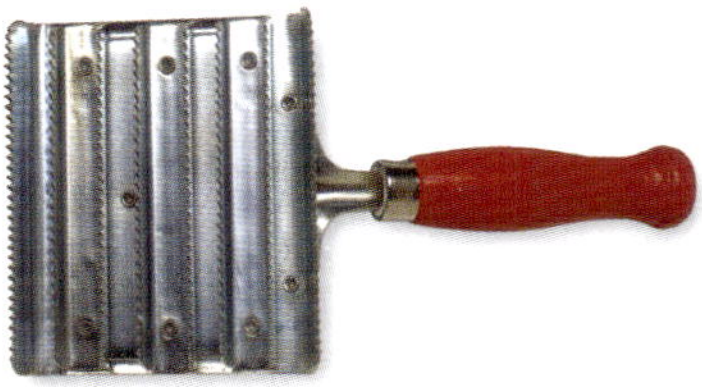

ÉTRILLE EN ACIER

Elle ne doit pas être appliquée en contact direct avec la peau du cheval et ne doit servir qu'à éliminer les saletés de la brosse douce.

GRAISSE À SABOT ET PINCEAU

Enduisez-en les sabots pour en améliorer l'aspect, lors d'une occasion particulière. Si elle protège la corne du dessèchement, on l'emploie surtout pour des raisons esthétiques.

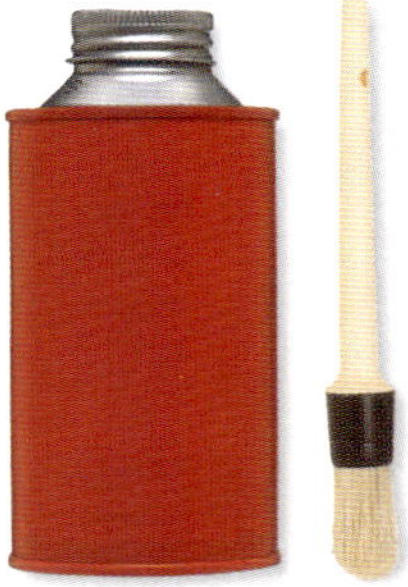

EN SAVOIR PLUS

POURQUOI LE PANSAGE EST-IL NÉCESSAIRE ?
Sans ce toilettage, le pelage du cheval serait sujet aux maladies et irritations. Il stimule la tonicité musculaire, la circulation sanguine et le système lymphatique. Les chevaux qui vivent au pré ne doivent pas être pansés trop souvent car le sébum les protège des intempéries.

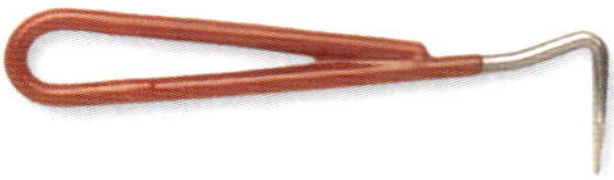

CURE-PIEDS

Élément essentiel du matériel, un cure-pieds doit être utilisé au moins une fois par jour pour débarrasser les sabots des saletés incrustées.

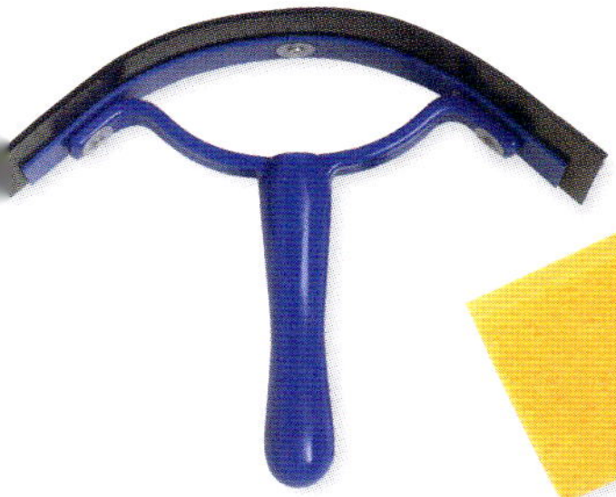

COUTEAU DE CHALEUR
Son rôle est essentiel car il élimine la sueur et l'eau retenues dans la robe du cheval, permettant un séchage rapide.

ÉPONGES
Une éponge doit servir pour les yeux et les naseaux tandis que l'autre doit être réservée aux parties génitales.

EN PRATIQUE

NETTOYER UNE BROSSE DOUCE
Nettoyez-la avec une étrille métallique et dirigez vos gestes vers l'extérieur pour éviter les saletés sur vous.

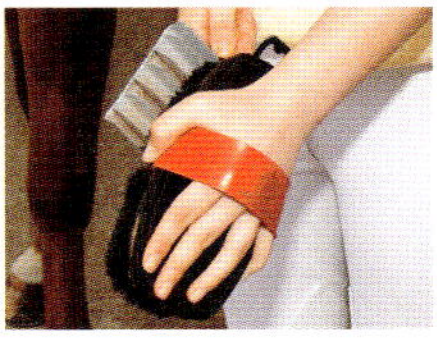

Utilisez une étrille métallique

PANSER UN CHEVAL
Le cheval doit toujours être propre avant d'être monté. Pansez aussi votre cheval au retour ; vous éliminez mieux peaux et poils morts quand le cheval vient de travailler. Le pansage comprend le brossage mais aussi le curage des pieds et le nettoyage des yeux, du nez et des parties génitales.

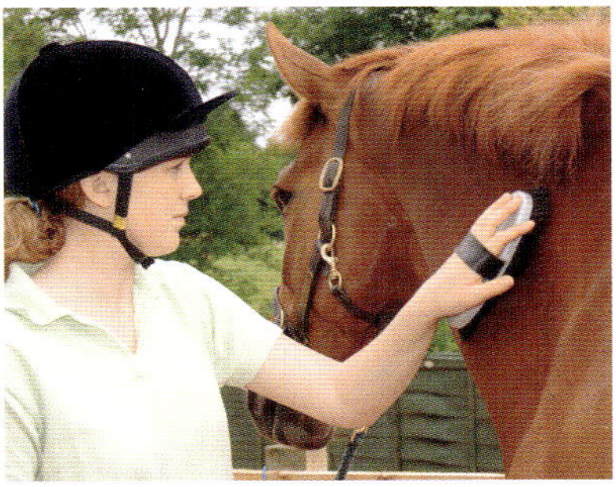

BOUCHONNER LE CORPS
Commencez par la nuque, du côté gauche, en tenant la brosse dans la main gauche. Utilisez le poids de votre corps pour prodiguer des gestes fermes et circulaires dans le sens du poil.

BROSSER LA TÊTE
Utilisez une brosse douce ; travaillez autour du licol, ou bien détachez brièvement le cheval et défaites le licol au niveau du cou. Posez une main sur sa tête pour qu'il reste calme.

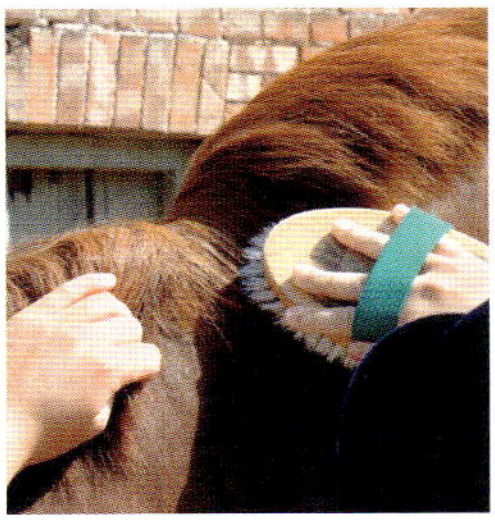

BROSSER LA CRINIÈRE
Brossez la crinière avant la queue. Repoussez-la du côté droit, brossez la crête et lissez le crin quand vous le replacez. Travaillez mèche par mèche et commencez par la nuque.

BROSSER LA QUEUE
Tenez-vous d'un côté du cheval et tenez fermement chaque mèche de façon à ne pas tirer le crin jusqu'à la racine. Défaites les nœuds avec les doigts pour éviter de casser les crins.

ÉPONGER LA TÊTE
Éliminez les saletés autour des yeux, des naseaux et des lèvres avec une éponge humide et propre. Ayez des gestes doux, surtout près des yeux, et n'utilisez que de l'eau claire.

L'ENTRETIEN DES PIEDS

La partie visible du sabot, lorsqu'il touche le sol, s'appelle la paroi. Comme les ongles, elle est constituée de corne qui pousse constamment et protège la structure interne ultrasensible faite de tendons et d'os. Au centre de la sole, la fourchette, en forme de V et constituée de tissus élastiques, sert d'amortisseur.

LEVER UN PIED ANTÉRIEUR

Un cheval bien dressé doit lever le pied sans protester. Tenez-vous épaule gauche contre son épaule gauche et appuyez-vous sur lui. Descendez la main en pliant les genoux. Gardez le dos bien droit et la tête loin du pied du cheval. Procédez de même pour le côté droit.

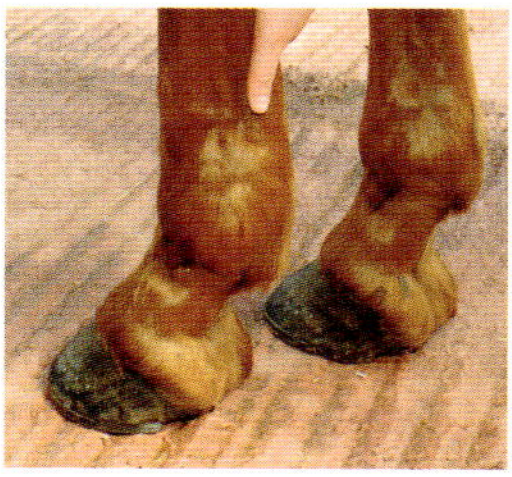

1 DESCENDEZ LA MAIN Posez fermement la main gauche en haut de sa jambe et faites-la glisser sur l'extérieur jusqu'au genou. Passez à l'intérieur et descendez jusqu'au boulet.

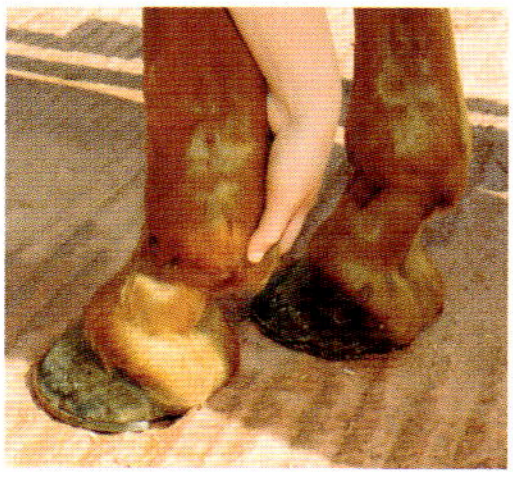

2 ENTOUREZ LE BOULET Prenez le boulet dans le creux de votre main et serrez-le doucement ou appliquez une légère pression sur l'intérieur de la jambe et dites « donne » pour lui faire lever le pied.

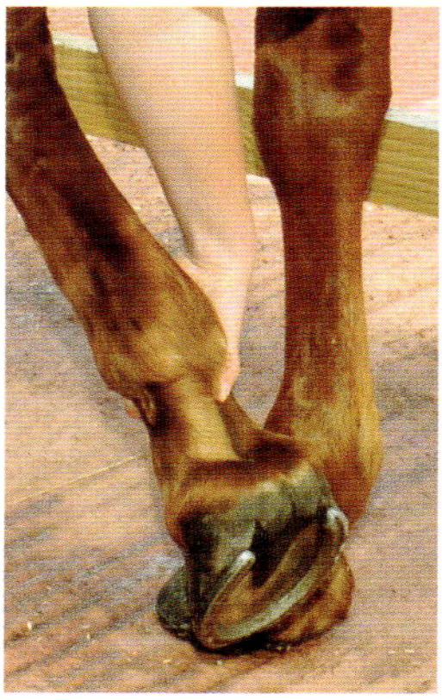

3 ATTRAPEZ LE PIED Le cheval doit lever le pied et en porter presque tout le poids. S'il ne le lève pas, poussez-le légèrement pour que son poids se déplace sur la jambe opposée. Attrapez son pied avec les doigts.

LEVER UN PIED POSTÉRIEUR

Placez votre épaule contre l'arrière-main du cheval. Parlez-lui et posez la main sur lui sans le chatouiller pour qu'il sache que vous êtes là. Incitez-le à lever le pied en le lui demandant et, si nécessaire, en exerçant une légère pression sur l'intérieur du boulet. Ne levez pas le pied ni trop haut ni trop loin et gardez la tête hors de portée des sabots.

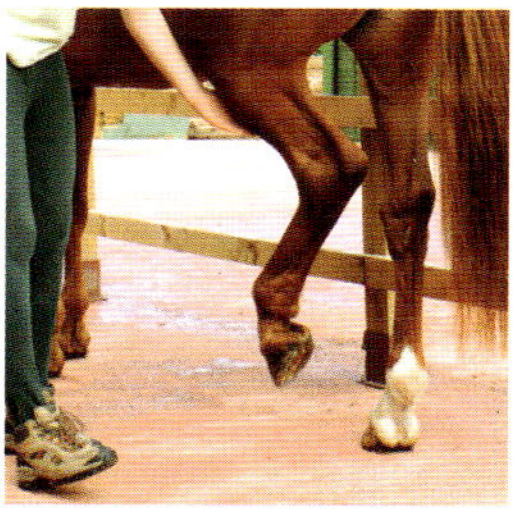

1 DESCENDEZ LA MAIN Faites glisser la main sur l'extérieur ou l'arrière de la jambe puis, sans la retirer, passez-la à l'intérieur et descendez jusqu'au boulet.

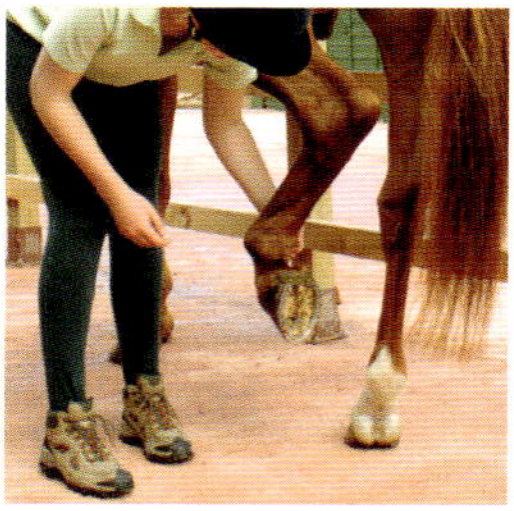

2 ENTOUREZ LE SABOT Quand le cheval a levé le pied, prenez le sabot dans votre main. Soyez ferme pour le maintenir immobile mais n'en portez pas tout le poids.

EN SAVOIR PLUS

LES TYPES DE FERS

La plupart des chevaux de selle sont ferrés mais certains peuvent travailler sans fer ou seulement pour les antérieurs. Les sabots des chevaux non ferrés doivent être parés régulièrement. Il existe divers types de fers pour les antérieurs et les postérieurs. Le plus courant comporte des pinçons qui améliorent l'adhérence (celle d'un fer standard n'est souvent pas suffisante). Les fers en cœur et en œuf offrent un meilleur appui, surtout pour les fers orthopédiques. Seul le maréchal-ferrant peut brocher des fers et parer les pieds.

LE CURAGE DES PIEDS

Les pieds d'un cheval doivent être curés au moins une fois par jour pour retirer la boue, les cailloux et tout autre saleté incrustée. C'est l'occasion de traquer les plaies éventuelles. De même, vérifiez que ses tendons et articulations ne sont pas gonflés ni blessés quand vous lui faites lever le pied.

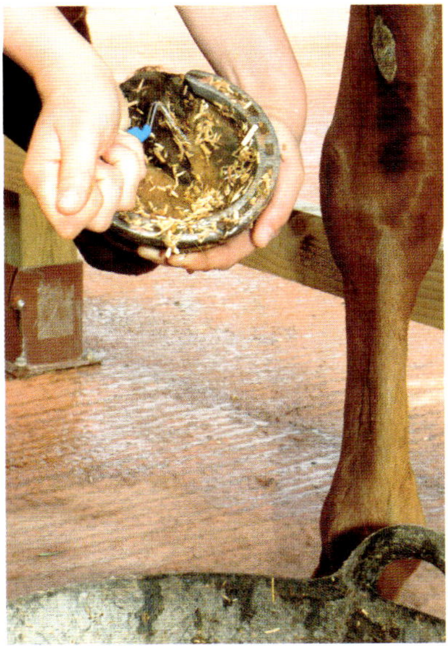

1 **LE CURE-PIEDS** Cure-pieds dans votre main libre, grattez du talon jusqu'à la pince en le pointant vers le bas. Retirez les saletés qui entourent la fourchette, mais n'utilisez jamais le cure-pieds directement sur celle-ci. Nettoyez-la plutôt avec les doigts.

2 **UN PIED BIEN PROPRE** Ni boue ni cailloux ne doivent rester logés dans la fourchette ou la sole. Elles doivent être propres de façon à pouvoir être inspectées. La fourchette s'use au fil du temps, mais si elle est trop creusée, cela peut dénoter un problème.

À FAIRE ET NE PAS FAIRE

- **Trempez** le pinceau dans la graisse et passez-le de la couronne au talon.
- **Ne graissez pas** les sabots trop souvent.
- **Le bon état** des sabots dépend d'une bonne alimentation et des conseils du maréchal-ferrant.
- **Ne graissez jamais** la fourchette car elle a besoin de respirer.

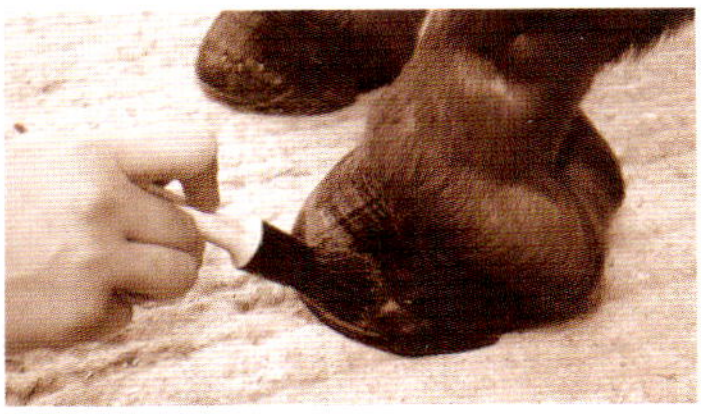

Graisser un sabot

APRÈS UNE SORTIE

Quand vous revenez d'une sortie, suivez toujours la même routine concernant la vérification du bon état des sabots, l'élimination de la sueur de la robe, les couvertures, la nourriture et le nettoyage. Cela ne prend pas beaucoup de temps ; faites-le avant de vous occuper de vous.

S'OCCUPER DU CHEVAL

Si le cheval a eu très chaud et a beaucoup transpiré, rentrez au pas puis descendez pour le mener, sangle relâchée, avant de le desseller. Une fois la selle retirée, tapotez-lui le dos pour réactiver la circulation. Un cheval humide doit être séché et les traces de transpiration éliminées. Un cheval ayant très chaud peut apprécier une douche rapide, si le temps le permet, mais il faut le sécher consciencieusement.

N'installez pas une couverture sur un cheval mouillé ; utilisez plutôt une chemise (voir p. 95) ou, par temps froid, une chemise séchante sur une couche de paille propre. Pour prévenir les coliques, ne le nourrissez pas tant qu'il a chaud. Vous pouvez lui présenter un filet à foin (voir p. 98-99) et un peu d'eau à température ambiante.

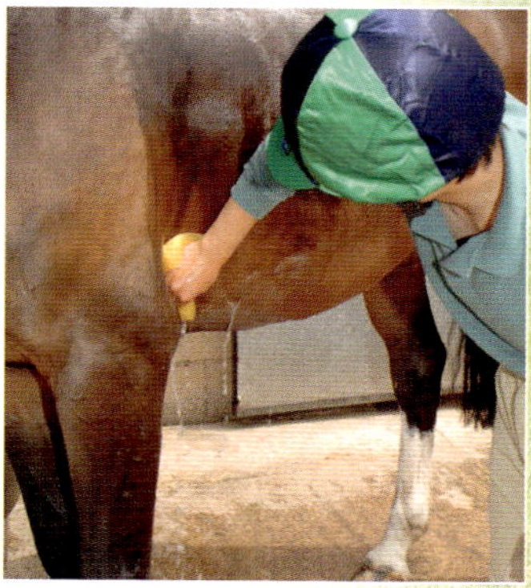

ÉPONGEZ LA SUEUR

La sueur séchée gêne le cheval et s'il est au pré, elle peut causer des irritations et attirer les mouches. Laissez la sueur sécher pour l'éliminer à la brosse ou si le temps est assez chaud, essuyez le cheval avec une éponge humide et retirez l'excédent d'eau avec un couteau de chaleur.

RENTREZ TRANQUILLEMENT

L'une des règles d'or de l'équitation est qu'il ne faut jamais ramener un cheval ayant trop chaud. Être au pas les derniers kilomètres d'une randonnée est bénéfique pour l'éducation du cheval (associer retour et vitesse peut générer des troubles comportementaux) et cela l'aidera à se rafraîchir et se détendre.

DÉLOGEZ LES CAILLOUX

Curez les pieds d'un cheval au retour de chaque sortie. Inspectez la sole et la fourchette et passez la main sur ses tendons pour vérifier qu'il n'a pas de plaies, d'échauffements ni de bosses.

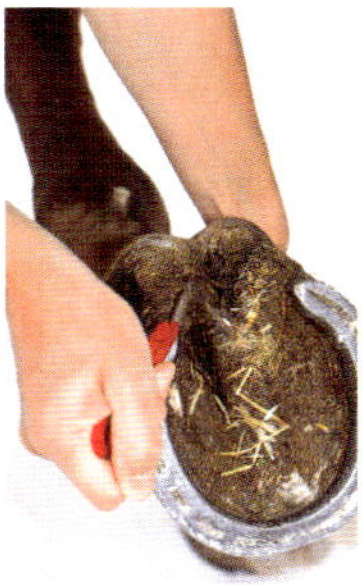

CONSEIL TECHNIQUE

NETTOYAGE DE LA SELLERIE

Il doit avoir lieu après chaque sortie. Vous aurez besoin d'une éponge, d'un savon glycériné et d'eau. Essorez bien votre éponge car trop d'eau détériore le cuir. **Étape 1** Nettoyez à l'eau toutes les parties métalliques. Vous pouvez plonger le mors dans un seau, mais pas le filet. **Étape 2** Pendez le filet et essuyez saletés et sueur. Défaites les boucles et nettoyez-les aussi. Posez la selle sur un tréteau et procédez de même. **Étape 3** Frottez une éponge humide sur un savon glycériné et nettoyez les cuirs (une application devrait suffire).

1 Rincez les parties métalliques sans mouiller le cuir

2 Essuyez sueur et saletés avec une éponge humide

3 Frottez avec une petite quantité de savon glycériné

METTRE UNE COUVERTURE

Une couverture est souvent très grande (pour un cheval mesurant 1,50 m, la couverture fera 1,80 m de long). Il faut la manipuler avec douceur pour ne pas effrayer le cheval. Avant de l'installer, veillez à ce que l'intérieur soit sec et exempt de boue ou de sueur, qui pourraient causer plaies et infections. Plier la couverture en deux avant de l'installer ou de l'ôter vous facilitera la tâche.

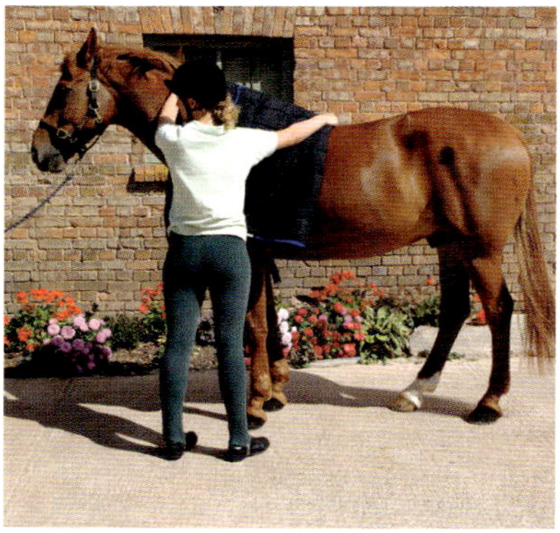

1 POSITIONNEZ LA COUVERTURE PLIÉE
Rabattez le côté queue vers l'encolure. La doublure doit alors être apparente. Posez-la (ne la jetez pas) sur le cheval, le côté tête bien au-dessus du garrot.

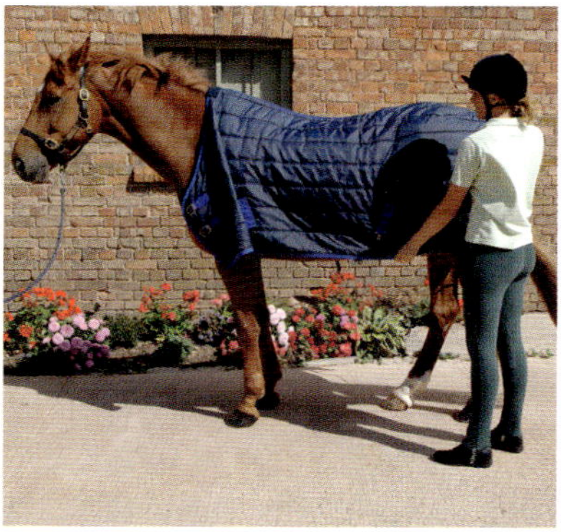

2 DÉPLIEZ LA COUVERTURE
Dépliez la couverture vers l'arrière pour recouvrir le cheval. Elle doit pendre droite, de même longueur de part et d'autre. Défaites toutes les attaches pour vérifier qu'elles ne sont pas tordues.

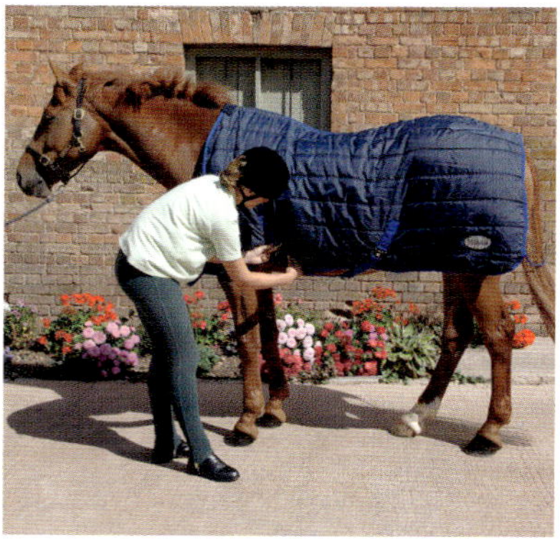

3 ATTACHEZ LES SURSANGLES
Presque toutes les couvertures sont munies de deux sursangles qui passent sous le ventre du cheval. Attachez-les en diagonale de sorte qu'elles couvrent bien le ventre.

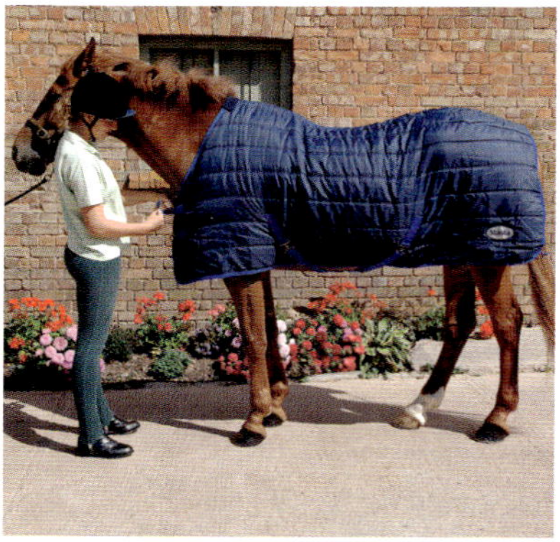

4 ATTACHEZ LES SANGLES DE POITRAIL
Les couvertures ont souvent deux boucles ou bandes velcro au niveau du poitrail. Ajustez-les de façon à ce que la couverture reste bien en place sans entraver l'action du cheval.

ÔTER UNE COUVERTURE

Le cheval doit être bien attaché ou tenu. Une fois la couverture ôtée, pendez-la pour qu'elle sèche et s'aère puis pliez-la proprement. Ne la laissez pas par terre.

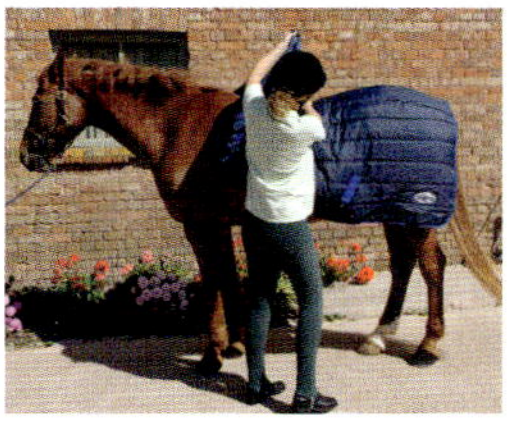

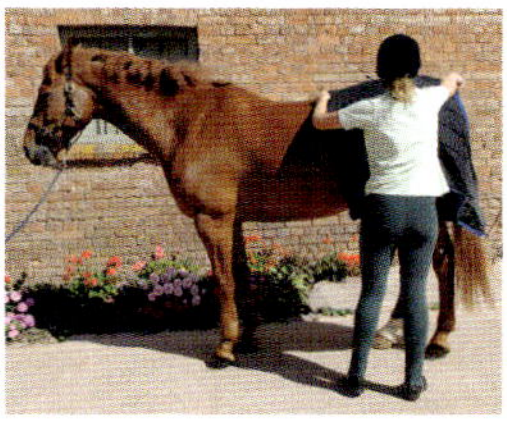

1 DÉFAITES LES SANGLES Défaites les boucles, faites un nœud lâche avec les sursangles, puis repliez la couverture vers l'arrière.

2 ÔTEZ-LA EN DOUCEUR Placez-vous à côté du cheval et faites glisser la couverture vers vous. Ne la retirez pas par derrière.

EN PRATIQUE

LES SANGLES DE CUISSE
Si une couverture possède des sangles de cuisse, passez-en une par l'intérieur de la jambe et attachez-la. Passez la deuxième dedans et attachez-la.

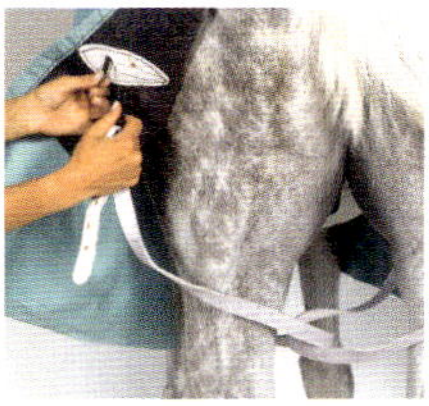

Sangles postérieures croisées

EN SAVOIR PLUS

LES COUVERTURES
Les couvertures de pré, imperméables et résistantes, sont molletonnées ou doublées de coton et ont souvent un rabat sur la queue. Les couvertures d'écurie, pour la nuit, ressemblent à une couette matelassée en coton ou nylon. Pour le jour, une couverture de laine ou de fibre polaire sera parfaite. Les chemises absorbent la sueur et l'humidité, empêchant le cheval de prendre froid. Les couvre-reins permettent au cheval d'être monté.

Couverture de pré

Couverture d'écurie

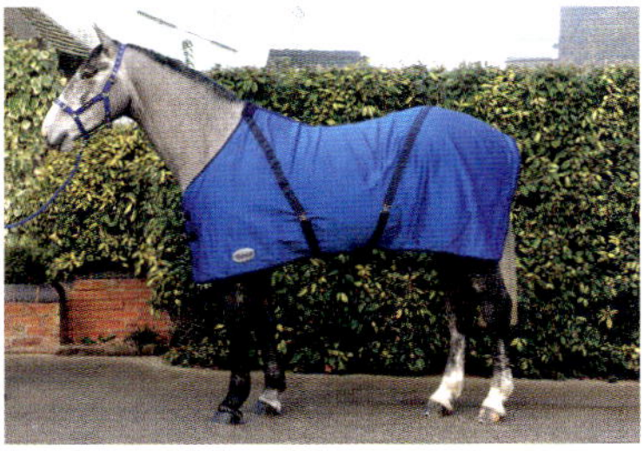

Couverture molletonnée

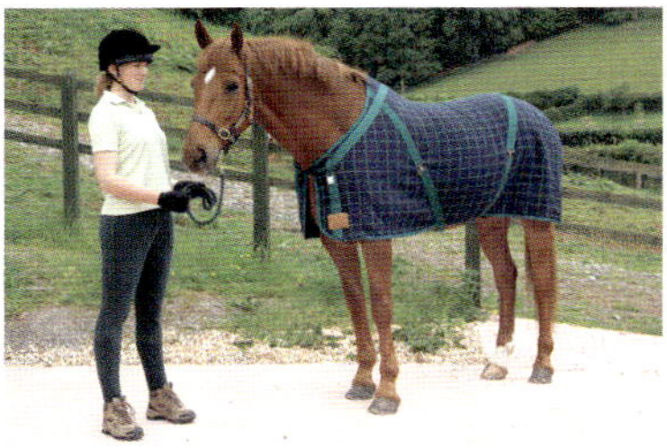

Chemise

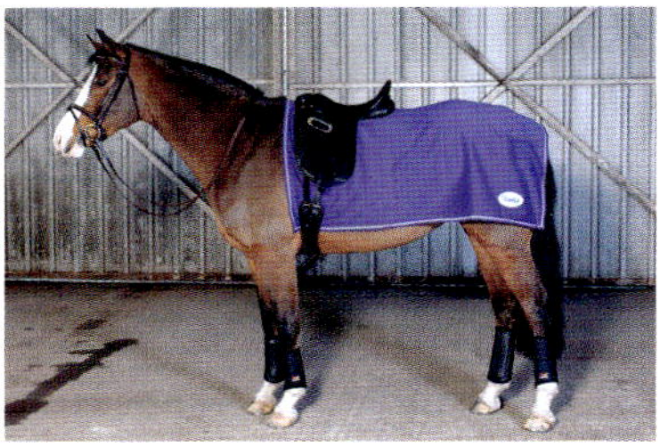

Couvre-reins

LES PREMIERS SOINS

Vous pourrez soigner certaines blessures bénignes mais il faut savoir à quel moment appeler le vétérinaire. Il est facile de se méprendre sur un symptôme ; une plaie « superficielle » peut s'aggraver si elle est située près d'une articulation ou si elle s'infecte. Si vous avez le moindre doute, faites appel à un expert.

UN CHEVAL EN BONNE SANTÉ

Une fois familiarisé avec les chevaux, vous serez capables d'évaluer leur état général. Les signes de bonne santé sont nombreux (voir p. 97), mais chaque cheval est particulier. Il est bon de reconnaître un rythme cardiaque normal, mais ne prenez sa température que si vous le pensez réellement souffrant. Une alimentation adaptée au cheval, à son travail et à son mode de vie est la clé d'une bonne santé. Il est important de le vermifuger régulièrement et ses dents doivent être inspectées par un vétérinaire ou un dentiste équin une à deux fois par an. Consultez toujours si vous avez la moindre inquiétude.

PRENDRE LA TEMPÉRATURE

Enduisez le thermomètre de vaseline et introduisez-le dans l'anus. Tenez le thermomètre fermement car ses muscles, en se contractant, pourraient l'aspirer. La température normale d'un cheval oscille entre 37 et 38 °C. Si elle dépasse 39 °C, appelez un vétérinaire.

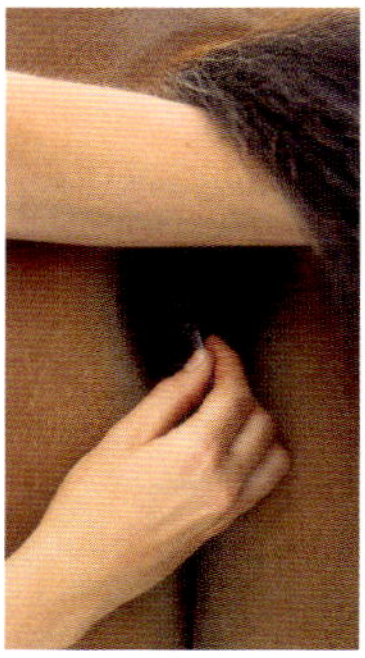

PRENDRE LE POULS

Pressez l'index et le majeur contre l'artère médiane (membre antérieur) ou contre l'artère située dans l'auge. Sa fréquence cardiaque au repos varie entre 36 et 44 pulsations par minute. Le pouls s'accélère lors de l'exercice mais il doit retomber après 15 minutes.

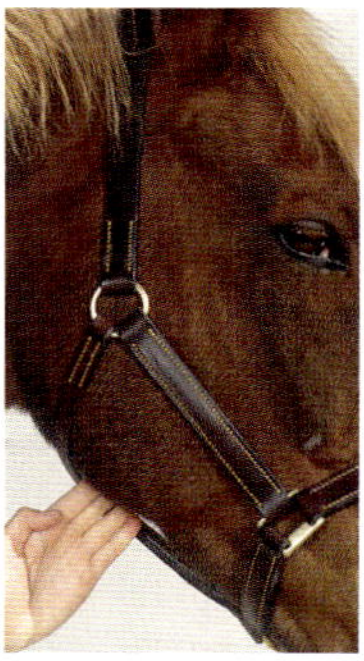

BLESSURES COURANTES

BLESSURE	ORIGINE	SOLUTION
Coupures	Elles peuvent avoir diverses causes. Il est important de savoir ce que vous pourrez traiter seul et de connaître les éventuelles complications.	Suivez la démarche indiquée p. 97 pour nettoyer une plaie. En cas de doute, appelez un vétérinaire.
Laceration	Généralement contractée au pré. Elle est souvent sale et peut nécessiter des points de suture. Même si le cheval ne souffre pas, c'est une blessure à fortes possibilités de complications.	Appelez un vétérinaire et nettoyez la zone touchée avec de l'eau ou une solution saline.
Crevasses	Souvent situées sur le pied, ce sont des blessures graves qui engendrent une boiterie. Les paturons et les talons peuvent enfler et suppurer avant l'apparition des crevasses.	Appelez un vétérinaire et nettoyez la zone touchée avec de l'eau ou une solution saline.
Contusions	Souvent difficiles à diagnostiquer, elles sont dues à un coup que le cheval aurait reçu. Engorgements et hématomes apparaissent parfois lentement, mais un os peut avoir été fêlé ou fracturé.	Appelez un vétérinaire.

AFFECTIONS DES MEMBRES

Les membres d'un cheval sont sujets aux blessures et aux infections cutanées. Boiterie et position inhabituelle des antérieurs peuvent indiquer de graves problèmes. Ils doivent être examinés et le cheval ne doit pas travailler.

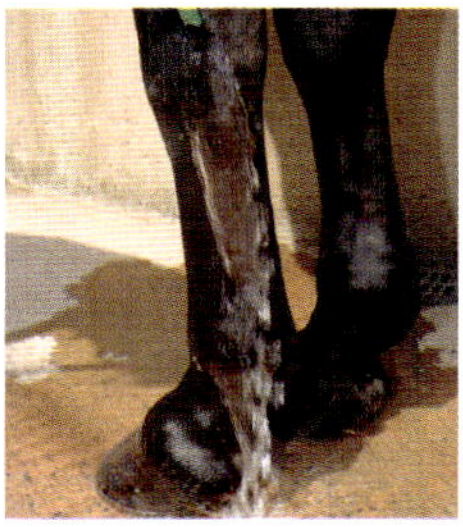

DOUCHER UN MEMBRE

S'il faut nettoyer à l'eau, tranquillisez le cheval et faites couler un mince filet d'eau. Tenez le tuyau près de sa jambe.

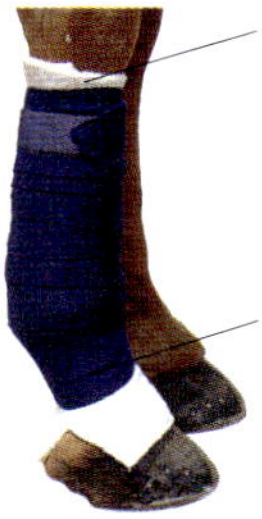

FLANELLE D'ÉCURIE

Les flanelles d'écurie, douces et épaisses, sont placées sur une couche de ouate pour aider à mieux répartir la pression.

LAVER UNE PLAIE

Si les vaccins antitétaniques sont à jour, vous pouvez traitez les plaies bénignes. Il est capital que la plaie soit propre ; les bords ne doivent pas sécher pendant quelques jours. Appelez un vétérinaire en cas de doute.

1 ARRÊTEZ LE SAIGNEMENT

Appliquez une pression. Si le sang coule en jets réguliers, une artère est sectionnée : appelez aussitôt le vétérinaire et appliquez une forte pression sur la plaie.

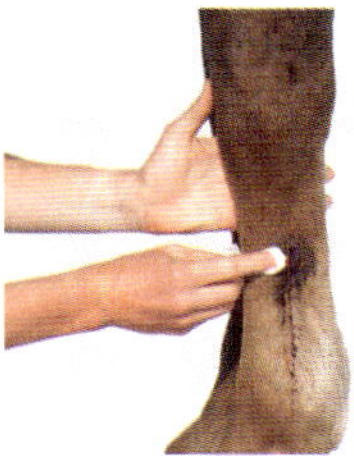

2 NETTOYEZ LA PLAIE

Lavez la plaie en l'arrosant d'eau ou exprimez un coton imbibé de solution saline sur la plaie. N'utilisez pas d'antiseptiques forts ; ils pourraient faire plus de mal que de bien.

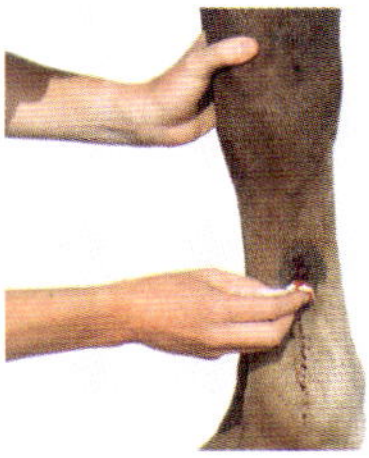

3 EXAMINEZ TOUTE LA ZONE

Nettoyez la peau tout autour et vérifiez qu'il n'y a pas d'autre plaie. Maintenir une plaie humide et propre suffit à en faire sortir les débris. C'est au vétérinaire de décider s'il faut ou non approfondir les soins.

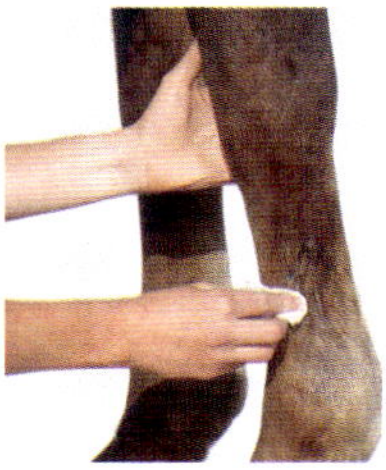

BON À SAVOIR

SIGNES DE BONNE SANTÉ

- Votre cheval se tient d'aplomb sur ses pattes quand il supporte un poids ; certains peuvent reposer un membre, mais examinez-le si ce n'est pas dans son habitude.
- Il ne doit pas boiter.
- Il est alerte, l'oreille dressée et la tête haute, sauf au repos.
- Yeux clairs et brillants.
- Absence de blessure et d'engorgement.
- Robe lisse et luisante.
- Corps charnu mais pas gras ; les côtes ne sont pas visibles, mais on doit les sentir sous la main.
- Il mange normalement et mâche bien.
- Il boit normalement.
- Température, respiration et pouls normaux ; sa fréquence respiratoire est de 8 à 15 inspirations/minute.
- Crottins réguliers ; ils doivent se briser en touchant le sol, mais la consistance peut varier selon son régime.
- Urine assez dense et incolore ou jaune très pâle.

LA VISITE DU VÉTÉRINAIRE

- Préparez votre cheval bien à l'avance.
- Prévoyez de la lumière et une surface plane où vous ferez trotter le cheval.
- Demandez au vétérinaire un examen complet à chaque vaccin.

Au trot pour le vétérinaire

L'ALIMENTATION

Le système digestif des chevaux est complexe et sujet à problèmes, dont certains peuvent être fatals. Il est important de suivre les règles de base : de petites rations fréquentes, pas de travail après un repas et pas de céréales ni d'eau froide à un cheval fatigué ou ayant chaud. Chaque cheval est nourri selon son âge, son tempérament et le travail qu'il fournit.

CHEVAUX PAISSANT AU PRÉ
L'herbe fraîche est la fibre la plus facilement assimilée, mais un fourrage de qualité convient tout aussi bien.

EAU ET NOURRITURE

Le plus important pour un cheval est d'absorber des fibres (herbe ou foin) et de l'eau propre ; il y trouve les éléments essentiels au bon fonctionnement de son appareil digestif. Les fibres doivent constituer au moins deux tiers de l'apport alimentaire quotidien ; certains chevaux, surtout les poneys et ceux qui ne travaillent pas, peuvent très bien se passer de céréales. Les chevaux d'écurie doivent disposer de beaucoup de fourrage à intervalles fréquents et réguliers.

De l'eau propre doit toujours être à leur disposition ; les chevaux boivent raisonnablement, selon leurs besoins. Après un travail difficile, offrez-lui de petites quantités d'eau à température ambiante.

DES RATIONS BIEN PENSÉES

Un cheval doit être nourri selon ses besoins et son âge. Les rations de céréales et de foin dépendront du travail qu'il fournit et de son tempérament, de son lieu de vie (écurie ou pré) et de sa tendance à grossir. S'il travaille peu ou pas, son alimentation consistera principalement en herbe et en foin, avec seulement 15 % de céréales, répartis en deux rations.

BASES DE L'ALIMENTATION

RÈGLES DE BASE	EXPLICATION
Eau	L'eau ne doit jamais manquer. Après l'exercice, son apport doit être rationné.
Des rations adaptées	Décidez des rations selon les besoins et la taille du cheval. Adaptez l'apport en foins et en céréales en tenant compte du travail qu'il fournit.
Des aliments de qualité	Des aliments ou du foin poussiéreux, moisis ou de piètre qualité sont non seulement moins riches mais peuvent causer l'apparition d'allergies.
De petites rations fréquentes	L'estomac des chevaux est très petit et ne peut contenir que peu de nourriture. Ils doivent pouvoir paître ou manger du foin presque continuellement et ils doivent toujours être nourris aux mêmes heures.
Ne hachez et ne changez pas sa nourriture	Essayez de ne pas changer de produits ; sinon faites-le progressivement. Cela vaut aussi pour l'herbe (un cheval qui a passé l'hiver à l'écurie doit être mené au pré quelques heures chaque jour avant d'y être laissé toute la journée).

S'il travaille un peu (monté 1 heure par jour) les céréales peuvent augmenter jusqu'à 25 %, répartis en trois rations. N'augmentez son apport en céréales que s'il doit fournir des efforts supplémentaires. Plus cet apport augmente, plus il est important de respecter l'équilibre entre exercice et nutrition. Si un cheval accoutumé à travailler est soudain mis au repos, par exemple à cause d'une blessure, il est primordial de diminuer son apport en céréales et de le remplacer par du foin, car un excédent de protéines non consommées dans le sang peut engendrer de graves maladies.

DES ALIMENTS BIEN CHOISIS

La gamme des aliments concentrés est très large ; trouvez-en un ou deux qui conviennent à votre cheval et n'en changez pas constamment. Comme nous, les chevaux ont besoin de protéines, d'hydrates de carbone, de vitamines et de minéraux. On les trouve dans des aliments simples, tels que l'avoine, ou composés, sous forme de granulés et de mélanges muesli, ainsi que dans les foins.

MÉLANGES
Souvent composés d'avoine, de blé, de graines de légumineuses, de fibres et de minéraux.

GRANULÉS
Ils offrent divers apports nutritionnels et sont plus riches en fibres que les mélanges.

AVOINE
Céréale très nutritive, elle peut être distribuée entière, aplatie ou concassée.

ORGE
En remplacement de l'avoine, l'orge doit être trempée ou concassée pour faciliter la digestion.

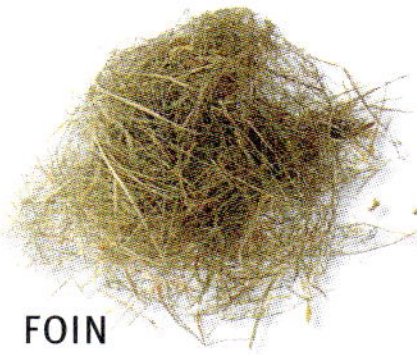

FOIN
Le foin frais et le foin fauché doivent sentir bon et être de qualité.

PAILLE MÉLANGÉE
Le foin est mélangé à de la paille d'avoine, de la luzerne ou de la mélasse.

ENSILAGE
Entre le foin et la paille, l'apport nutritionnel de l'ensilage est variable.

LUZERNE
Les chevaux l'adorent. Riche en protéines, son apport est rationné.

À FAIRE ET NE PAS FAIRE

- **Utilisez** un foin de bonne qualité.
- **Distribuez-le** dans les jours qui suivent l'ouverture, avant qu'il ne fermente.
- **Faites attention** au foin des champs. Il contient souvent d'autres plantes. De mauvaises herbes peuvent être toxiques, comme la jacobée qui est un poison mortel.

CONSEIL TECHNIQUE

PENDRE UN FILET À FOIN
Étape 1 Ouvrez grand le filet et remplissez-le. Veillez à ce qu'il n'y ait pas de ficelle à l'intérieur. Tirez le cordon de serrage. **Étape 2** Enfilez le cordon dans un anneau en métal et accrochez-le au filet en faisant un nœud de sécurité (voir p. 87). **Étape 3** Rentrez l'extrémité du cordon dans la boucle du nœud.

Remplissez le filet de foin

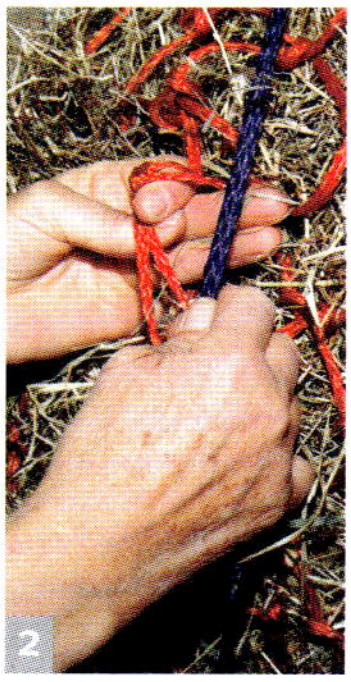

Faites un nœud de sécurité

Rentrez l'extrémité du cordon

APPRENDRE À MONTER

LES DÉBUTS

Apprendre à monter, c'est associer l'effort au plaisir. C'est un fantastique moyen de profiter du grand air et de travailler tonus et souplesse. Les personnes athlétiques de nature, possédant équilibre et coordination, sont avantagées, mais vous n'avez pas besoin d'être particulièrement fort ou sportif pour monter à cheval. Au début, comme pour toute activité nouvelle, vous découvrirez probablement certains muscles dont vous ignoriez l'existence, mais vous en sentirez bientôt tout le bénéfice.

À CHEVAL

Une partie de l'aptitude à monter vient de ce que l'on « sent » bien sa monture. Les chevaux sont des animaux aimables, désireux de faire ce qu'on leur demande. Un bon cavalier reconnaîtra les signaux que son cheval lui envoie par son comportement, selon son tempérament. Vous apprendrez progressivement à associer au mieux empathie et fermeté pour contrôler avec succès ce puissant animal.

Vous pouvez monter seul ou en groupe, selon vos préférences et votre expérience. Les chevaux, même bien dressés, sont imprévisibles ; soyez préparés à essuyer des revers, voire des chutes. Une attitude positive est importante. Il y a tant à apprendre, de la prise de commande pour travailler avec le cheval à l'acceptation de ce que les cavaliers appellent, avec un soupçon d'ironie, « les hauts et les bas du sport ».

EN RANDONNÉE
Profiter des grands espaces à cheval est une expérience unique.

APPRENDRE EN TOUTE SÉCURITÉ

Vous avez peut-être déjà essayé de monter à l'occasion, lors d'une randonnée à dos de poney ou sur le cheval d'un ami. C'est très agréable, mais si vous décidez d'apprendre sérieusement, il est important de connaître les méthodes correctes et leurs fondements. Une fois que vous commencez à maîtriser le cheval, soyez conscient des risques et des écueils, sans vous laisser décourager. L'importance de la sécurité ne doit jamais

VOS OBJECTIFS

AMÉLIORER VOTRE ÉQUILIBRE
Le travail à la longe vous permet de monter en sécurité sans rênes ni étriers. Vous pouvez vous concentrer sur votre position et apprendre à bouger en harmonie avec le cheval, qui est guidé par l'entraîneur. Vous acquerrez ainsi la confiance nécessaire grâce à votre équilibre plutôt qu'en vous accrochant à la bouche du cheval. Ces leçons vous préparent à monter hors du manège.

Le travail en longe

être sous-estimée et si vous adoptez la bonne attitude dès le départ, vous verrez vite qu'elle est fondée sur le bon sens et vous permettra de profiter au maximum sans vous mettre en danger.

Vous pouvez prendre des leçons en groupe ou des cours individuels. Votre première leçon sera axée sur la façon de monter et de mettre pied à terre, d'avoir une bonne assiette, de tenir les rênes, de demander au cheval de marcher, tourner et s'arrêter. Elle doit se dérouler dans un espace clos appelé le manège. Vous apprendrez également comment régler les étrivières à la bonne longueur et comment serrer la sangle de la selle. Ces bases ne sont pas très captivantes, mais elles sont essentielles et un bon instructeur introduira quelques activités dès que possible pour rendre la leçon plus intéressante.

S'il s'agit de votre première rencontre avec un cheval, être assis sur son dos peut vous sembler aussi excitant qu'intimidant. Vous verrez bientôt pourquoi il est bon d'apprendre dans un environnement encadré. Avec un peu de patience, vous ne tarderez pas à partir à l'assaut des grands espaces sur votre cheval, et maîtriser les règles de base de l'équitation vous permettra d'en profiter encore plus.

LA MAÎTRISE
Posséder la maîtrise d'un cheval, surtout dans les grands espaces, exige beaucoup de pratique et de patience.

LES STYLES D'ÉQUITATION

Qu'il s'agisse d'occasionnelles randonnées entre amis, de tourisme équestre, de leçons, ou d'un projet plus ambitieux, il existe une activité pour chacun, à tous les niveaux. Loisir ou discipline de concours, l'équitation peut être un moyen de vous détendre ou de réaliser vos envies.

UNE DISCIPLINE MULTIPLE

L'équitation est souvent pratiquée en vacances et le trekking, le voyage à cheval et les principales disciplines de concours sont connues du plus grand nombre. La randonnée, fréquemment mentionnée dans cet ouvrage, est une sortie de courte durée dans la campagne et le travail désigne les exercices que l'on pratique pour dresser les chevaux et les maintenir en bonne forme. Une fois que vous serez un adepte de l'équitation, ces termes feront partie intégrante de votre vie.

LE STYLE WESTERN
D'approche détendue et pratique, l'équitation western est un choix populaire.

Pour beaucoup, l'équitation évoque le saut (les élégants sauts d'obstacles de compétition, les sauts vecteurs d'adrénaline du cross-country ou bien les courses de sauts). Pour d'autres, elle est synonyme de balade à la campagne ou de traversées de paysages spectaculaires. L'étendue des formules proposées aujourd'hui signifie que l'on peut partir presque n'importe où à cheval, des ranches à bétail des États-Unis ou de l'Australie aux forêts et fjords de Scandinavie ou aux cols vertigineux de la Sierra Nevada espagnole. Pour ceux qui aiment être spectateurs de démonstrations époustouflantes, on joue à St Moritz de trépidants matchs de polo sur glace ; dans les hautes altitudes de Ladakh, des divas font danser leur cheval dans de splendides démonstrations de dressage ; à la recherche de sensations fortes, le concours complet de Badminton ou Burghley ne vous décevra pas. Quel que soit le style d'équitation qui vous attire, il existe forcément un lieu adapté à vos aspirations.

DRESSAGE DE HAUT NIVEAU
Médaillé d'or des Jeux Olympiques (concours complet), le Néo-zélandais Blyth Tait exécuta en 2000 une harmonieuse démonstration avec Welton Envoy, aux *Lexington Horse Trials*.

Vous pouvez en savoir juste assez pour profiter de randonnées loisirs ou bien approfondir vos connaissances et comprendre qu'avec les chevaux, vous pourrez bien apprendre toute votre vie. Des années seront peut-être nécessaires pour égaler les professionnels, mais vous ne vous ennuierez jamais : chaque cheval est unique et aucune situation n'est complètement prévisible. L'équitation a de multiples facettes, que vous montiez ou non, et la beauté de cet art réside dans les multiples façons dont on peut l'apprécier.

MONTER SUR LE PLAT

Travailler sur le plat signifie que le terrain est exempt de sauts. Moins éprouvant physiquement, cela reste un véritable défi et requiert une certaine maîtrise. Nombreux sont les adeptes du dressage qui se pratique exclusivement sur le plat. Démonstration de contrôle et d'obéissance, le dressage s'étend du niveau élémentaire aux mouvements d'une exécution parfaite à couper le souffle. Les disciplines de l'équitation western comme le reining (de plus en plus apprécié en Europe) se pratiquent aussi sur le plat. La maîtrise et les techniques exigées sont très différentes de celles du dressage et peuvent être une captivante alternative à l'équitation classique.

LE TOURISME ÉQUESTRE
Toute une gamme de séjours à travers le monde est offerte aux cavaliers de tous niveaux.

LES SAUTS

Presque tous les cavaliers apprennent à sauter ; ce domaine n'est pas réservé aux spécialistes et peut être exploré dans le manège ou en extérieur. Dans un manège, vous franchirez probablement des barres semblables à celles utilisées en compétition. Elles seront réglées en fonction de vos capacités. À la campagne, vous pourrez avoir à franchir des ruisseaux ou des fossés, des arbres couchés et des obstacles « pleins » de cross-country. Savoir sauter peut s'avérer utile, mais si vous n'y êtes pas à l'aise, tranquillisez-vous : nombreux sont ceux qui préfèrent chevaucher sur le plat. Néanmoins, vous pourrez avoir à franchir un arbre ou un ruisseau lors d'une randonnée.

Le saut d'obstacles de compétition et de cross-country se pratique à tous les niveaux, des cavaletti pour débutants aux obstacles bien plus difficiles des professionnels.

LE SAUT D'OBSTACLES

Les sauts pratiqués en école ou en compétition sont facilement adaptables (largeur et hauteur) aux aptitudes du cavalier et de sa monture.

TRAVAILLER ENSEMBLE
Comme nous, les chevaux ont certaines préférences ; vous apprendrez progressivement à en juger. Si vous montez régulièrement le même cheval, ou si vous envisagez d'en acheter un, il est très important que vous vous entendiez bien.

GALOPER SUR LA PLAGE
Les chevaux, comme leurs cavaliers, ont besoin de diversité pour éveiller leur intérêt. La plage est un endroit magique pour galoper.

ÉDUQUER UN CHEVAL
Les chevaux d'instruction sont déjà bien dressés. Mais quand vous aurez acquis plus d'expérience, vous aurez certainement l'occasion de monter des chevaux moins entraînés lors de leçons qui vous seront profitables à vous comme à votre monture. Encadré par un enseignant ou une personne d'expérience, monter un jeune cheval dont le dressage n'est pas terminé est une fantastique occasion d'en apprendre plus sur le comportement des chevaux. Contribuer ainsi à l'éducation d'un cheval peut être extrêmement gratifiant ; le processus d'apprentissage d'un cheval est long et commence dès ses premiers jours. S'il est dispensé avec méthode et patience, il en résultera un cheval bien dressé.
La façon dont un poulain est traité définit son comportement futur pour toute sa vie. On dit qu'un cheval ne naît pas mauvais, mais qu'il le devient. Les premières étapes du dressage sont essentielles, car c'est là que le cheval apprend à coopérer avec l'être humain. Il ne le fera de bon gré que s'il est à l'aise et heureux.

CENTRES ÉQUESTRES ET ENSEIGNANTS

Choisissez un établissement où chevaux, enseignants et équipements vous font bonne impression et où les dernières normes de sécurité et de santé sont appliquées. Cela peut sembler un peu formel, mais plus vous apprendrez, plus vous verrez que cela est important. De plus, un bon instructeur peut faire de votre apprentissage un vrai plaisir et tout compromis en matière de sécurité est inacceptable.

LES CENTRES ÉQUESTRES

Les établissements varient du club d'équitation classique aux centres agréés de trekking et autres activités. Vous pouvez parfaire votre instruction dans des clubs spécialisés tels que les Poney Clubs, qui accueillent toute personne âgée de moins de 25 ans et proposent des activités dans le monde entier. Il est aussi fort utile d'observer les professionnels en action, soit en compétition, soit en participant à des stages et en regardant des vidéos.

Le choix de votre centre dépendra de votre lieu de vie, du type d'équitation que vous souhaitez apprendre, de votre âge et de ce que proposent les clubs locaux. Il y a beaucoup à apprendre dans un centre de trekking, mais si vous voulez étudier sérieusement l'équitation, vous devrez vous entraîner dans un lieu qui dispose d'un bon manège et d'infrastructures adaptées. Dans de nombreux pays, les centres équestres doivent être agréés. Un centre officiellement agréé respectera les dernières normes de sécurité et sera bien assuré, ce qui est très important.

Apprendre l'équitation signifie aussi apprendre à s'occuper des chevaux, et cela peut se faire dans n'importe quel établissement équestre. Pour une instruction complète, la plupart des centres proposent des cours pour apprendre à s'occuper du cheval et de l'écurie. Savoir monter et savoir soigner un cheval sont deux notions inséparables ; c'est l'association de ces deux « sciences » que l'on nomme équitation.

LES LEÇONS DE GROUPE
Dans un groupe, vous ne bénéficierez pas d'une attention exclusive de l'instructeur, mais vous apprendrez beaucoup en observant les autres.

LES ENSEIGNANTS

Pour ceux qui montent leur propre cheval, il existe des enseignants indépendants qui se déplacent. La fédération équestre nationale vous fournira une liste d'instructeurs certifiés. Certains se font connaître par annonces, d'autres font confiance au bouche-à-oreille. En plus d'avoir une formation reconnue ou des antécédents professionnels positifs, un bon instructeur doit se montrer aimable et coopératif avec le cheval et le cavalier. Sa personnalité et son niveau de compétences peuvent influencer votre choix. Certains enseignants peuvent être meilleurs avec les débutants tandis que d'autres préfèrent se consacrer aux cavaliers déjà expérimentés.

CHOISIR UN CENTRE

UNE COUR BIEN ENTRETENUE

Quand vous visiterez un centre équestre avec l'intention de vous y inscrire, le facteur décisif doit être que les chevaux ont l'air heureux et bien soignés. Le lieu ne doit pas nécessairement être impeccable, mais un environnement propre et efficace, où chevaux et personnes sont heureux, est essentiel.

Une cour bien tenue

S'INSCRIRE DANS UN COURS

Trouver un centre peut s'avérer difficile selon l'endroit où vous habitez. Cherchez dans l'annuaire ou sur Internet, ou demandez au sellier de votre région de vous conseiller (le bouche-à-oreille reste l'une des meilleures méthodes). Rendez-vous ensuite sur place et parlez aux personnes qui s'y trouvent avant de vous décider.
Au moment de l'inscription, on vous demandera certainement votre poids, votre taille et votre niveau d'équitation. Répondez avec honnêteté, l'instructeur pourra ainsi vous trouver le cheval et, à moins qu'il ne s'agisse d'un cours privé, le groupe qui vous correspondent le mieux. Il est parfois préférable de prendre seul ses premières leçons, pour bien apprendre les bases. Mais si vous préférez l'ambiance du groupe, ce choix peut être judicieux, car vous verrez comment un cheval se comporte en présence des autres.

LE COURS PRIVÉ

Vous bénéficierez ainsi de toute l'attention de l'instructeur, mais sachez que vous devrez travailler encore plus dur.

ÉQUILIBRE ET STABILITÉ

L'équitation est affaire d'équilibre et même les plus intrépides peuvent se sentir vulnérables à cheval. Les mouvements donnent l'impression d'être exécutés tranquillement assis alors que cela exige une grande faculté de coordination et une position correcte et détendue. Le cheval sent la moindre tension et il risque de mal interpréter vos aides, voire de souffrir physiquement.

UNE POSTURE PARFAITE

Les techniques de communication avec le cheval ont été développées afin que votre corps et celui du cheval ne soient soumis à aucune contrainte inutile. Si votre assiette est correcte, on doit pouvoir tracer une ligne verticale imaginaire qui descend des épaules vers les hanches et le talon (voir p. 130-131 et p. 222-223).

C'est la position optimale pour une stabilité et une assise idéales sur le plat ; vous pouvez ainsi utiliser vos fessiers et vos jambes indépendamment, comme l'exige chaque mouvement. Le cavalier oscille sur son assiette, contrôle et énergie venant en grande partie de ses hanches, de ses fessiers et du bas de son dos. Ceci est plus facile à comprendre si vous êtes familier avec le concept du « ki » (le centre) enseigné dans les arts martiaux ou bien avec la « Technique Alexander ». Les skieurs sauront aussi comment gérer l'équilibre de leur corps, genoux pliés, et solliciter de nombreux muscles.

EN VRAI PROFESSIONNEL

MONTER AVEC UN SEUL ÉTRIER

Le Néo-zélandais Mark Todd (concours complet) a terminé le cross-country de Badminton en 1995 avec un seul étrier. Le cuir avait cassé au tiers du parcours, mais cet incroyable cavalier possédait assez d'équilibre et de talent pour franchir les grands obstacles (aujourd'hui, les règles de sécurité le lui auraient interdit). Même si son cheval Bertie Blunt ne put exécuter les sauts le dernier jour, le couple remporta Badminton l'année suivante. Essayez de visionner des vidéos de cet incroyable cavalier, parmi les meilleurs.

Mark Todd et Bertie Blunt, Badminton, 1995

L'ÉQUILIBRE DU CHEVAL

En plus de votre propre équilibre, il vous faut penser à celui du cheval. La bonne position du cavalier est conçue pour lui permettre une bonne assiette, interférant le moins possible avec l'équilibre du cheval et l'aidant à utiliser son arrière-main de façon subtile (le regard dirigé dans la bonne direction, ou se tenir debout dans les étriers pour sauter). Ne bougez pas de façon trop brusque car cela perturberait le cheval.

Vos jambes servent à inciter le cheval à avancer et vos mains suggèrent le ralentissement ou une direction ; tout cela doit être exécuté sans que votre équilibre en soit affecté. Quand vous acquerrez plus de maîtrise, vous verrez que le contrôle vient de l'assiette plus que des mains (souvenez-vous que les rênes sont reliées à la bouche du cheval, qui est très sensible et se blesse aisément).

TRAVAILLER SON ÉQUILIBRE

Au manège, on vous demandera sûrement de monter sans rênes ou sans étriers pour trouver votre équilibre.

BOUGER AVEC LE CHEVAL

Apprendre à osciller pour garder une bonne assiette est la seule façon de bouger en harmonie avec le cheval, ce qui est difficile, même au pas. Différents types de chevaux peuvent sembler différents à monter (un grand cheval robuste aura une démarche plus déliée qu'un poney fougueux).

RESSENTEZ LE MOUVEMENT

En marchant, posez une main juste au-dessus de vos reins et sentez le jeu de vos muscles et de votre ossature. Le cheval possède quatre pattes et une masse bien plus imposante : les mouvements en sont d'autant multipliés. Votre tâche, en tant que cavalier, est de garder l'équilibre en suivant l'action du cheval sans l'entraver. Chaque allure implique une séquence de pas différente, avec parfois les quatre sabots au sol. Le corps du cheval peut être ramassé à un moment pour être étiré l'instant suivant. Si vous regardez une séquence au ralenti, vous remarquerez que le corps du cheval n'est pas toujours parallèle au sol. Au canter par exemple, il bascule d'avant en arrière. Pour rester en selle et bien monter, votre corps doit absorber ces mouvements grâce à une bonne position et de la souplesse.

Le cheval est capable de sentir le moindre mouvement de votre corps. Plus il bougera vite, plus vous devrez garder l'équilibre pour rester en harmonie.

Si vous tournez simplement la tête, ou si vous

CHEVAL AU GALOP

Au galop, vous devez soulever votre poids de la selle et du dos du cheval pour lui permettre de déployer la séquence de mouvements rapides.

déplacez votre poids, il le sentira et bougera en accord. Une des règles de base consiste à toujours regarder dans la direction où vous voulez aller. Si vous regardez le sol, devant votre pied gauche par exemple, votre poids se déplacera en fonction, et le cheval aura plus de mal à avancer droit.

EN VRAI PROFESSIONNEL

AIDER LE CHEVAL
Quand un cavalier professionnel franchit un obstacle, il se concentre sur l'approche du suivant avant même d'avoir touché le sol. Observez de talentueux cavaliers du concours complet, comme William Fox-Pitt par exemple.

William Fox-Pitt

RESTER ÉQUILIBRÉ
Regarder loin devant vous vous permet de garder l'équilibre et aide le cheval à progresser librement et correctement.

« UNE FOIS QUE L'ON EST SÛR DE LA BONNE CONDITION DES CHEVAUX, L'ÉTAPE SUIVANTE CONSISTE À ENTRAÎNER LES HOMMES. »

Xénophon, cavalier grec (430-355 av. J.-C.)

RESTER EN FORME

Tonifier vos muscles vous permettra de monter avec plus de facilité et de plaisir. Pour vous détendre et diminuer les courbatures, échauffez vos muscles avant de monter. Pour une courte randonnée ou le travail au manège, vous n'avez pas besoin d'un entraînement particulier. Pour la compétition ou les voyages, il est recommandé de travailler votre forme.

LA PRÉPARATION PHYSIQUE
Avant tout, assurez-vous que les exercices sont adaptés à votre condition physique. Dans le doute, consultez un médecin et un entraîneur qualifié. Chaque exercice doit être répété selon vos capacités (essayez d'abord des séries de cinq, vous augmenterez progressivement). Commencez toujours par vous étirer lentement. Tenez-vous bien droit et étirez les bras à la verticale puis montez peu à peu sur vos orteils pour un étirement complet. Reposez les talons et recommencez plusieurs fois.

FLEXIONS
Des jambes et des chevilles souples rendent l'équitation plus confortable. Debout bien droit, ramenez le talon vers les fesses et attrapez votre pied. Gardez la position quelques secondes, tirez lentement la cheville vers vous puis relâchez. Recommencez plusieurs fois avant de reposer la jambe.

ACCROUPISSEMENTS
Tendez les bras devant vous, le regard bien droit. Pliez les genoux et accroupissez-vous lentement. Relevez-vous en gardant la tête haute et le dos bien droit. Le mouvement doit venir des hanches, des genoux et des chevilles. Ne faites pas de mouvements précipités.

PREMIÈRES LEÇONS

Au cours de vos premières leçons, vous vous habituerez à côtoyer des chevaux et vous apprendrez à les monter. Faites preuve de patience. Il y a beaucoup à assimiler, mais avec la pratique, monter à cheval deviendra instinctif. Un bon apprentissage peut se faire dans la joie et la bonne humeur pour mieux acquérir les bases qui vous aideront à tirer le meilleur profit de ce sport.

SE METTRE EN SELLE

Avec un montoir, le dos du cheval subira moins de pression. Cependant, vous devez être capable de monter sans aide pour vous remettre en selle au cours d'une randonnée où vous ne disposerez pas de montoirs. La plate-forme doit être solide et supporter votre poids sans flancher ; vous pouvez demander à quelqu'un de tenir le cheval.

1 VÉRIFIEZ LA SANGLE Serrez la sangle pour que la selle ne glisse pas quand vous monterez, puis descendez les étriers.

2 FACE À LA QUEUE Rassemblez les rênes dans la main gauche et posez-la devant le garrot du cheval pour vous tenir à lui sans tirer sur sa bouche. Tournez-vous vers la queue du cheval. Tournez l'étrier gauche vers vous dans le sens des aiguilles d'une montre et glissez le pied dedans.

CONSEIL TECHNIQUE

MONTER SANS AIDE

Le cheval doit se tenir tranquille (au besoin, placez-le face à un mur ou une barrière). Serrez la sangle.

Étape 1 Tenez les rênes dans la main gauche, assez courtes pour empêcher le cheval de bouger. Posez la main devant le garrot, glissez le pied gauche dans l'étrier et posez la main droite du côté droit de la selle.

Étape 2 Sautez en levant la jambe droite et asseyez-vous en douceur.

Posez le pied dans l'étrier

Lancez la jambe droite

3 HISSEZ-VOUS

Tournez-vous vers le cheval, le genou gauche contre la selle. Veillez à ne pas lui donner de coup de pied. Attrapez la selle par le côté droit et hissez-vous en mettant votre poids sur votre jambe gauche.

4 PASSEZ PAR-DESSUS

Lancez la jambe droite par-dessus le dos du cheval en déplaçant votre main droite vers l'avant de la selle. Asseyez-vous précautionneusement et placez le pied droit dans l'étrier en tournant légèrement la cheville vers le cheval.

ASTUCES DE CAVALIERS

- **Pour resserrer** la sangle en selle, gardez les pieds dans les étriers. Passez la jambe devant le quartier, relevez-le et baissez-vous pour resserrer les boucles.
- **Pour ajuster** un étrier, gardez le pied posé dedans. Attrapez le pendant de l'étrivière et cherchez la boucle avec les doigts. Posez le pouce dessus, tirez et ajustez la longueur. Ensuite, tirez l'envers du cuir pour vérifier qu'il repose bien à plat.

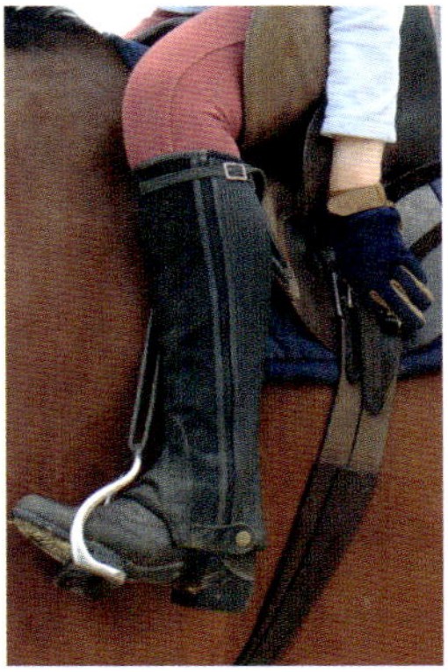
Resserrer la sangle

Ajuster un étrier

LA BONNE POSITION

Être correctement assis est aussi important pour votre confort que pour celui du cheval (votre poids porte directement sur son épine dorsale). Seule une bonne assiette vous permettra d'être bien équilibré pour donner les aides que le cheval comprendra et pour suivre ses mouvements sans le gêner en vous accrochant à lui ou en étant crispé.

CORRECTEMENT ASSIS

Asseyez-vous dans le creux de la selle, équilibrez votre poids de façon égale sur votre bassin et gardez le dos droit et détendu. Imaginez que le sommet de votre tête est attaché à un ballon flottant au-dessus de vous et grandissez-vous en vous étirant à partir de la taille. C'est la meilleure façon de vous redresser (bomber la poitrine ou se cambrer peut créer des tensions).

Attrapez une rêne dans chaque main en serrant légèrement le poing, le pouce tourné vers l'intérieur. Les rênes doivent passer entre le pouce et l'auriculaire. Placez vos mains pouce vers le haut pour maintenir les rênes en place.

ASSIS BIEN DROIT

Une fois en selle, imaginez une ligne droite qui part de votre oreille, traverse votre épaule, votre hanche et descend au talon.

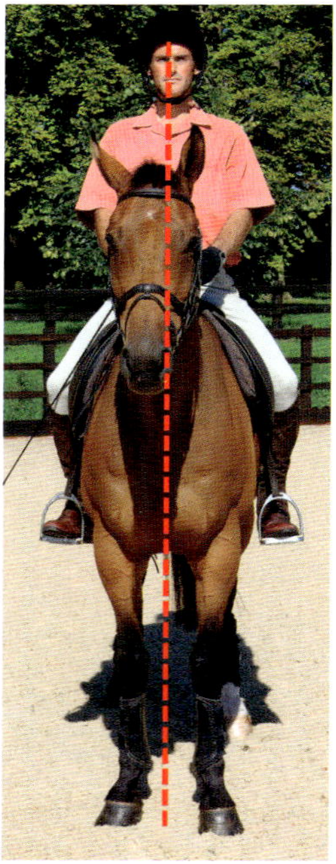

CENTREZ VOTRE POIDS

Vous devez être bien équilibré. Gardez la tête droite ; si votre menton est trop haut, cela créera des tensions dans votre nuque, votre dos et vos épaules.

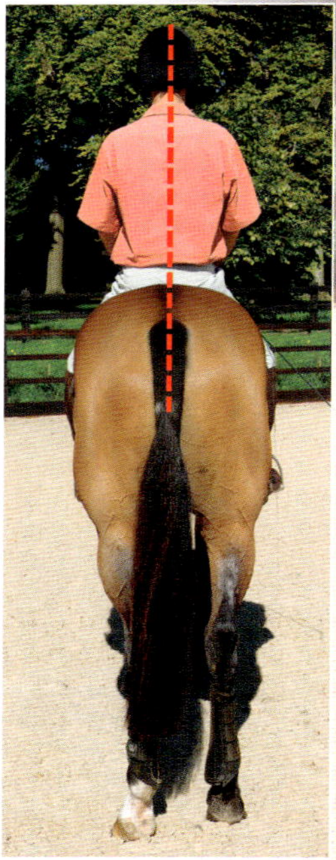

ALIGNEZ VOTRE CORPS

En ligne droite, votre tête et votre colonne doivent être alignées avec celles du cheval ; votre coccyx doit être au milieu de la selle, sans la toucher.

À FAIRE ET NE PAS FAIRE

- **Soyez** en confiance.
- **Vos coudes** doivent reposer naturellement de chaque côté.
- **Ne vous** balancez pas en avant car votre corps entier serait déséquilibré.
- **Ne vous** asseyez pas trop en arrière, vous auriez tendance à vous affaisser dans la selle.

Cavalier tendu et cambré

LES QUATRE ALLURES

Chaque allure procure une sensation particulière : les membres du cheval adoptent un mécanisme différent pour chacune et l'angle de position de son corps se modifie. Au pas et au trot, le corps est parallèle au sol, mais au canter et au galop, il s'élève légèrement sous l'impulsion de l'arrière-main, puis s'abaisse quand il projette ses antérieurs.

LE PAS

Le pas est une allure à quatre temps, sans période de suspension : les pieds touchent le sol l'un après l'autre. Cette allure est révélatrice : s'il marche de façon déliée en couvrant bien le sol et utilise ses muscles correctement, le cheval sera sûrement performant à d'autres allures.

1 SUIVEZ L'ACTION

Au pas, gardez le bassin bien équilibré sur la selle. Détendez vos lombaires et votre corps suivra naturellement l'action du cheval. Maintenez le contact avec les rênes et laissez le cheval avancer.

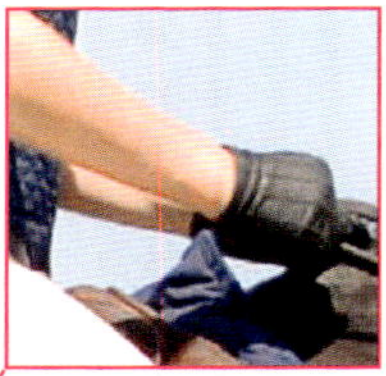

EN UN COUP D'ŒIL

LE PAS

Pour un pas normal et soigné, les empreintes laissées par les sabots postérieurs doivent empiéter sur celles des sabots antérieurs. L'allure doit être active mais posée et chaque pas doit être de longueur égale.

2 ENTRETENEZ L'ACTION

Restez assis bien droit et maintenez le contact des jambes. Il est inutile de continuer à serrer, à moins que le cheval n'obéisse pas. Laissez le mouvement de ses flancs créer une légère pression contre vos jambes. Vos mains doivent suivre la tension naturelle de l'encolure du cheval.

EN PLEINE ACTION

MARCHER CORRECTEMENT

Observez un cheval qui marche librement ou en longe. Vous remarquerez le jeu de ses muscles, surtout ceux de son épine dorsale : son dos, sa croupe et ses épaules.

Cheval travaillant en longe

DU PAS AU TROT

Vos premières tentatives vous sembleront cahoteuses ; passer du pas au trot est l'une des transitions les plus difficiles, mais vous ne tarderez pas à la maîtriser. Soyez détendu et gardez une assiette équilibrée de façon à pouvoir suivre l'action du cheval plutôt que d'essayer d'anticiper par un mouvement forcé ou en vous penchant en avant.

1 PRÉPARATION
Raccourcissez d'abord les rênes si nécessaire. Au trot, le cheval ne tend pas l'encolure autant qu'au pas et si les rênes sont trop longues, vous perdrez le contact quand il se mettra à trotter.

2 DEMANDEZ LE TROT
Serrez les mollets, comme lorsque vous lui demandez d'avancer, mais un peu plus fort. La pression doit venir des deux jambes en même temps, avec la même intensité.

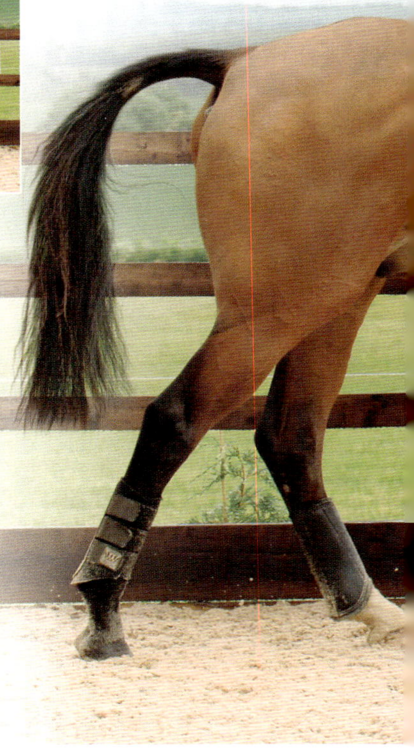

ASTUCES DE CAVALIERS

- **Les premières fois,** prenez les rênes dans une main et tenez-vous au pommeau de l'autre pour garder votre équilibre. Ne laissez pas la tête du cheval vous tirer en avant.
- **Restez au trot assis** (voir p. 146-147) pour les premières foulées. Cela vous permet d'affermir votre assiette pour établir l'allure.

EN UN COUP D'ŒIL

DU PAS AU TROT
Raccourcissez les rênes puis serrez les mollets pour faire accélérer le cheval. Restez assis pendant quelques foulées, puis inclinez le buste en avant pour laisser l'action du cheval vous soulever dans un trot enlevé.

3 AU TROT

Quand le cheval se met à trotter, détendez les hanches et le dos pour aider votre corps à absorber l'action. Même si l'accélération vous inquiète un peu, ne tirez pas sur les rênes : mains et jambes doivent transmettre le même message.

Gardez la tête haute et le regard loin devant

Quand le cheval passe au trot, il rentre légèrement la tête et la tient un peu plus haut

Les deux jambes doivent être à la sangle pour que le cheval progresse en ligne droite

LE TROT

Le trot est une allure à deux temps ; les membres du cheval touchent le sol par paires diagonales, avec un temps de suspension. Cette allure doit avoir une cadence régulière. Le trot peut être enlevé (le cavalier se soulève et s'assoit en rythme avec un diagonal) ou assis (le cavalier reste calé dans la selle et son dos absorbe les chocs).

1 RESTEZ ASSIS
Restez assis pendant quelques pas avant de commencer le trot enlevé. Votre assiette contribue à faire avancer le cheval et s'il rechigne ou repasse au pas, vous utiliserez mieux vos jambes en étant assis.

2 LEVEZ-VOUS
Pour commencer, inclinez le torse en avant, reportez votre poids sur les talons, soulevez les fessiers et servez-vous de vos genoux comme d'une charnière. L'action du cheval vous soulèvera naturellement.

CONSEIL TECHNIQUE

LE TROT ASSIS

Garder l'équilibre requiert un dos bien droit, souple et détendu, sans quoi vous risquez de rebondir, ce qui est douloureux pour vous comme pour le cheval. Le trot assis sans étriers est excellent pour améliorer votre assiette, et s'avère très utile en dressage ; cependant, n'en abusez pas car il est éprouvant pour le dos du cheval. S'il n'y est pas habitué, pratiquez-le progressivement pour que ses muscles dorsaux se développent.

Absorbez les mouvements grâce à votre dos

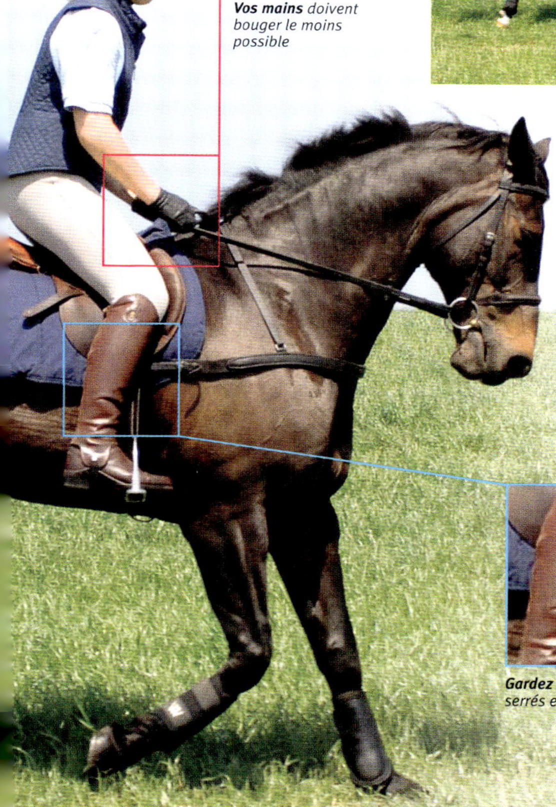

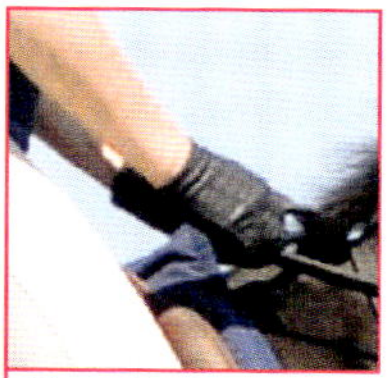

***Vos mains** doivent bouger le moins possible*

3 RASSEYEZ-VOUS Maintenez une position équilibrée, le poids toujours au fond des étriers, relâchez les cuisses, et la cadence devrait s'initier naturellement. Laissez-vous retomber sur la selle en amortissant le mouvement pour ne pas provoquer de choc vertical.

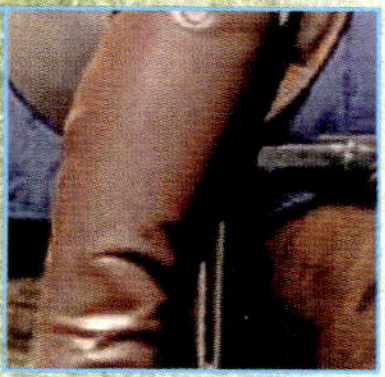

***Gardez** les mollets serrés et les talons bas*

EN SAVOIR PLUS

ASSIS SUR LE BON DIAGONAL

Vous pouvez vous lever et vous asseoir sur l'un ou l'autre bipède diagonal du cheval. « Sur le diagonal gauche » signifie que vous vous asseyez au moment où l'antérieur gauche et le postérieur droit frappent le sol ; « sur le diagonal droit », vous vous asseyez quand l'antérieur droit et le postérieur gauche touchent le sol. Pour décrire un cercle, on s'assoit quand le postérieur intérieur touche terre, car cela aide le cheval à s'équilibrer en tournant. Ne vous asseyez pas toujours sur le même diagonal pour ne pas fatiguer les mêmes membres.

DU TROT AU PAS

Les transitions vers une allure moins rapide doivent s'effectuer de façon aussi efficace que celles vers une allure plus rapide ; ainsi le cheval reste alerte et continue d'avancer. Veillez à conserver un contact constant et préparez le cheval en modérant sa vitesse (tout en maintenant le rythme) avant de lui demander de changer d'allure.

1 PRÉPARATION
Veillez à garder un contact constant avec les rênes. Ne vous levez plus et restez assis pendant quelques foulées avant de demander la transition. Utilisez votre assiette et votre poids pour faire ralentir le cheval.

2 CHANGEZ D'ALLURE
Résistez souplement avec les rênes pour ne pas blesser la bouche du cheval. Asseyez-vous bien droit, les hanches enfoncées dans la selle, et ne bougez plus les jambes.

***Amenez** le cheval sur les rênes en exerçant une pression égale avec les mollets*

EN UN COUP D'ŒIL

DU TROT AU PAS
Ralentissez le trot si nécessaire, mais maintenez la cadence. Ne vous levez plus et asseyez-vous bien droit, dos et hanches détendus. Tirez légèrement les rênes pour amener le cheval au pas puis relâchez la tension pour le laisser marcher.

3 MAINTENEZ LE CONTACT Quand le cheval repasse au pas, il allonge ses foulées et tend l'encolure en avant ; rendez un peu la main. Pour ce faire, relâchez les doigts et laissez les rênes filer de quelques centimètres ; elles ne doivent pas être lâches, sans quoi vous perdriez le contact. Restez assis bien droit ; si vous vous affaissez, le cheval en fera de même.

ASTUCES DE CAVALIERS

- **Au début,** ne vous souciez ni de rythme ni d'impulsion. Contentez-vous de passer au trot assis et d'employer les aides du pas.
- **Une fois** le cheval au pas, gardez votre position et continuez à le faire avancer pour qu'il ne s'affaisse pas sur son avant-main.

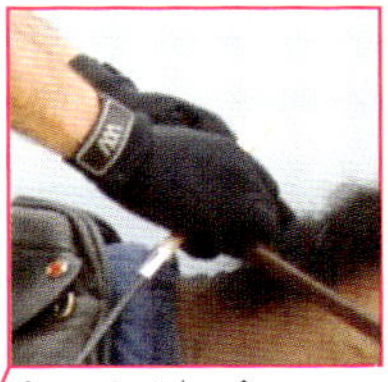

Le contact des rênes ne doit pas créer d'à-coups pour ne pas blesser le cheval

***Grandissez-vous** dans la selle et gardez le dos droit et détendu*

***Le cheval** ralentira si vous faites porter votre poids sur l'arrière de la selle. Vos mouvements comme ceux du cheval en seront affectés*

DU TROT AU GALOP

Le galop est une allure à trois temps suivis d'un temps de suspension avant que le postérieur principal recommence une séquence. Pour se lancer au galop, le cheval ramène l'un de ses postérieurs avant de se projeter. Le trot doit donc être actif et cadencé, avec une bonne impulsion.

1 PRÉPARATION Établissez un trot actif, délié et cadencé. Accélérez le rythme, maintenez le trot, puis passez au trot assis avant d'employer les aides du galop.

2 PASSEZ AU GALOP Relâchez brièvement la rêne intérieure. Déplacez légèrement la jambe extérieure en arrière de la sangle et pressez le flanc du cheval. Gardez la jambe intérieure à la sangle et maintenez la pression.

ASTUCES DE CAVALIERS

- **Anticipez** toujours chaque étape de votre transition.
- **Basculez** légèrement le bassin vers l'intérieur avant de demander la transition.
- **Il est parfois** utile d'alléger son assiette pour que le dos du cheval bouge librement.
- **Quand** vous demandez au cheval de passer à une allure plus rapide, vos mains ne doivent pas le freiner : ne tirez pas sur les rênes.
- **Rendez** un peu les rênes dès que le cheval entame le galop.

EN UN COUP D'ŒIL

DU TROT AU GALOP
Le trot doit être énergique mais maîtrisé. Passez au trot assis quelques pas avant la transition. Serrez les deux jambes (jambe extérieure légèrement en arrière si vous souhaitez une direction particulière) et relâchez les rênes.

Relâchez la tension des rênes dès que le cheval entame le galop

3 ENTRETENEZ LE GALOP

Laissez le cheval s'élancer mais maintenez le contact des rênes. Gardez votre équilibre pour que le cheval ramène son poids sur son arrière-main.

EN PLEINE ACTION

UN GALOP CORRECT

Au galop, le cheval étire un antérieur devant les autres membres. Sur une piste, c'est souvent l'antérieur intérieur. Le cheval se projette avec le postérieur opposé : placez votre jambe extérieure en arrière de la sangle pour provoquer l'impulsion du postérieur.

Galop sur le bon pied

LE GALOP

Le galop est une allure déliée et énergique que les chevaux maintiennent aisément ; elle peut subir de subtiles variations pour s'adapter à diverses situations. Un galop rassemblé peut être assez lent, tandis que le galop allongé ou les galots de cross-country peuvent couvrir une grande surface.

1 AMORCER UN BON GALOP
Le cheval doit progresser rapidement et en cadence, accepter le mors et le contrôle du cavalier. La plupart des chevaux sont plus à l'aise sur un postérieur que sur l'autre. Il faut donc solliciter les deux, même en randonnée.

À FAIRE ET NE PAS FAIRE

- **Ne laissez pas** un cheval galoper de façon désunie. Cela peut arriver si votre transition est médiocre et si le cheval pèse trop sur ses antérieurs. Vous vous en apercevrez rapidement aux mouvements désordonnés et déséquilibrés.
- **Rétrogradez** au trot, récupérez votre équilibre et recommencez la transition.

EN UN COUP D'ŒIL

LE GALOP
Le galop de travail est une allure rapide mais équilibrée. Maintenez un bon contact pour garder le contrôle, mais laissez le cheval se mouvoir. Le galop produit un mouvement de bascule que doit suivre le cavalier.

2 ASSIS AU FOND DE LA SELLE
Pour le galop de travail et le galop rassemblé, enfoncez-vous dans la selle et tenez-vous bien droit. Le contrôle et l'équilibre que permet le galop le rendent intéressant pour le dressage. Demandez toujours un galop de travail avant de passer au galop rassemblé, pour que le cheval puisse l'anticiper.

CONSEIL TECHNIQUE

LE GALOP DE CROSS-COUNTRY
Pour une allure plus élancée, allégez votre assiette (appuyez-vous sur les talons et soulevez les fessiers) et inclinez le buste légèrement en avant. Vous devez avoir un bon équilibre et vos jambes ne doivent pas bouger.

Au galop avec une assiette en avant

DU GALOP AU TROT

Quand vous effectuez une transition inférieure, pensez que les postérieurs du cheval frappent le sol une fois de plus que ses antérieurs. Il faut donc à la fois entretenir et contenir l'impulsion et le mouvement en avant plutôt que de tirer soudainement sur les rênes, ce qui provoquerait l'interruption complète de l'action.

1 PRÉPARATION Commencez par quelques foulées au galop de travail. Si nécessaire, utilisez un demi-arrêt (un ordre bref intimant au cheval de ralentir et relâché dès que le cheval change d'allure).

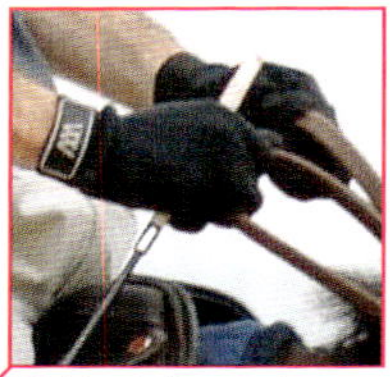

***Résistez** brièvement avec les rênes mais ne les tirez pas brusquement*

2 DEMANDEZ LE TROT Asseyez-vous dans la selle, gardez le contact avec les mollets et tirez brièvement et fermement sur les rênes.

Transférez *votre poids vers l'arrière de la selle et asseyez-vous bien droit pour aider le cheval à ralentir*

Votre voix *peut être une aide utile pour faire ralentir le cheval ; un long et doux « au trr-rot » avec une intonation descendante aidera à faire passer le message*

3 PASSEZ AU TROT

Restez assis les premières foulées du trot, votre corps devant absorber les secousses. Continuez à serrer les flancs pour maintenir la cadence mais tenez fermement les rênes au cas où le cheval repartirait au galop. Une fois le trot établi, vous pouvez vous lever.

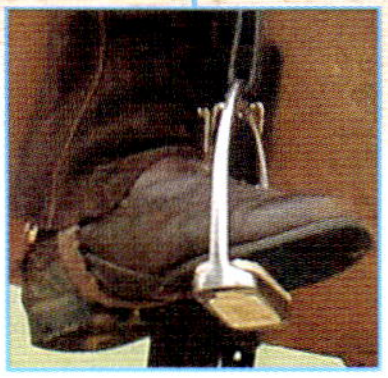

Utilisez *les jambes pour continuer à provoquer l'impulsion*

À FAIRE ET NE PAS FAIRE

- **Les mains** demandent au cheval de ralentir mais les jambes entretiennent l'impulsion. Son allure sera rassemblée et son arrière-main s'étendra plus avant sous son corps, la tension de son encolure et de sa tête sera moindre, ce qui l'aidera à garder un bon équilibre et vous donnera un meilleur contrôle.
- **Ne laissez pas** le corps du cheval s'étirer trop, comme sur cette photo, où il est bas et incliné vers l'intérieur. Avec le poids d'un cavalier, il pourrait facilement perdre l'équilibre.

Cheval déséquilibré au galop, travail en longe

LE GRAND GALOP

C'est une allure rapide et enivrante, mais qui requiert de vastes espaces. Si vous écoutez au ralenti l'enregistrement sonore d'un cheval au grand galop, vous entendrez quatre coups réguliers suivis d'une pause : le temps de projection. N'essayez cette allure que si vous êtes un cavalier compétent et que vous savez arrêter votre cheval en toute sécurité.

1 DEMANDEZ LE GALOP
Raccourcissez les rênes et établissez un galop énergique. Puis exercez de petites pressions des jambes jusqu'à ce que le cheval accélère. Soulevez-vous de la selle et inclinez-vous en avant sans modifier votre centre de gravité.

EN VRAI PROFESSIONNEL

LA COURSE DE PLAT
Lors d'une course de plat, les chevaux galopent à une vitesse spectaculaire ; placez-vous près du départ pour les voir bondir hors de leur box, les jockeys accroupis sur leur dos.

Course de plat dans le Kentucky, aux États-Unis

2 LIBÉREZ SES MOUVEMENTS
Laissez le cheval allonger l'encolure et le corps, sinon il ne pourra galoper. Pour ce faire, inclinez-vous en avant ; vos mains l'accompagnent tout en gardant les rênes courtes pour assurer le contrôle.

EN UN COUP D'ŒIL

LE GRAND GALOP
Le corps du cheval s'étire et s'abaisse. Pour le galop à droite, la séquence est : postérieur gauche, postérieur droit, antérieur gauche, antérieur droit, suivie d'un temps pendant lequel aucun des quatre pieds ne touche terre.

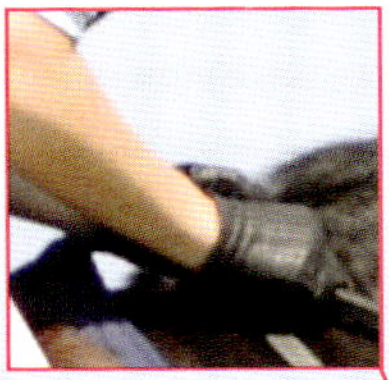

***Laissez** vos mains suivre les mouvements de la tête du cheval*

ASTUCES DE CAVALIERS

- **Si vous** galopez à la campagne, assurez-vous que c'est sans danger. Vous aurez besoin de beaucoup d'espace pour galoper et vous arrêter.
- **Faites attention** aux autres personnes qui pratiquent les sentiers et n'excitez pas le bétail.

***Les étrivières** doivent être un peu plus courtes que d'habitude pour vous permettre de bien vous appuyer sur les talons*

LES ALLURES AVANCÉES

Chaque allure peut être ralentie (rassemblée) ou au contraire, ses foulées peuvent être étirées (moyenne et allongée). Pour une allure rassemblée, les foulées sont plus courtes et plus hautes, et la silhouette du cheval est compacte. Les allures moyenne et allongée couvrent plus de surface, la silhouette est plus longue mais la cadence des foulées reste inchangée.

LE PAS

Quand on dresse un jeune cheval, on insiste sur le trot et le galop plus que sur le pas car il est facile de gâcher une bonne démarche naturelle à force d'entraînement. Le demi-arrêt est un outil très important utilisé pour rééquilibrer le cheval. Employez les aides pour demander l'arrêt mais, quand le cheval commence à obéir, laissez-le aussitôt repartir en avant.

LE PAS MOYEN

Vous pourrez progressivement « compresser » l'allure en sollicitant plus l'arrière-main, plus lentement, jusqu'à parvenir au pas moyen. Le cheval doit accepter le mors, son chanfrein formant un angle très aigu avec la verticale.

LE PAS RASSEMBLÉ

Le pas est l'allure la moins facile à rassembler. Vous risquez de le presser par vos efforts à accroître l'impulsion et de lui faire perdre son rythme. Essayez le pas rassemblé quand vous et votre cheval serez à l'aise aux autres allures.

LE PAS LIBRE

Pour récompenser le cheval de son travail, laissez-le faire quelques pas à son rythme. Cela lui est indispensable pour se détendre. Maintenez un contact léger mais laissez-lui des rênes longues pour qu'il puisse étirer son encolure.

EN VRAI PROFESSIONNEL

LE TROT ALLONGÉ

Toute la puissance venant de l'arrière-main, les pieds antérieurs s'étirent loin devant comme si le cheval pointait ses sabots. Sa silhouette s'allonge encore plus qu'au trot moyen.

L'Australienne Mary Hanna au trot allongé

LE TROT

Le trot est l'allure la plus facile et la plus utilisée dans l'apprentissage du cheval et du cavalier car son impulsion est la plus naturelle. Certains chevaux ont un bon rythme inné, d'autres doivent apprendre à ne pas se précipiter, mais aucun cheval ne peut avoir un dos détendu si celui du cavalier ne l'est pas. Le trot enlevé inflige moins de pression au cheval et le trot assis sans étriers est un outil formidable pour développer l'assurance du cavalier.

LE TROT MOYEN

Le cheval doit couvrir une large surface, mais ne le laissez pas accélérer ni s'affaisser sur son avant-main. Utilisez les coins et les petits côtés du manège pour vous rééquilibrer avant de lancer le cheval au trot moyen sur le côté long et droit.

LE TROT RASSEMBLÉ

Travailler l'impulsion est essentiel pour parvenir au rassembler ; chercher à trop ralentir vous fera perdre de l'élan. Amenez le cheval au trot moyen, puis contenez-le dans une version rassemblée. Comme toujours, équilibre, rythme et souplesse sont le secret de la réussite.

LE GALOP

Il est important d'établir un galop délié et actif avant d'essayer de le modifier, mais ne laissez pas le cheval vous entraîner. L'angle du corps du cheval se modifie à chaque foulée. Le temps de projection, qu'il faut ressentir, est celui où vous devez demander les changements. Votre dos et vos hanches doivent être détendus pour libérer l'action du cheval.

LE GALOP MOYEN

Une fois établi un galop de travail équilibré, demandez de plus longues battues. Elles doivent résulter de l'impulsion de l'arrière-main et non de l'extension des antérieurs. Les empreintes laissées par les sabots postérieurs doivent recouvrir voire devancer celles des sabots antérieurs.

LE GALOP RASSEMBLÉ

Au galop rassemblé, les battues sont plus courtes, les postérieurs viennent jusque sous le cheval, et sa silhouette est plus ronde qu'au galop moyen. Établissez d'abord un galop actif puis utilisez les demi-arrêts pour rééquilibrer et ralentir l'allure tout en entretenant l'impulsion.

AU CENTRE ÉQUESTRE

Les manèges et les carrières de dressage sont des surfaces planes et rectangulaires, souvent couvertes de sable, et conçues spécifiquement pour les exercices d'équitation. Si vous n'avez pas accès à un vrai manège, vous pouvez planter des lettres dans un champ, pourvu que le terrain soit suffisamment plat.

S'EXERCER AU MANÈGE

On s'entraîne au manège à toutes sortes d'exercices, des premières leçons au dressage avancé. Il doit mesurer au moins 20 x 40 m pour permettre d'exécuter les figures désirées. Il est utile d'indiquer les positions A, C, B et E pour structurer l'espace. Une piste se creuse le long du périmètre, mais essayez de suivre votre propre parcours.

LA SURFACE

Elle peut varier et être constituée d'un seul élément ou d'un mélange d'herbe, de sable, de silice ou de caoutchouc. Essayez de ressentir l'effet de la surface sous les sabots (le sable pur peut sembler assez dur mais s'il est mélangé à de petits éclats de caoutchouc, il sera plus souple). Faites attention aux endroits qui retiennent l'eau, car ils peuvent être glissants. L'entretien du manège est important ; nettoyez les crottins après votre passage (la surface doit être régulièrement ratissée).

LES BARRES AU SOL

Les barres sont un exercice facile que maîtriseront vite la plupart des cavaliers et des chevaux.

LES LETTRES DU MANÈGE

Les lettres sont des repères utiles signalant des positions. Votre enseignant s'en servira en cours et vous dira peut-être « changement de main entre M. et K ». Il est également bon de prendre une lettre comme but quand vous exécutez un mouvement. Toutes les épreuves de dressage reposent sur un schéma tracé entre des

lettres. Une grande carrière de dressage (voir p. 274) possède plus de repères que la taille ordinaire (40 x 20 m). Vous devez aussi connaître les positions où il est impossible de planter des lettres, comme le point X, au centre du manège.

LE PARTAGE DU MANÈGE

Vous disposerez rarement du manège pour vous seul. Apprendre à travailler en même temps que les autres exige respect et intuition. Il est de règle de laisser au moins l'espace d'un cheval entre chacun, de ne jamais couper la route à un cavalier ni d'interrompre son travail. Croisez-vous en passant épaule gauche contre épaule gauche (si vous travaillez piste à main droite, empruntez la piste intérieure). Soyez toujours polis envers les autres ; si vous installez des obstacles ou des barres, placez-les sur la piste intérieure pour que les autres cavaliers puissent les éviter s'ils le désirent.

UN BON USAGE DU MANÈGE
Utilisez cette surface de travail à bon escient. Exploitez les angles et perfectionnez cercles et tourners plutôt que de progresser simplement d'un repère à un autre.

EN SAVOIR PLUS

LES LETTRES DU MANÈGE
La taille agréée d'un manège est de 40 x 20 m ou de 60 x 20 m. La première convient parfaitement pour les leçons et les exercices ; peut accueillir plusieurs chevaux et permet le saut d'obstacles. Les lettres sont toujours les mêmes, si vous manquez de place, marquez au moins les lettres A, C, B et E.

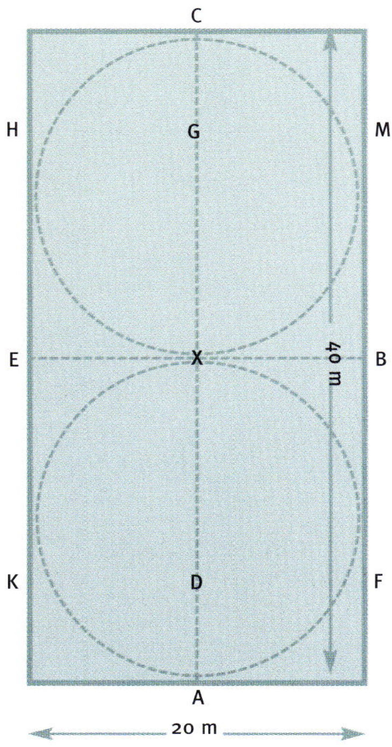

Les lettres d'un manège de 40 x 20 m

PRENDRE DES COURS

Les leçons sont nécessaires mais elles peuvent aussi être amusantes. Elles ne profitent pas qu'aux débutants : même les meilleurs professionnels travaillent avec un entraîneur pour parfaire leurs compétences. Individuelles ou en groupe, les deux solutions ont leurs avantages, c'est pourquoi ce chapitre traite de chacune.

LES COURS

Certains centres préfèrent vous enseigner les bases en cours individuels jusqu'à ce que vous les maîtrisiez, mais d'autres commencent directement par des leçons de groupe. Les cours individuels sont plus soutenus et plus chers, mais dans les leçons de groupe, l'attention de l'enseignant sera partagée entre tous les participants. Peut-être vous proposera-t-on une leçon en longe, au cours de laquelle l'enseignant, au centre d'un cercle, contrôle votre monture au moyen d'une longue longe, vous laissant le loisir de monter sans rênes ni étriers. C'est une excellente façon de développer une assiette indépendante et un bon équilibre. Ce travail ne se fait qu'en cours individuel, avec un cheval adapté.

GARDEZ VOS DISTANCES
Dans une leçon de groupe, restez environ à 1,50 m du cheval devant vous (cela équivaut à la longueur d'un cheval).

PRENDRE DES LEÇONS DE GROUPE
Un bon enseignant tirera parti du fait d'être en groupe et adaptera son enseignement aux besoins de chaque cavalier.

LES PREMIÈRES SORTIES

Certains instructeurs confient le cheval de chaque débutant à une personne tenant une longe, d'autres attendent que vous contrôliez bien votre monture. Chevaucher le long d'une route ou dans un espace ouvert vous semblera très différent du manège ; soyez patient et ayez confiance en leur jugement.

UN BON ENSEIGNANT

Un bon enseignant doit être enthousiaste, sûr de lui, compétent et capable d'instiller les mêmes qualités chez ses élèves. Il doit être observateur et se montrer aussi doux avec les cavaliers qu'avec les chevaux. Les normes de sécurité exigent une grande prudence de la part des enseignants dans les exercices qu'ils demandent, mais cela ne signifie pas qu'ils ne doivent consister qu'en tours de manège ; il y a mille et une façons de rendre une leçon agréable.

SE CROISER PAR LA GAUCHE
Si vous devez croiser quelqu'un, passez chacun à la gauche de l'autre en laissant environ 1,50 m entre vous.

Vous devez pouvoir voir les talons du cheval qui est devant vous entre les oreilles du vôtre

TERMINOLOGIE

MARCHEZ LARGE

Si vous avez travaillé sur un mouvement qui n'utilise qu'une partie du manège, votre instructeur vous demandera de marcher large pour utiliser toute la surface.

MAIN DROITE OU GAUCHE

Travailler « piste à main droite » signifie que vous progressez dans le sens des aiguilles d'une montre. Travailler « piste à main gauche » signifie que le centre du manège est à votre gauche.

LA PISTE EXTÉRIEURE

Elle longe le périmètre du manège. Elle peut être clairement creusée par les sabots si le manège n'a pas été récemment ratissé.

LA PISTE INTÉRIEURE

Piste parallèle, elle se trouve environ à 1,50 m de la première. On l'emprunte pour croiser des cavaliers ou faire des exercices.

CHANGEMENT DE MAIN

C'est un changement de direction, souvent effectué en diagonale, c'est-à-dire de K à M ou tout droit entre E et B.

LE DIAGONAL

Paire de membres au trot et moments où l'on se lève et l'on s'assoit (voir p. 147). Être sur le bon diagonal aide le cheval à s'équilibrer.

EN REPRISE CONSTITUÉE

La reprise désigne le groupe de cavaliers ; « constituée » signifie qu'ils font tous la même chose.

LE MENEUR

C'est le cavalier en tête de file.

LA BONNE PROGRESSION

Imaginez l'arrière-main du cheval comme un « moteur arrière » qui le propulse et lui assure l'équilibre et l'élan dont il a besoin pour faire jouer ses muscles et porter son cavalier. S'il se « tracte » grâce aux épaules, tout son poids se reportera sur son avant-main. Il risque alors un froissement des muscles antérieurs ou peut trébucher et faire basculer son cavalier.

LE MOUVEMENT EN AVANT

Le secret d'une bonne progression est le mouvement en avant. Utilisez les rênes pour contenir le cheval, et relâchez toujours la pression dès qu'il a obéi. En ralentissant sa vitesse grâce à votre assiette et à vos mains (tout en continuant à serrer les jambes pour le faire avancer), vous pouvez canaliser son énergie horizontale et verticale. Le cheval lèvera les pieds plus hauts, plutôt que plus vite, et se propulsera grâce à son arrière-main : c'est ce qu'on appelle l'impulsion. De cette manière, avec un pas bien cadencé, il viendra naturellement et correctement sur le mors.

À FAIRE ET NE PAS FAIRE

Certains chevaux tentent de se dérober au mors car travailler sans leur semble plus facile. Cela se manifeste surtout de deux façons :

- **Le cheval** rentre trop le menton (enfermé). Cela peut sembler impressionnant pour un œil inexercé, mais cela signifie qu'il est tendu et ne travaille pas correctement.

Cheval enfermé

- **Le cheval** lève la tête trop haut (au-dessus du mors). Son dos se cambre, lui causant des douleurs, et vous perdez le contrôle.

Cheval au-dessus du mors

SUR LE MORS

Quand un cheval est sur le mors, il engage correctement son arrière-main. Son encolure et sa nuque doivent être détendues, et sa tête légèrement en avant de la verticale.

IMPULSION ET RAPIDITÉ

Impulsion et rapidité peuvent être comparées aux vitesses d'une voiture. En cinquième, une voiture roule vite sans effort, mais elle manque de puissance et de contrôle directionnel par rapport à une vitesse inférieure. Un cheval au-dessus du mors et qui tire son élan des épaules peut aller vite, mais il risque de déraper dans un tournant. Alors que si l'énergie vient de l'arrière-main et est canalisée en une impulsion verticale et horizontale, il sera mieux contrôlable et plus à l'aise.

EN PLEINE ACTION

VOS IMPRESSIONS

Une bonne progression vous procure un irréfutable sentiment d'harmonie. Vous pouvez contrôler un bloc de puissance et d'énergie fluides avec un simple contact des rênes. Vous êtes détendu mais sûr de vous ; le cheval avance d'un pas tranquille mais soutenu et régulier et il répond à vos aides. Assis, vous pouvez sentir le mouvement de bascule de son dos.

CERCLES ET BOUCLES

Les variations autour du cercle sont parmi les exercices d'assouplissement les plus simples et les plus utiles. Si nous sommes droitiers ou gauchers, les chevaux sont plus raides d'un côté que de l'autre. En plus d'aider cheval et cavalier à améliorer leur équilibre, les flexions apprennent au cheval à être rectiligne en assouplissant ses muscles et en acceptant les deux rênes.

DÉCRIRE UN CERCLE

Les aides que l'on utilise pour décrire un cercle sont pratiquement les mêmes que celles du tourner, mais on les applique sans discontinuer. L'arrière-main du cheval doit être active pour que tout son corps exécute le mouvement. Laissez le cheval se plier dans la bonne direction (vous devriez apercevoir son œil).

UTILISEZ VOTRE POIDS

En théorie, vous pouvez exécuter un cercle en utilisant les jambes et le buste, mais très peu les rênes. En regardant dans la direction où vous voulez aller et en tournant les épaules, la répartition du poids de votre corps indique au cheval ce que vous attendez de lui.

EN ACCORD AVEC LES ÉPAULES
La rêne intérieure règle l'incurvation et la flexion du cheval. La main extérieure suit l'épaule extérieure et relâche légèrement la rêne pour permettre au cheval de tourner tout en l'empêchant de dévier vers l'intérieur.

MAINTENIR LA FLEXION
La pression des jambes donne l'impulsion et aide à indiquer la direction. La jambe intérieure, à la sangle, maintient le rythme et la jambe extérieure, légèrement derrière la sangle, maintient les postérieurs sur la bonne courbe.

LES FIGURES DE MANÈGE

LES CERCLES

Le cercle le plus fréquemment exécuté a un diamètre de 20 m. Il permet un travail d'assouplissement varié sans créer de tension musculaire chez le cheval. Les voltes sont réservées aux chevaux plus musculeux. Chaque cercle l'aide à améliorer sa progression.

LES HUITS DE CHIFFRE

Deux cercles peuvent s'enlacer pour former un huit. Jusqu'à ce que vous ayez plus d'expérience, chaque cercle devrait être de 20 m de diamètre. Quelle que soit la taille du cercle, essayez de faire quelques pas en ligne droite avant de changer de direction.

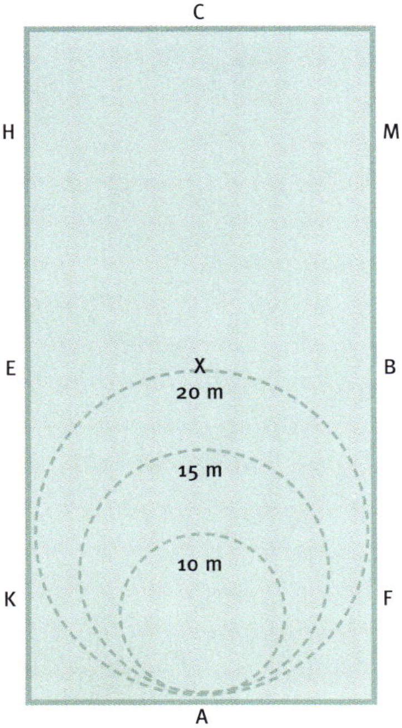

Cercles de diamètres divers

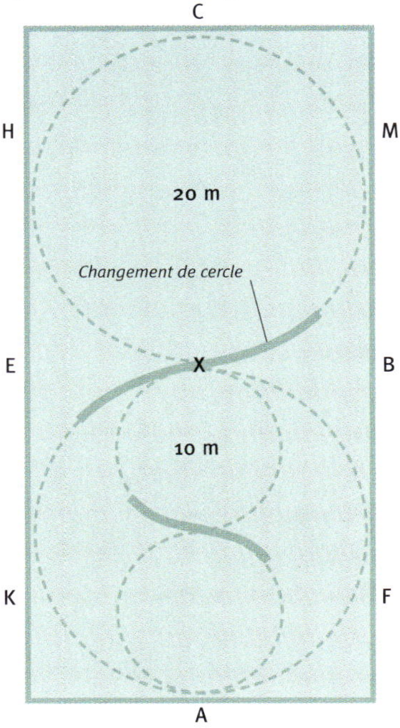

Différentes tailles de figures en huit

LES SERPENTINES

Une serpentine doit être bien proportionnée, et le cheval équilibré travaille à un rythme constant de sorte que vous puissiez changer de flexion à chaque tourner. Introduire les transitions est une variation plus poussée de l'exercice pour améliorer l'équilibre et le rassembler. Vous pouvez par exemple parcourir les lignes droites au trot de travail et les courbes au trot rassemblé, ou les lignes droites au trot, et les courbes au galop rassemblé.

DÉCRIRE UNE SERPENTINE

Établissez d'abord une allure énergique et cadencée ; le cheval doit répondre à vos aides (trop de vitesse ou un manque de rythme compromettraient ses possibilités de tourner). Le cheval doit être bien échauffé, mais sachez qu'il risque de trouver l'exercice difficile dans les premiers temps.

FIGURES DE MANÈGE

SERPENTINE À TROIS BOUCLES

Partez de A à main gauche, décrivez un demi-cercle d'environ 15 m, et tournez devant F. Doublez dans la largeur puis faites un autre demi-cercle devant E. Doublez à nouveau puis refaites un demi-cercle vers C et marchez large.

SERPENTINE À QUATRE BOUCLES

Partez de A à main droite, faites un demi-cercle de 10 m, doublez et refaites le même demi-cercle avant B ; traversez droit vers E, faites un demi-cercle de 10 m, retraversez et faites un demi-cercle pour rejoindre C. Marchez large. Les petites boucles sont plus difficiles pour le cheval.

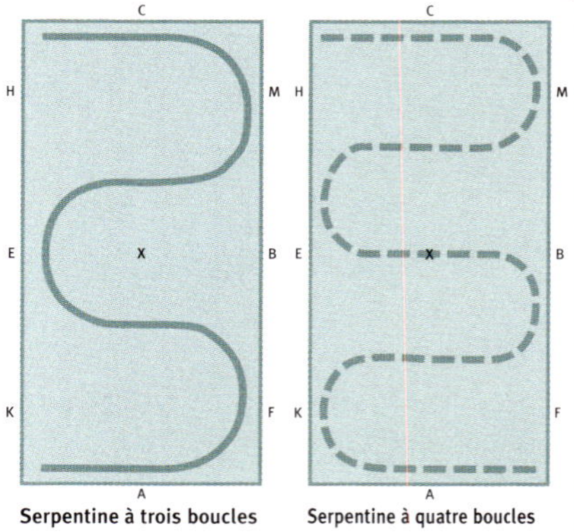

Serpentine à trois boucles — **Serpentine à quatre boucles**

***Utilisez** les mains pour indiquer la direction et soutenir l'épaule extérieure*

***Regardez** toujours dans la direction où vous voulez aller*

***Avant** d'atteindre la piste, appliquez les aides pour tourner à droite*

***Décrivez** des boucles fluides et continues*

LE CONTRE-CHANGEMENT DE MAIN
On le décrit généralement à 5 m, 10 m ou 15 m de la piste extérieure. Au départ de A, décrivez l'amorce d'un cercle avant K et rejoignez le centre du manège. Rééquilibrez le cheval grâce à un demi-arrêt et rejoignez l'angle entre H et C. Cet enchaînement de deux obliques doit être fluide.

BEAUCOUP D'ESPACE
Décrivez les courbes sur la longueur du manège.

FIGURES DE MANÈGE

BOUCLE DE 5 M
Les angles de ces obliques sont très atténués. La figure part de A ou C et prend la forme de trois larges arcs de cercles.

BOUCLE DE 10 M
Les premier et dernier arcs de cercle sont plus courts que le point d'enchaînement des obliques, une courbe longue qui passe par X.

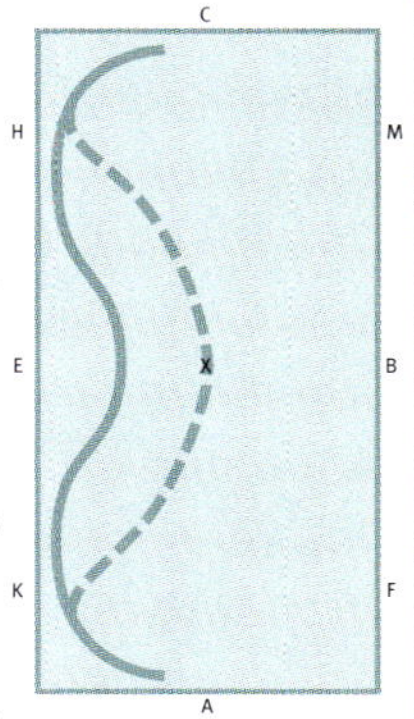

Contre-changements de main

LE RECULER

Pour reculer, le cheval doit soulever ses pieds par paires diagonales plutôt que séparément selon la séquence normale à quatre temps. Son dos doit être très musclé et il doit savoir s'arrêter proprement, les pieds d'aplomb. Pour commencer, un ou deux pas en arrière suffisent.

EN UN COUP D'ŒIL

LE RECULER
Le cavalier équilibre le cheval, demande l'arrêt, allège son assiette et entame le reculer. Quand il obéit, le cavalier allège les rênes pour éviter que le cheval ne résiste. Après quelques battues, repartez au pas.

1 DEMANDEZ LE RECULER

Si vous savez obtenir un arrêt équilibré sans perdre d'élan (voir p. 135), vous pouvez essayer le reculer. Ayez une assiette légère, serrez les jambes et résistez souplement avec les rênes pour que le cheval n'avance plus.

***Le dos** du cheval est légèrement arqué lors du reculer*

2 RECULEZ
Gardez le buste droit et les hanches et le dos souples pour que le cheval puisse arrondir suffisamment le dos. L'aide des rênes doit être légère et céder un peu à chaque pas ; ne tirez jamais sur les rênes, le cheval n'apprendrait qu'à résister.

3 REPARTEZ AU PAS
Après deux ou trois pas en arrière, ramenez le cheval au pas normal. L'accent doit porter sur le pas normal plus que sur le reculer. Dans le cas contraire, cela risquerait de causer des troubles.

__Redressez-vous__ et reportez votre poids dans les étriers pour alléger votre assiette

__Résistez__ au mouvement en avant pour que le cheval comprenne ce que vous lui demandez, puis relâchez à chaque pas accompli

__Maintenez__ l'impulsion et la rectitude avec les jambes

__Les membres__ du cheval doivent se mouvoir en rythme par paires diagonales

À FAIRE ET NE PAS FAIRE

- **Interrompez** le mouvement si le cheval lève la tête car il ne peut l'exécuter avec le dos creusé. Avancez au pas, rassemblez-le et redemandez l'arrêt.
- **Relancez** immédiatement le cheval en avant s'il essaie de reculer trop vite. Recommencez l'exercice en intensifiant l'aide des jambes.

LE TRAVAIL LATÉRAL DE BASE

Le travail latéral (le cheval se déplace de côté, sur deux ou plusieurs pistes) est une bonne gymnastique pour les chevaux. Exécuté proprement, il contribue à améliorer l'équilibre, la musculature et la souplesse du cheval, mais dans le cas contraire, il peut être préjudiciable ; préférez donc la qualité de l'exécution à la quantité.

CESSION À LA JAMBE ET ÉPAULE EN AVANT

On enseigne souvent la cession à la jambe avant les autres mouvements latéraux, plus difficiles. Le cheval avance de côté sur deux pistes, la tête légèrement ployée dans le sens opposé à la direction du déplacement, et le corps rectiligne. L'exercice de l'épaule en avant vous aidera à appliquer les aides tout en maintenant la direction. Pour cela, marchez ou trottez sur la piste extérieure, déplacez l'avant-main légèrement vers l'intérieur et maintenez la direction.

EN VRAI PROFESSIONNEL

L'APPUYER

Un amateur pourra confondre un appuyer et une cession à la jambe. Mais l'appuyer est plus difficile et vous le verrez exécuté par des cavaliers de dressage avancé. Le corps du cheval est ployé dans la direction du déplacement. Son avant-main doit être engagée et le bipède extérieur croise devant le bipède intérieur.

Appuyer exécuté par l'Allemand Martin Schaudt

PRATIQUER LA CESSION À LA JAMBE

Le bipède extérieur (surtout le membre postérieur) doit croiser le bipède intérieur au moment où il avance sous le cheval. Cela ne peut se faire que si le cheval est rectiligne et qu'il dispose d'une impulsion suffisante.

ASTUCES DE CAVALIERS

- **Entretenez** l'impulsion et le rythme, sans quoi le cheval glissera de côté ou ralentira pour s'arrêter.
- **Une encolure** trop ployée causera un déplacement du poids sur l'épaule qui mène ou une incurvation du corps.
- **Gardez** bien le contrôle de l'arrière-main ; la laisser dévier faussera la position du cheval pour la cession à la jambe.
- **Il vaut** mieux faire quelques pas correctement exécutés que beaucoup de moindre qualité (ce qui peut être nuisible).

FLEXIONS ET ÉPAULES EN DEDANS

Ces deux exercices latéraux permettent au cheval de développer équilibre, puissance et souplesse, l'incitant à répondre correctement aux aides et à engager son arrière-main. Quant à lui, le cavalier apprend à ne pas vouloir à tout prix amener sa monture sur le mors en abusant des rênes.

LES FLEXIONS

Pour maîtriser les exercices de dressage, le cavalier doit savoir contrôler la moindre nuance dans l'action du cheval, et ce à tout moment. Les flexions sont parmi les exercices les plus importants pour atteindre ce but. L'encolure du cheval doit s'incurver tandis que son corps reste rectiligne. Il ne doit ployer l'encolure qu'à partir de la nuque, le reste devant être détendu. Le cavalier doit pouvoir apercevoir l'œil et le naseau de sa monture. Apprendre à assouplir sa nuque permet au cheval de mieux travailler avec le mors.

L'ÉPAULE EN DEDANS

Le cheval laisse trois traces sur la piste. Il se déplace en ligne droite, son encolure formant un angle d'environ 30° pour décaler légèrement l'avant-main vers l'extérieur. L'antérieur extérieur et le postérieur intérieur sont sur la même piste. Le postérieur extérieur et l'antérieur intérieur sont sur deux pistes différentes.

DEMANDER LA FLEXION
Répartissez bien votre poids sur votre bassin et tirez légèrement la rêne intérieure tout en cédant légèrement la rêne extérieure.

DEMANDER L'ÉPAULE EN DEDANS
Amenez le cheval dans la position de préparation d'une volte et il exécutera le mouvement naturellement.

***Provoquez** la flexion et donnez l'impulsion grâce à votre jambe intérieure*

Le postérieur intérieur doit bien avancer sous le cheval, incitant ainsi au rassembler. En plus d'assouplir le cheval, cet exercice aide à renforcer rectitude et équilibre ; plus le cheval est souple, mieux il répondra aux aides de flexion et plus il lui sera facile d'avancer en ligne droite.

AUTRES EXERCICES LATÉRAUX

Le travers, l'épaule en avant (voir p. 174) et le renverse peuvent ressembler à l'épaule en dedans ou à la cession à la jambe, mais les différences sont capitales. Pour l'épaule en avant, l'avant-main du cheval est décalée selon le même angle que pour l'épaule en dedans, mais le corps reste rectiligne et ne se plie pas autour de la jambe intérieure du cavalier. Travers et renverse sont des exercices plus difficiles dans lesquels le corps du cheval est ployé dans la direction du déplacement. Pour le travers, l'arrière-main est en dehors de la piste ; pour le renverse, c'est l'avant-main qui est décalée. Impulsion et position du corps du cheval revêtent la même importance dans les exercices latéraux. Au début, les cavaliers font souvent l'erreur de trop ployer le cheval car il semble plus facile de lui faire traverser le manège en diagonale que d'avancer en crabe.

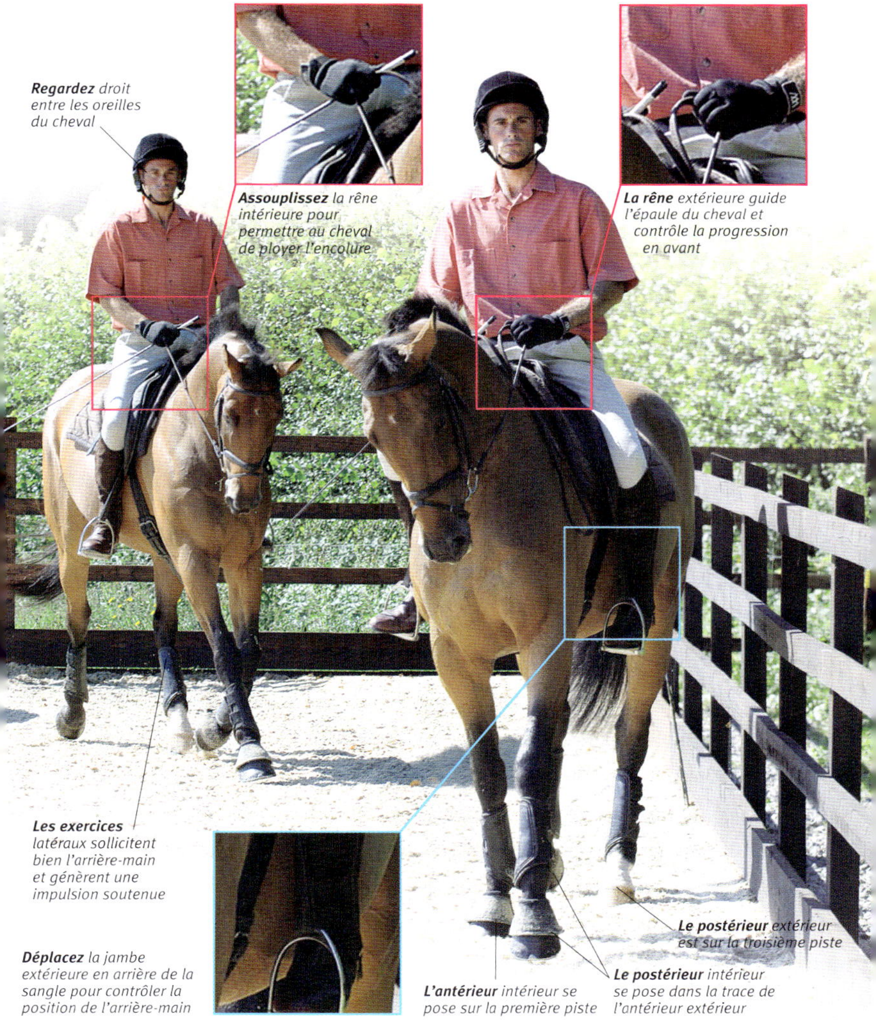

DEMI-TOUR SUR LES ÉPAULES ET SUR LES HANCHES

Faire tourner le cheval sur l'avant-main l'aide à comprendre les aides latérales des jambes et permet au cavalier d'apprendre à garder l'équilibre dans ce genre de mouvements. Pour tourner sur les hanches, ce qui engage l'arrière-main, le cheval doit être déjà bien dressé et le cavalier ne doit plus être dépendant des rênes.

DEMI-TOUR SUR LES ÉPAULES

C'est l'une des premières étapes vers le véritable travail latéral. À l'arrêt, le cavalier pousse l'arrière-main du cheval à marcher autour de ses antérieurs qui restent sur place. Se déplacer de côté n'est pas un mouvement naturel pour le cheval. Cet exercice l'aide à développer les muscles sollicités et à équilibrer son poids et celui du cavalier. Il n'est pas nécessaire d'exécuter un tour complet, surtout au début ; quarts de tours et demi-tours suffiront.

1 **ENTRETENEZ LE RYTHME** Marquez un bref arrêt après un pas énergique pour ne pas perdre le rythme. Pour écarter l'arrière-main de votre jambe droite, faites fléchir l'encolure vers la droite (voir p. 176).

2 **LES AIDES DES JAMBES** Déplacez votre jambe droite derrière la sangle pour pousser l'arrière-main. Gardez la jambe gauche à la sangle. Les antérieurs doivent marquer la cadence sans traîner.

DEMI-TOUR SUR LES HANCHES

L'avant-main du cheval se déplace en cercle tandis que son arrière-main sert de pivot. Le cheval doit légèrement plier dans le sens de la rotation et ne doit ni avancer ni reculer. Les postérieurs doivent décrire un petit demi-cercle et l'antérieur extérieur doit croiser devant le membre intérieur. Cet exercice aide le cheval à utiliser correctement son arrière-main et à bien rassembler ses allures. Veillez à ne pas tirer sur sa bouche.

1 **FAITES PLOYER LE CHEVAL**

Pour déplacer l'avant-main vers la gauche, demandez le demi-arrêt, fléchissez le cheval sur la gauche et transférez légèrement votre poids sur votre gauche.

2 **CONTRÔLEZ LA FLEXION**

Serrez la jambe gauche à la sangle et contrôlez l'arrière-main avec la jambe droite. La rêne gauche demande la flexion tandis que la droite la maîtrise.

3 **CONTENEZ LA PROGRESSION**
Résistez avec les rênes pour empêcher le cheval de marcher. Maintenez la pression de la jambe droite pour l'amener à tourner avec son arrière-main.

4 **POUR TERMINER**
Une fois la rotation achevée, faites repartir le cheval quelques pas au trot ou au galop avant d'entamer un autre mouvement latéral.

3 **DEMANDEZ LE MOUVEMENT**
Entretenez l'aide des jambes pour contrôler rythme et mouvement. Utilisez la rêne extérieure pour empêcher le cheval de s'appuyer sur cette épaule.

4 **POUR TERMINER**
Interrompez le mouvement en tirant doucement sur les rênes. Repartez au pas dès que la rotation est achevée.

LE GALOP À FAUX

Dans le galop à faux, c'est l'antérieur extérieur qui mène plutôt que l'intérieur. C'est un exercice assez difficile qui permet de développer l'équilibre du cheval et de le préparer au changement de pied. Le galop doit être énergique mais maîtrisé. Le plus simple est de vous exercer au contre-changement de main au galop mais vous pouvez aussi opter pour le demi-cercle, comme ici.

1 ÉTABLISSEZ LE GALOP

Instaurez un galop à droite grâce à la rêne droite, puis arrivé au bout du manège, exécutez une demi-volte pour changer de rêne.

2 SOLLICITEZ LE PIED DROIT

Gardez votre poids sur votre hanche droite et entretenez une légère flexion vers le membre qui mène pour aider le cheval à garder son équilibre.

EN VRAI PROFESSIONNEL

LE CHANGEMENT DE PIED À LA VOLÉE
Le cheval intervertit le bipède qui mène pendant le temps de projection. Le cavalier doit inverser ses aides très rapidement pour qu'antérieurs et postérieurs changent simultanément ; le galop à faux est une partie essentielle de l'entraînement. Sur cette photo, le Néerlandais Anky van Grunsven, l'un des meilleurs professionnels du dressage international.

Anky van Grunsven exécute un changement de pied à la volée

EN UN COUP D'ŒIL

LE GALOP À FAUX
Établissez un bon galop et exécutez une demi-volte. Au changement de direction, maintenez la même flexion, répartition de votre poids et position des jambes pour que le cheval ne se désunisse pas.

UNE SÉANCE DE TRAVAIL

Le travail vise à ce que le cheval soit aussi souple et détendu que possible pour être efficace. Pour des exercices physiques, des échauffements pour une compétition ou une simple sortie de routine, l'esprit et les muscles du cheval (comme les vôtres) doivent être détendus et concentrés.

TRAVAILLER AU MANÈGE

Travailler régulièrement donne de bons résultats en terme de forme physique et d'obéissance, mais restez modéré. Les chevaux s'ennuient aussi vite que les hommes et ils vous le montreront en désobéissant, ce qui est à la fois contre-productif et potentiellement dangereux. Trente à quarante minutes d'exercice suffisent.

Monter simplement mais correctement sera plus bénéfique à long terme qu'être trop ambitieux et faire des mouvements incorrects. Un bon enseignant saura jusqu'où vous pousser (vous et votre monture) dans le but de vous enseigner une nouveauté ; mais seul, il est préférable de rester dans les limites de ses connaissances. Commencez par travailler sur la piste extérieure et les cercles de 20 m. Passez quelques minutes au pas, rênes lâches, puis raffermissez le contact et amenez le cheval au trot puis au galop à droite et à gauche. Une fois qu'il est échauffé et progresse bien, établissez un contact plus ferme et commencez le véritable travail.

Celui-ci peut être assez simple et ne comprendre rien de plus que la pratique du pas, du trot et du galop en couvrant tout le manège avec de grands cercles, des transitions, des contre-changements de main et des arrêts. Le but est d'obtenir du cheval qu'il réponde sans hésitation à vos aides. C'est ce qu'on appelle amener le cheval « devant les jambes ».

Les exercices latéraux comme la cession à la jambe ou l'appuyer seront introduits à mesure que vous acquerrez de l'expérience et que le cheval gagnera en souplesse et en puissance.

TRAVAILLER CORRECTEMENT

Concentrez-vous sur le rythme, l'équilibre et l'impulsion. Trop insister pour amener le cheval sur le mors peut l'empêcher d'avancer correctement.

TRAVAILLEZ LES DEUX CÔTÉS

Changez régulièrement de main pour ne pas faire travailler les muscles d'un côté plus que de l'autre.

ASTUCES DE CAVALIERS

- **Variez** les exercices mais restez simple. Ne perturbez pas le cheval avec trop d'exercices différents ; changez de main et utilisez les transitions pour maintenir son intérêt.
- **En sortie,** utilisez une piste tranquille et plane pour pratiquer flexions et épaules en dedans. Il est important de savoir bien exécuter tourners et transitions, où que vous soyez.
- **Observez** les professionnels. Assistez à des exhibitions ou des compétitions et regardez des vidéos éducatives.

LE SAUT D'OBSTACLES

ellent exercice physique, le saut d'obstacles est ssi une discipline de concours. La plupart des hevaux franchissent naturellement un petit tacle. Mais tous ne sont pas capables de sauter le grandes haies. Vous devez bien connaître otre monture et vos limites. Pour développer onfiance et maîtrise, cette pratique doit être eignée par un instructeur compétent, avec un neval expérimenté. Il n'est pas nécessaire de sauter haut pour être un bon cavalier.

COMMENT SAUTE UN CHEVAL

La plupart des chevaux savent sauter d'instinct, mais leur technique, comme celle du cavalier, doit être affinée pour que le saut se fasse facilement et sans risques. Par l'entraînement, le cavalier et sa monture acquerront les compétences mais aussi l'attitude appropriées pour aborder ensemble avec plaisir et en confiance le franchissement d'obstacles.

LE SAUT

Le dos du cheval doit former un arc appelé « bascule ». Cela lui permet de franchir l'obstacle en un mouvement fluide, ses antérieurs repliés contre le poitrail. La tension des muscles et des membres est ainsi minimale, et la position confortable pour le cavalier. Mais c'est une technique que la plupart des chevaux doivent apprendre. S'entraîner sur le plat et avec des cavaletti soigneusement distanciés (voir p. 190-191) améliore la bascule. Le cheval ne peut adopter cette position que si vous êtes vous-même dans la position adéquate.

LES PHASES DU SAUT

Tout saut se décompose en quatre phases distinctes : l'abord, l'enlever, le planer et la réception.

À FAIRE ET NE PAS FAIRE

- **Effectuez** une approche correcte de l'obstacle et soyez prêt.
- **N'amenez pas** le cheval sur l'obstacle « sur le mors » ; il doit pouvoir évaluer la difficulté.
- **Ne regardez pas** l'obstacle mais plutôt au-dessus, car c'est là votre direction.
- **Placez-vous** en suspension sur l'avant-main du cheval pour ne pas entraver son impulsion.
- **Pliez-vous** à partir des hanches quand le cheval quitte le sol. Le mouvement doit être fluide : ne vous projetez pas en avant.
- **Ne vous** entraînez pas toujours sur de hauts obstacles ; le cheval se lassera et se fatiguera.

***Levez** les yeux et dirigez-vous droit sur l'obstacle, virage ou difficulté en vue*

ASTUCES DE CAVALIERS

- **Si vous** ou votre cheval essuyez un revers, n'hésitez pas à revenir en arrière pour reprendre confiance et recommencer.
- **Le contrôle** que vous acquerrez sur le plat vous aidera à assimiler les techniques du saut.
- **Observez** les professionnels en pleine action et inspirez-vous de leur technique de saut, mais remarquez aussi comment leurs chevaux évoluent sur le plat entre les obstacles.

APPRENDRE À SAUTER

Tout d'abord, le cavalier doit s'entraîner à se placer en suspension en avant, à garder son équilibre, et ensuite à franchir de petits obstacles. Aussi désireux soyez-vous de tenter de franchir des obstacles plus ambitieux, vous verrez vite qu'avec l'abord, l'enlever, la réception et la « sortie », le saut n'est pas qu'affaire d'obstacle.

LA POSITION DU SAUT

Le cheval a besoin d'espace et de liberté pour arrondir le dos, s'étirer et s'équilibrer à la réception. La position adéquate, confortable et sans danger, doit vous permettre de vous pencher sur l'encolure et de suivre l'action sans compromettre votre centre de gravité (ni le sien) ni laisser vos jambes partir vers l'arrière. Vous ne devez plus toucher le dos du cheval.

Vos étrivières doivent être plus courtes que pour le travail sur le plat, mais pas trop sans quoi vous ne pourriez plus vous servir de vos jambes. Le but est de vous soulever de la selle en fermant l'angle formé par vos hanches, genoux et chevilles et en poussant votre poids sur les talons. Déplacez le buste vers l'avant-main du cheval en vous plaçant à la verticale de son centre de gravité.

***Fixez** un point par-delà l'obstacle (le sommet d'un arbre par exemple) pour ne pas regarder vers le bas*

INCLINÉ EN AVANT
Les étrivières plus courtes permettent à vos hanches, genoux et chevilles de former un angle aigu et votre corps se déplace naturellement vers l'avant sans basculer.

***Assurez-vous** que les étriers sont chaussés à la plante des pieds afin de pouvoir pousser votre poids dans les talons*

COMMENCER À SAUTER

Prenez d'abord la position du saut à l'arrêt, puis au pas, au trot et au galop. Au début, les étrivières raccourcies vous sembleront étranges et être au-dessus de la selle peut générer une impression de vulnérabilité. C'est un bon test pour juger de votre équilibre. Apprenez à vous pencher en avant plutôt qu'à vous pousser vers le haut et à maintenir un contact léger avec les rênes sans vous y accrocher ni les laisser glisser.

À FAIRE ET NE PAS FAIRE

- **Ne faites pas** plonger le cheval devant l'obstacle : regardez loin devant.
- **Soyez** résolu. Si le cheval sent votre hésitation, il hésitera lui aussi.
- **Les genoux** en étroit contact avec la selle, entretenez l'impulsion et gardez l'équilibre.
- **Ne vous** projetez pas en avant brutalement ; laissez-vous guider par le cheval.

1 UNE APPROCHE ÉQUILIBRÉE

Au début, abordez l'obstacle en position de saut. Quelques barres au sol disposées avant l'obstacle vous aideront à apprendre à conserver votre position.

2 ACCOMPAGNEZ LE CHEVAL

Ne vous inquiétez pas si vous n'arrivez pas à anticiper le moment de l'appel. Cela viendra avec la pratique. Soyez prêt à accompagner l'action du cheval.

3 RASSEYEZ-VOUS À LA RÉCEPTION

Redressez-vous à la réception en amortissant l'impact à travers vos genoux et vos chevilles. Ne forcez pas le mouvement pour ne pas vous rasseoir trop brutalement.

DÉVELOPPER LE SAUT

Une fois que vous maîtriserez l'enlever, le planer et la réception, vous commencerez à explorer l'abord des divers obstacles. Hauteur et forme les rendent plus ou moins faciles (au début, vous franchirez probablement des cavaletti, dont l'approche est facile à évaluer pour le cheval comme pour le cavalier). Modifier l'obstacle, par exemple en ajoutant une barre devant ou derrière, incite le cheval à engager plus encore son arrière-main et peut-être à prendre appel plus tôt.

CONSEIL TECHNIQUE

SENTIR LA FOULÉE

Avec l'expérience, vous serez capable de juger à quel moment le cheval prendra appel. Mais il vaut mieux apprendre à l'anticiper quelques foulées à l'avance ; laissez le cheval décider de l'appel et soyez prêt à l'accompagner.

1 ANTICIPEZ LE SAUT

La préparation est cruciale. Dirigez l'attention du cheval et concentrez vos efforts bien avant le saut. Conduisez le cheval et entretenez la puissance sans le presser. À quelques foulées de l'obstacle, essayez de garder un contact le plus léger possible avec les rênes.

LES CROISILLONS

C'est un excellent moyen de travailler votre équilibre et l'agilité du cheval (c'est pourquoi on parle aussi de gymnastique). Vous apprendrez ainsi à créer l'impulsion bien avant l'obstacle et à la maintenir tout le long du parcours. Celui-ci peut consister en un assortiment de barres au sol et d'obstacles séparés de plusieurs foulées ou d'un simple rebond. Vous devez amener le cheval « devant les jambes » avant d'entamer le parcours ; vous pouvez rester en position de saut sur toute la longueur ou bien vous rasseoir entre les obstacles.

1 REGARDEZ LOIN DEVANT

Veillez à garder le regard loin devant vous durant tout le parcours ; baisser les yeux vers les obstacles vous fera perdre votre élan.

2 PENCHEZ-VOUS EN AVANT
Gardez votre poids dans les talons et maintenez les jambes serrées contre les flancs du cheval pour assurer direction et puissance. Quand il décolle, placez-vous en suspension en avant et laissez vos mains accompagner sa tête. Le cheval pourra s'arrondir et franchir l'obstacle.

3 ENTRETENEZ L'IMPULSION
Lorsque l'arrière-main touche le sol et que le cheval entame sa sortie, maintenez le contact avec les rênes et entretenez l'impulsion pour l'aider à s'équilibrer. Fixez du regard un point situé à plusieurs mètres de l'obstacle, comme par exemple un repère auquel vous souhaitez vous arrêter.

2 RESTEZ CONCENTRÉ
Si une ou plusieurs foulées séparent les obstacles, vous pouvez vous rasseoir et utiliser votre assiette pour propulser le cheval et entretenir le rythme.

3 GARDEZ VOTRE POSITION
Pour un saut de puce (le cheval décolle juste après la réception), restez en position, les genoux en étroit contact avec la selle.

« FRANCHIR UN OBSTACLE À CHEVAL, C'EST TOUCHER AU BONHEUR. »

William Faulkner, écrivain (1897-1962)

LE CROSS-COUNTRY

Le terme de « cross-country » qualifie les parcours d'obstacles naturels et solides en pleine campagne ou dans un parc boisé. Le cross-country est un art qui exige certaines compétences et qui peut être très agréable pour le cavalier comme pour sa monture.

CHEVAUCHER DANS LA CAMPAGNE

Les obstacles de cross-country invitent le cheval à sauter d'instinct. Pleins et fixes, ils ne laissent qu'une faible marge d'erreur. Vous aurez besoin de courage et d'instinct pour apprécier pleinement cette discipline, mais vous devrez être conscient des risques et posséder beaucoup de technique pour monter dans les conditions les plus sûres possibles. Portez toujours un équipement de protection homologué et veillez à ce que votre sellerie soit en bon état.

LONGUEUR DES ÉTRIVIÈRES

Elles doivent être légèrement plus courtes que pour le saut normal. Vous aurez moins de problèmes à gérer la vitesse et le caractère accidenté du terrain.

CONSEIL TECHNIQUE

CHEVAUCHER EN PLEINE NATURE

Avant d'essayer le cross-country, entraînez-vous à chevaucher à un rythme soutenu à la campagne. Apprenez à garder l'assiette plus légère du galop pendant de longs moments et, si possible, entraînez-vous à sauter ailleurs qu'au manège. Même dans le cadre relativement supervisé d'un cours, le cross-country n'offre pas la sécurité d'un lieu clos, et vous devrez d'autant mieux savoir contrôler et diriger votre cheval (certains se montrent plus enjoués et plus puissants que d'ordinaire).

Cheval enjoué lors d'une leçon

ADAPTEZ VOTRE APPROCHE

Pour les sauts de cross-country, l'abord de l'obstacle est crucial. Il est souvent plus long et plus rapide que pour le saut normal, et les obstacles fixes réduisent la marge d'erreur. En cinq ou six foulées, le cheval doit être concentré et prêt à sauter. Maintenez votre assiette, entretenez le « moteur » du cheval grâce au contact des jambes et laissez-lui le soin de gérer le saut. Vous pencher en avant trop tôt risque de le déséquilibrer.

DES OBSTACLES PLEINS

Les obstacles de cross-country peuvent être plus intimidants car on ne peut voir à travers, mais leur contour est souvent doux. Leur forme cylindrique reflète l'arc que décrit le cheval quand il les franchit.

CONSEIL TECHNIQUE

LES CRAMPONS

Pour des sols glissants ou boueux, il est conseillé de fixer des crampons aux fers du cheval. On en trouve chez les selliers et le maréchal-ferrant devra poser des fers spéciaux dotés de trous dans lesquels vous visserez les crampons.

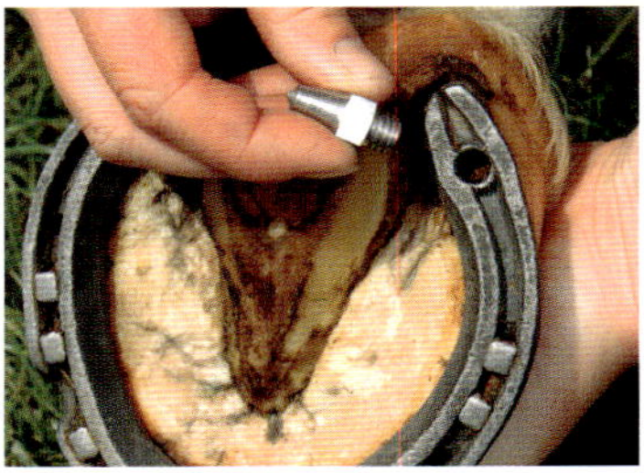

Visser un crampon

***Regardez** loin devant et accompagnez le mouvement en maintenant un léger contact avec les rênes*

***Le cheval** saura vite appréhender les obstacles pleins et lever les pieds correctement*

FRANCHIR UN PIANO
Cela exige les mêmes techniques que pour monter ou descendre une pente : penchez-vous en avant pour monter et redressez-vous dans la selle pour descendre.

MISE EN PRATIQUE

Une fois que vous maîtrisez le saut en espace clos, essayez-vous au « grand air ». Il peut s'agir d'obstacles naturels tels qu'une haie, des troncs et des ruisseaux. Certains chevaux sont plus difficiles à contrôler dans les espaces non fermés ; pour commencer, essayez de franchir des clôtures afin de passer d'un terrain à un autre sans que le cheval ne puisse contourner l'obstacle. Abordez des obstacles fermés d'un côté pour que le cheval n'ait pas à hésiter quant à la direction à prendre. Essayez ensuite un obstacle ouvert de part et d'autre ; le cheval risque d'être distrait et votre tâche consiste à le diriger. L'avantage d'un parcours d'entraînement est que vous pouvez éviter les obstacles qui vous semblent difficiles et vous concentrer sur le type d'obstacles qui vous pose problème ou auquel vous n'avez pas habituellement accès, tels les panoramiques, les pianos et les passages dans l'eau. Certains obstacles typiques du cross-country, comme les losanges, peuvent être reproduits pour le saut d'obstacles normal.

Si vous n'avez pas l'occasion de reconnaître le parcours, marchez autour avec votre monture et observez la configuration du terrain (l'obstacle peut cacher un fossé par exemple). Si le parcours n'est pas soumis à des règles spécifiques, vérifiez la profondeur des passages dans l'eau en les traversant au pas. Pour les parcours officiels, la profondeur de l'eau est réglementée et le fond ne doit pas être meuble.

LES PASSAGES DANS L'EAU
Commencez par les traverser au pas, puis au trot et au galop. Ensuite, ajoutez un obstacle à la sortie. N'essayez pas de sauter dans l'eau.

FRANCHIR DES LOSANGES
Avant de vous y essayer, vous et votre cheval devez posséder compétences et confiance car ils sont délicats à évaluer.

PROBLÈMES COURANTS

Quand un cheval ne répond pas aux aides, il y a souvent plusieurs raisons et solutions, selon le cheval, le cavalier et les circonstances. Voici une liste de problèmes et de solutions possibles mais, en pratique, d'autres facteurs peuvent être pris en considération, y compris une déficience physique chez le cheval.

PROBLÈMES D'ÉQUITATION

LE TRAVAIL SUR LE PLAT

PROBLÈME	CAUSE ÉVENTUELLE	SOLUTION PROPOSÉE
Le cheval ralentit ou n'avance pas quand on le lui demande.	Le cavalier tire trop sur une ou les deux rênes, empêchant le cheval d'avancer ; aide des jambes inefficace.	Relâchez suffisamment les rênes et serrez les deux jambes. Votre dos et votre assiette doivent être détendus pour ne pas entraver l'action.
Le cheval n'avance pas en ligne droite.	Le cavalier est penché ou regarde dans une autre direction ; l'aide des jambes n'est pas claire.	Tenez-vous bien droit et regardez droit devant ; visez un point éloigné si nécessaire. Employez des aides claires, les deux jambes à la sangle et les mains à la même hauteur.
Au lieu de tourner, le cheval fléchit l'encolure mais pas le corps et il reporte son poids sur son épaule extérieure.	Aides confuses ; mauvaise préparation ; le cavalier ne regarde pas dans la direction du tourner ; manque d'impulsion.	 Amorcez le tourner au bon moment, regardez dans la direction où vous voulez aller et appliquez des aides appropriées (voir p. 136-137). Entretenez l'impulsion. Au trot ou au galop, faites un demi-arrêt pour rééquilibrer le cheval avant de lui demander de tourner. **Amorcer un tourner**
Pour les cercles, le cheval ploie l'encolure plus que le corps et les cercles deviennent de plus en plus larges.	La rêne intérieure est trop tirée ; le cavalier se sert des rênes pour positionner la tête du cheval au lieu d'utiliser les jambes et le corps.	Cédez par à-coups la rêne intérieure pour inciter le cheval à détendre sa flexion et utilisez la rêne extérieure pour la réduire. Gardez la jambe intérieure à la sangle et la jambe extérieure juste derrière, pour contrôler l'arrière-main. Regardez dans la direction où vous voulez aller.
Tourners et cercles sont plus difficiles dans un sens que dans l'autre.	La plupart des chevaux sont moins à l'aise d'un certain côté, comme les hommes ; le problème vient de l'un de vous deux. Le cheval n'est peut-être pas assez échauffé.	Échauffez-vous bien avant tout travail ; faites avancer le cheval en sollicitant son arrière-main (cession à la jambe et contre-changements de main). Apprenez à apprécier les difficultés ; encouragez et félicitez votre cheval. Vérifiez que vous êtes bien détendu et équilibré.

PROBLÈMES D'ÉQUITATION

PROBLÈME	CAUSE ÉVENTUELLE	SOLUTION PROPOSÉE
Le cheval creuse le dos et lève la tête quand on lui demande de ralentir.  **Tête relevée**	Le cavalier tire trop sur les rênes.	Votre assiette et l'aide des jambes doivent être fermes pour amener le cheval à accepter l'injonction des mains. Alternez un contact ferme puis lâche pour que le cheval puisse utiliser son dos et son encolure.
Le cheval tend la tête en avant : le cavalier perd l'équilibre.	Le cavalier dépend trop des rênes pour garder l'équilibre ; son assiette n'est pas indépendante.	Apprenez à garder l'équilibre sans les rênes. Entraînez-vous dans un lieu encadré où votre enseignant peut vous donner en toute sécurité des exercices sans les rênes et/ou sans les étriers.
Le cheval ralentit ou se déplace trop obliquement dans la cession à la jambe.	Manque d'impulsion en avant et de clarté dans les aides ou aides obliques trop poussées.	Relâchez la rêne intérieure ; faites quelques foulées avant d'appliquer de nouveau les aides de la cession à la jambe.
Le cavalier s'impatiente et entre en conflit avec le cheval.	Le cheval a été troublé par des aides insuffisamment claires ; le cavalier était stressé avant de monter.	Avant de monter, inspirez profondément et libérez votre esprit de toute tension accumulée durant la journée. Les chevaux ressentent vos humeurs et les tensions de votre corps. Employez des aides claires que le cheval comprenne. Encouragez-le et récompensez-le pour ses efforts.

LE SAUT

PROBLÈME	CAUSE ÉVENTUELLE	SOLUTION PROPOSÉE
Le cheval se précipite sur l'obstacle et saute trop haut ou heurte la barre supérieure.	Mauvaise approche ; le cheval est trop pressé, peut-être à cause d'une mauvaise expérience précédente.	Travaillez une approche équilibrée et franche ; concentrez-vous sur le rythme et l'impulsion, pas sur la vitesse. Sautez au trot, voire au pas.
Le cheval ralentit à quelques mètres de l'obstacle et s'arrête ou le contourne.	Manque d'impulsion ; le cavalier regarde en bas ou n'utilise pas ses jambes ; cheval ou cavalier nerveux.	Baissez l'obstacle si nécessaire pour reprendre confiance. Travaillez l'abord et l'impulsion. Gardez les mains bien en place pour diriger le cheval en avant. Fixez un point par-delà l'obstacle.
Le cavalier relâche trop les rênes durant le saut et peine à reprendre le contrôle à la réception.	Le cavalier est en retard sur l'action ; ses mains sont trop figées et ne suivent pas l'extension de l'encolure du cheval.	Vos bras doivent accompagner l'encolure du cheval tout en maintenant un contact léger avec les rênes quand il s'étire au-dessus de l'obstacle. Les cavaletti sont utiles pour développer votre sens de l'équilibre (voir p. 190-191).  **Franchir un obstacle**
Le cavalier perd l'équilibre à la réception.	Le cavalier s'est penché trop en avant ; ses jambes ne sont pas assez solides ; il s'accroche avec les genoux.	Raccourcissez les étrivières et entraînez-vous sur le plat en position de saut. Poussez votre poids sur les talons pour que vos mollets ne partent pas en arrière. Accompagnez le mouvement plutôt que de vous projeter en avant.

LES SORTIES

Les sorties à la campagne sont sûrement l'un des passe-temps les plus relaxants. On peut parcourir beaucoup plus de kilomètres qu'à pied et profiter des paysages depuis le dos du cheval. Si vous êtes discret, vous aurez peut-être aussi un aperçu de la vie sauvage, les animaux craintifs ayant moins tendance à s'enfuir devant un cheval que devant un homme ou un chien.

PARTIR EN RANDONNÉE

Profiter de la campagne est l'un des principaux attraits de l'équitation. Vous mettrez en pratique les techniques de contrôle et de travail apprises au manège ; elles vous permettront de gérer les diverses situations que vous rencontrerez et de profiter au maximum de cette merveilleuse expérience.

LE COMPORTEMENT PROBABLE DU CHEVAL

La campagne est un univers rempli de surprises : de l'herbe fraîche, de grands espaces et la compagnie d'autres chevaux. Les chevaux aiment les randonnées et peuvent se montrer assez enjoués. Un centre responsable ne vous laissera pas sortir tant que vous n'êtes pas prêt, ni sur un cheval qui ne vous convient pas. N'oubliez pas de vous concentrer sur votre conduite pendant que vous admirez le paysage !

SOYEZ PRUDENT
Profitez de votre sortie, conduisez prudemment et gardez le contrôle du cheval.

CONSEIL TECHNIQUE

MONTER ET DESCENDRE UNE COLLINE

Une pente raide est éprouvante à gravir et le cheval aura peut-être envie de trotter, voire de sauter. Allégez votre assiette, répartissez votre poids vers l'avant, et serrez les jambes contre ses flancs pour entretenir élan et équilibre. Descendez les côtes raides au pas. Redressez-vous dans la selle ou penchez-vous légèrement en arrière pour ne pas porter sur l'avant-main. Poussez votre poids dans les talons et ne laissez pas vos mollets glisser.

Penchez-vous en avant pour gravir une côte

Penchez-vous en arrière pour descendre une pente raide

RESTER CALME

Si le cheval s'emballe et refuse de s'arrêter, restez calme et essayez de le rassembler comme vous l'avez appris au manège. Une ferme tension des rênes est importante mais certains chevaux peuvent réagir en tirant plus fort ; soyez donc prêt à relâcher et reprendre une ou deux rênes. Confortez votre assiette et l'aide des jambes et ne vous inclinez pas en avant, car cela l'inciterait à accélérer. Si l'espace le permet, décrivez un cercle. Calmez votre cheval à l'aide de la voix et regagnez son attention, surtout s'il s'est emballé à cause d'une frayeur.

CHEVAL EFFRAYÉ

Si vous approchez d'un élément perturbateur (carrefour, détritus qui volètent ou jardinier derrière sa haie), ne vous attardez pas. Maintenez les jambes contre les flancs du cheval, regardez devant vous et avancez !

À FAIRE ET NE PAS FAIRE

- **Couchez-vous** sur l'encolure pour passer sous des branches basses. Maintenez l'aide des jambes et le contact avec les rênes. Regardez devant vous. Si vous ne pouvez contourner ou passer sous un obstacle, descendez de cheval et menez-le.
- **Conduisez** bien votre cheval lorsque vous devez emprunter des sentiers étroits bordés d'arbres.
- **Mettez** pied à terre pour traverser des ponts étroits, glissants ou trop hauts.
- **Pour les passages** dans l'eau, gardez votre équilibre et faites-le avancer prudemment mais franchement, surtout s'il essaie de s'arrêter et de faire des éclaboussures avec un antérieur.

Cheval s'éclaboussant d'eau

OUVRIR ET FERMER UNE BARRIÈRE

Vous aurez certainement l'occasion d'ouvrir et de fermer une barrière à cheval, que vous soyez en randonnée ou que vous vous rendiez au manège. Même si le cheval répond aux aides latérales et sait tourner sur les hanches et les épaules, les barrières sont un excellent moyen de pratiquer ces exercices ailleurs qu'au centre équestre.

1 **PARALLÈLE À LA BARRIÈRE** Approchez de la barrière au pas et amenez le cheval parallèlement à elle, devant l'ouverture. Prenez les rênes dans la main extérieure puis penchez-vous pour défaire la fermeture de l'autre main.

2 **OUVREZ GRAND LA BARRIÈRE** Faites tourner le cheval avec la jambe appropriée à mesure que vous ouvrez la barrière, sans en lâcher la fermeture. Veillez à ce que la barrière ne touche pas le cheval.

3 **PASSEZ** Une fois la barrière suffisamment ouverte, passez de l'autre côté (ni vos jambes ni votre sellerie ne doivent toucher). Si vous avez un doute, descendez et passez en menant votre monture.

4 **RETENEZ LA BARRIÈRE** Si la barrière est lourde ou risque de se refermer toute seule, il est plus facile de la retenir pendant que vous passez, à condition qu'il y ait assez de place et que votre cheval se laisse diriger aisément.

5 FAITES DEMI-TOUR

Faites demi-tour en utilisant l'aide des mains et des jambes et ramenez le cheval parallèlement à la barrière. Attrapez-la et refermez-la.

6 ÉCARTEZ-VOUS

Déplacez le cheval de côté en prenant soin de ne pas toucher ses jambes. Veillez toujours à ce que les rênes ou la martingale ne restent pas accrochées.

7 FERMEZ LA BARRIÈRE

Replacez la fermeture correctement, écartez-vous prudemment de la barrière et repartez au pas ; ne laissez pas le cheval prendre l'habitude de s'éloigner rapidement.

ASTUCES DE CAVALIERS

- **Exercez-vous** avant de partir en randonnée pour ne pas être pris au dépourvu.
- **Soyez sûr** de savoir descendre et remonter seul en selle au cas où vous devriez passer une barrière en menant votre cheval.
- **Si vous** devez ouvrir une barrière, refermez-la toujours.
- **Si une barrière** est déjà ouverte, essayer de discerner si c'est intentionnel ; sinon, il vaut mieux la refermer.

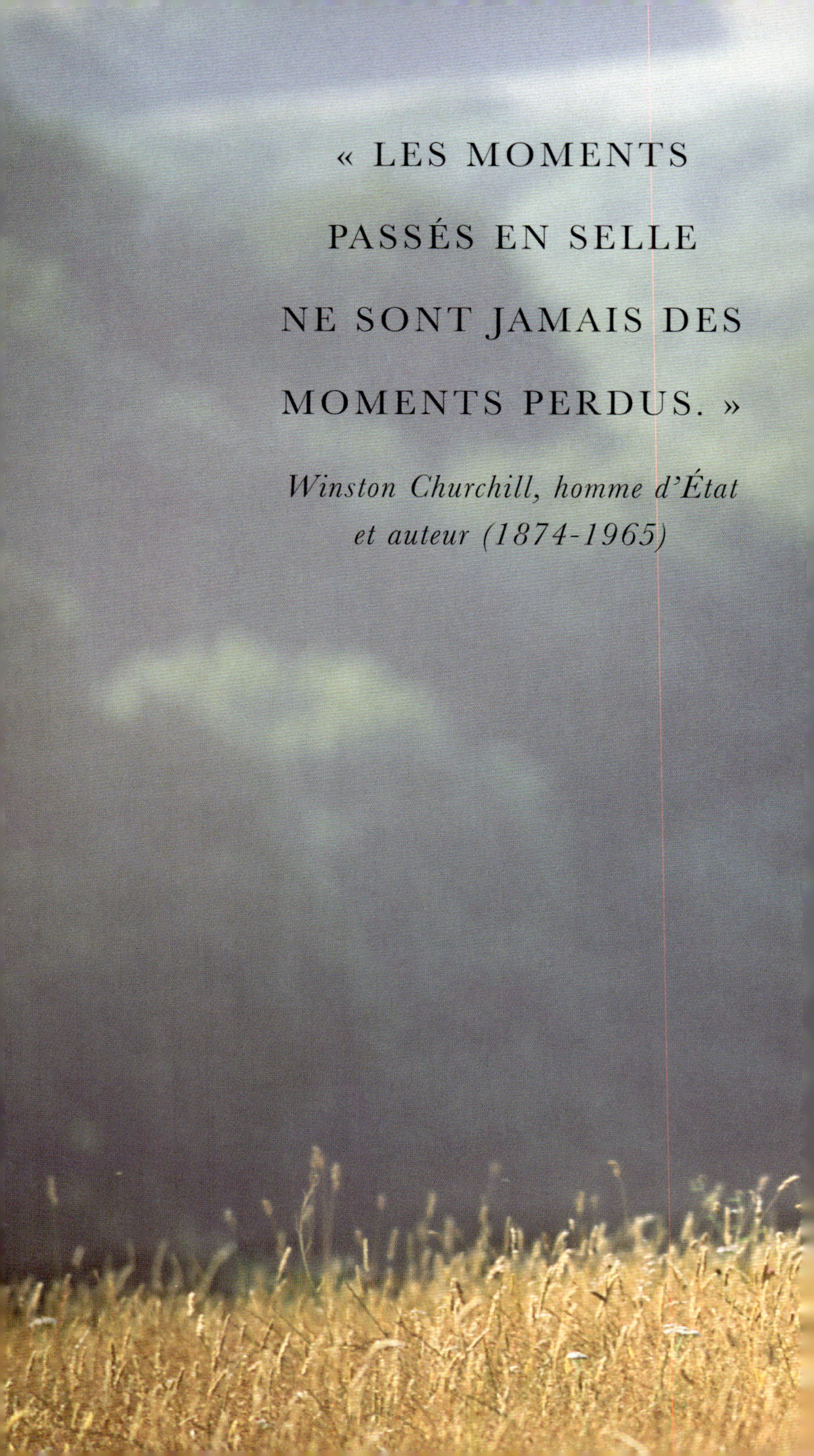

« LES MOMENTS PASSÉS EN SELLE NE SONT JAMAIS DES MOMENTS PERDUS. »

Winston Churchill, homme d'État et auteur (1874-1965)

SÉCURITÉ ET BIENSÉANCE

La randonnée est très agréable, mais c'est aussi une responsabilité qu'il ne faut pas prendre à la légère. Les chevaux peuvent se laisser distraire par la nouveauté et il est crucial de garder le contrôle. Certaines précautions sont à prendre avant et durant une sortie pour réduire les risques et susciter la bienveillance des autres promeneurs et usagers de la route.

ASTUCES DE CAVALIERS

- **Le cheval** doit avoir l'habitude des randonnées et correspondre à votre niveau de compétences.
- **Vérifiez** le bon état de votre sellerie.
- **Prévenez** quelqu'un de votre sortie et de sa durée.
- **Emportez** un téléphone et le numéro de votre écurie et de votre vétérinaire.
- **Partez** accompagné si possible (toujours, si vous êtes débutant).

SUR LA ROUTE

Malheureusement, la majorité des cavaliers doivent emprunter les routes pour rejoindre les pistes cavalières, et la plus tranquille des routes de campagne constitue un danger potentiel pour les chevaux. Les conducteurs ne se

***Portez** une bombe bien ajustée. Dans certains pays, il est interdit de partir sur la route à cheval sans bombe*

***Envoyez** des signaux clairs au bon moment*

TOURNER À DROITE OU À GAUCHE

Tendez le bras pour indiquer si vous tournez à droite ou à gauche. Avertissez convenablement les conducteurs et essayez de croiser leur regard.

REMERCIER

Remerciez les conducteurs qui font preuve de courtoisie avec un geste de la main. S'il est dangereux de lâcher une rêne, souriez et hochez la tête.

rendent pas toujours compte du fait que même si un cheval n'a pas peur des véhicules, il pourrait être effrayé par d'autres facteurs tel le bruit d'une tondeuse derrière une haie. Le cavalier doit donc non seulement être en parfait contrôle de sa monture, mais aussi à l'affût de tout se qui se passe autour. Prenez en compte l'état des routes, parfois verglacées ou glissantes. Virages et chaussées lisses sont souvent glissants : abordez-les avec prudence, au pas de préférence.

On devrait toujours marcher en file indienne sur le bas-côté et rester aussi près que possible (distance de sécurité) du cheval qui est devant soi. Si vous êtes très nombreux, formez plusieurs petits groupes pour laisser les voitures vous dépasser.

LES RENCONTRES

Il est probable que vous rencontriez des promeneurs sur les pistes cavalières. Dépassez-les au pas en leur laissant le plus de place possible. Remerciez les gens qui s'écartent du chemin ou retiennent leur chien. Traitez les autres cavaliers avec respect. Prévenez si vous arrivez derrière un autre cavalier ; si vous voulez le dépasser, assurez-vous qu'il n'y voit pas d'objection et laissez une distance raisonnable entre vous avant d'accélérer.

RESTEZ VISIBLE EN CAS DE FAIBLE LUMINOSITÉ
Il existe une panoplie de vêtements réfléchissants, des vestes aux toques et des bandes réfléchissantes aux fourreaux de queue.

LES TERRAINS DIFFICILES
Passez lentement sur les terrains accidentés, encombrés ou boueux. Une boue profonde peut cacher fondrières et grosses racines. Laissez le cheval observer le sol.

ÊTRE VISIBLE TOUT LE TEMPS
Il est conseillé de porter un vêtement très visible comme un simple gilet jaune fluorescent.

RÉCAPITULATIF

RANDONNÉE À LA CAMPAGNE

- **Restez** sur les pistes cavalières ; longez les champs et ne piétinez jamais les cultures.
- **Faites attention** aux nids d'oiseaux logés dans les haies, fragiles à certaines périodes de l'année.
- **Dépassez** le bétail au pas.
- **Refermez** les barrières derrière vous.
- **Respectez** la vie privée des gens ; essayez d'être discret lorsque vous passez près des maisons et des jardins.

GÉRER LES PROBLÈMES

Nous espérons tous que rien ne se produira lors d'une randonnée. La plupart des problèmes rencontrés sont minimes et n'exigent rien de plus que de rentrer au pas ou en main, mais que peut-il arriver exactement et comment se comporter ? Quelques connaissances et une bonne dose de bon sens s'avéreront précieux en de pareils moments.

UN FER MAL FIXÉ OU PERDU

Un fer qui bouge lors d'une randonnée ne cause guère trop de problèmes. N'allez pas trop vite et signalez-le à votre retour. Si un fer se détache tout seul et que le pied n'est pas abîmé, le cheval sera probablement capable de rentrer au pas. Par contre, si le fer dériveté a abîmé le sabot, le cheval peut en souffrir.

UN BOITEMENT SOUDAIN

Si le cheval se met soudain à boiter et que le terrain est semé de cailloux, mettez pied à terre, croisez les étrivières sur la selle et examinez ses pieds antérieurs. Vous n'arriverez peut-être pas à inspecter ses postérieurs, sauf si quelqu'un tient le cheval pour vous (ne lâchez jamais les rênes). Votre seule option pourrait être de rentrer avec le cheval en main.

Les pieds d'un cheval sont toujours susceptibles d'être percés par un clou ou tout autre objet pointu. Cela le fera boiter et peut s'aggraver, même si la cause n'est pas évidente immédiatement, surtout si le terrain ou le sabot est boueux. Si le cheval souffre en marchant, vous n'avez pas d'autre choix que de téléphoner pour qu'on vienne vous chercher. Indiquez clairement votre emplacement.

UN PROBLÈME DE SELLERIE

Si une étrivière se rompt, il y a de grandes chances pour que vous puissiez

tout de même rentrer tranquillement. En revanche, si toute autre partie de la sellerie se rompt, le problème est plus grave. Une sangle cassée vous obligera à rentrer en menant le cheval et en tenant la selle sur son dos. Remontez les étriers et attachez la sangle pour qu'elle ne claque pas contre le ventre du cheval.

Une rêne cassée peut être nouée si la coupure se situe près de la boucle et si vous pouvez tenir les deux rênes, mais si elle est ailleurs, descendez de cheval pour le mener. Si une partie du filet lâche (autre que la muserolle), vous n'exercez plus aucun contrôle sur le cheval. Un morceau de ficelle peut vous permettre une réparation provisoire suffisante pour rentrer mais en aucun cas ne poursuivez votre promenade. Si vous êtes trop loin pour rentrer ou si vous devez emprunter une route chargée, téléphonez pour qu'on vienne vous aider.

MENER À CHEVAL
Cela ne peut être fait que par un cavalier compétent. Faites passer les rênes par-dessus sa tête et tenez fermement la boucle dans la main qui est de son côté.

RENTRER AU PAS
Si le cheval court un risque en étant mené seul pour rentrer, un cavalier doit marcher au pas à son côté.

UNE CHUTE

Faites votre possible pour ne pas lâcher les rênes. De multiples raisons peuvent pousser le cheval à s'enfuir (peur ou désobéissance), courant ainsi le risque d'un grave accident. Avec un peu de chance, vous pourrez remonter en selle, même si vous devez écourter la promenade et rentrer. Si un cavalier reste inconscient après une chute, il doit être mis en position latérale de sécurité. Même s'il souffre d'une blessure au dos, votre priorité est de lui sauver la vie ; posséder des notions de premiers secours reste inestimable. Sécurisez le mieux possible son environnement et appelez à l'aide. Si le cavalier s'est cogné la tête, ne retirez pas sa bombe, surtout s'il est inconscient, car cela risquerait d'aggraver la blessure.

Air Ride

L'ÉQUITATION WESTERN

LE STYLE WESTERN

L'équitation western s'est développée dans les ranchs de l'Ouest américain, influencée par le style des conquistadores espagnols. Chevaucher sur une selle western peut certainement vous procurer la sensation d'être un véritable cow-boy, mais l'équitation western moderne n'est pas seulement une façon confortable de parcourir les prairies ; c'est un sport de compétition aux multiples disciplines, pratiqué dans le monde entier.

EFFICACE ET SÛRE

Chevaucher un cheval western parfaitement dressé peut se comparer à conduire une voiture de sport. Elle offre du répondant, elle est fiable, silencieuse et puissante. L'équipe formée par le cavalier et sa monture garantit une monte confortable et détendue.

Chaque aspect de l'équitation western dérive de la nécessité d'être efficace et à l'aise. Ayant besoin d'une main libre pour le lasso, les cow-boys développèrent la technique de la « rêne d'appui » : le cheval est guidé d'une seule main qui applique le contact directement sur l'encolure. Le cow-boy pouvait ainsi manier le lasso mais aussi ouvrir une barrière, faire claquer un fouet et exécuter d'autres tâches inhérentes au travail du ranch.

RÊNE D'APPUI
Cette cavalière bouge la main vers la gauche pour demander au cheval de tourner.

L'ÉQUITATION WESTERN

La sellerie est ce qui distingue le mieux l'équitation western de l'équitation anglaise. Mais il existe d'autres différences. En équitation anglaise, le contact avec le mors est constant, mais en équitation western, le contact se fait de façon très fine. Le cheval est dressé pour sentir la moindre altération du mors dans sa bouche ; grâce aux aides naturelles du cavalier (l'assiette, les jambes et les mains), le cheval reste sur le mors et réagit instantanément. Chaque style d'équitation requiert un dressage particulier et un cheval western ne peut être monté de façon classique pas plus qu'un cheval d'équitation anglaise ne peut

être monté selon le style western. Les deux montes diffèrent par quelques aspects. Le cavalier western se tient naturellement droit pour le pas, le jog et le lope, mais la position des jambes est plus longue, ce qui approfondit son assiette. Généralement, quand le cheval est monté avec un mors de bride (voir p. 77), les rênes sont tenues d'une main tandis que l'autre repose sur ou derrière la cuisse du cavalier.

Nombre de cavaliers pensent à tort que le cheval est contrôlé par la bouche, alors que le cavalier s'efforce de contrôler l'avant-main autant que l'arrière-main. Savoir diriger et relever l'avant-main du cheval rend celui-ci plus réceptif et renforce l'influence du cavalier. S'il sollicite les hanches du cheval, il disposera d'une foulée énergique qu'il pourra allonger ou rassembler à son gré.

UN ATTRAIT MONDIAL

Ce qui était jadis une tradition purement américaine est aujourd'hui en pleine expansion à travers le monde. Ses fondements pratiques ont été affinés et adaptés, mais l'équitation western reste basée sur la fonctionnalité et la simplicité.

Elle se pratique aussi en compétition, dont les épreuves sont multiples. Dans certaines classes, on juge les compétences du cavalier ; dans d'autres, l'éducation du cheval. Dans d'autres encore, on met à l'épreuve l'agilité et l'obéissance du cheval ou bien cheval et cavalier se lancent dans une épreuve de vitesse au cours de « gymkhanas ».

Ces compétitions ne sont pas organisées uniquement aux États-Unis. En Europe, les cavaliers sont de plus en plus nombreux à se mettre à l'équitation western et concourent au niveau régional mais aussi international, les compétitions ayant lieu dans le monde entier. Les pays de l'hémisphère sud tels que le Brésil, l'Afrique du Sud et l'Australie forment des cavaliers western de niveau mondial.

Et pour ce qui est du trail, les cavaliers western « prennent la piste » dans des endroits de plus en plus lointains. Les organisateurs de circuits internationaux proposent souvent l'équitation western pour les voyages à cheval ; le confort est un attrait indéniable pour les novices.

AU RANCH
L'équitation western est née de la nécessité d'attraper le bétail au lasso.

PREMIÈRES LEÇONS

L'équitation western est basée sur l'harmonie. Prenez le temps de maîtriser les fondements tels qu'une assiette correcte ou marcher au pas avec un bon équilibre ; votre cheval s'exécutera d'autant mieux lorsque vous passerez aux allures plus rapides. Vous pourrez vous appuyer sur ces compétences élémentaires pour accomplir les tâches les plus compliquées.

SE METTRE EN SELLE

La plupart des chevaux western, tels que le Quarter Horse américain, ne sont pas aussi grands que leurs homologues anglais, ce que les débutants apprécieront pour se mettre en selle. Ne pas inquiéter le cheval reste néanmoins tout aussi important et il vous faudra apprendre à monter avec calme et douceur.

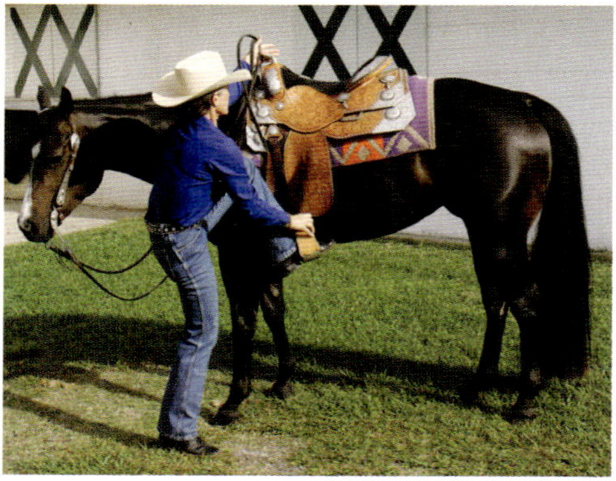

1 FACE À L'ARRIÈRE-MAIN Placez-vous toujours du côté gauche. Tournez-vous vers les hanches du cheval, tenez les rênes dans la main gauche et appuyez-la sur le pommeau de la selle. Tournez l'étrier vers vous et posez-y la plante du pied.

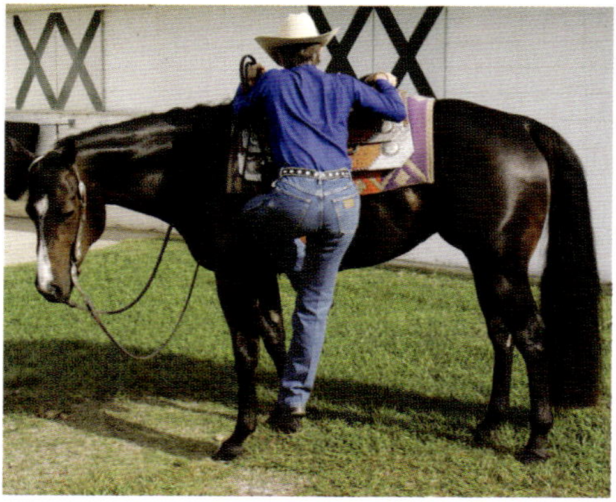

2 TRANSFÉREZ VOTRE POIDS Posez la main droite sur le troussequin et, d'une petite détente du pied droit, sautez en prenant appui sur l'étrier gauche pour vous hisser.

EN PRATIQUE

MONTER AUTREMENT
Certains cavaliers tiennent les rênes et le garrot dans la main gauche, la corne dans la droite et se tournent vers l'avant-main du cheval. Certains trouvent cette méthode inconfortable ; à vous de décider laquelle vous convient.

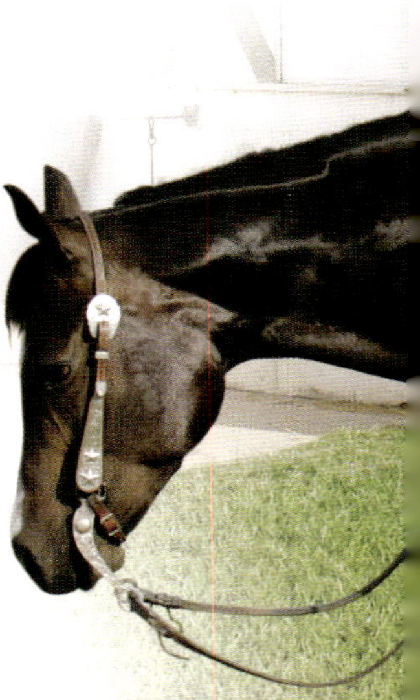

3 PASSEZ LA JAMBE Penchez-vous légèrement au-dessus du cheval tandis que vous passez la jambe droite par-dessus sa croupe. N'oubliez pas de lâcher le troussequin et évitez de heurter le cheval.

4 INSTALLEZ-VOUS
Asseyez-vous confortablement sans vous laisser retomber brutalement sur la selle. Tournez la pointe de votre pied droit pour trouver l'étrier et chaussez-le confortablement.

Efforcez-vous, *pour vous mettre en selle, de faire un seul mouvement continu*

Levez *la jambe bien au-dessus de la croupe du cheval*

TENIR LES RÊNES

Vous pouvez tenir les rênes de différentes manières, selon le mors du cheval ou son degré de dressage. Avec un mors de filet, le cavalier utilisera toujours ses deux mains, mais avec un mors de bride, le cavalier n'utilise souvent qu'une main, parfois deux pour une séance de travail.

LES RÊNES ET LE MORS DE FILET

Les rênes attachées à un bridon avec mors de filet sont ouvertes. Vous pouvez les tenir croisées ou en pont, les mains écartées d'environ 10 cm. Avoir les deux mains sur les rênes vous permet d'en ajuster facilement la longueur. Un cheval qui porte un mors de filet réagit à la pression appliquée directement sur sa bouche. Le cavalier doit donc être capable d'utiliser ses mains de façon indépendante.

RÊNES CROISÉES

Avec un mors de filet, vous pouvez croiser les rênes sur l'encolure du cheval. L'extrémité gauche doit pendre du côté droit et l'extrémité droite, du côté gauche.

RÊNES EN PONT

Formez un pont en regroupant les rênes en une boucle lâche. Posez le pouce sous les rênes, de part et d'autre de l'encolure du cheval, et enveloppez-les de vos doigts.

LE ROMAL

Les rênes californiennes, originaires des *vaqueros*, sont fermées et se prolongent par une lanière de cuir qui peut servir de cravache, appelée *romal*. Le cavalier tient les rênes avec la main gauche juste sous le nœud et la droite sur le *romal*, à hauteur de la mi-cuisse.

LE ROMAL

Ne laissez jamais pendre le *romal*. Il mesure généralement un mètre de long et pourrait se prendre dans les jambes du cheval.

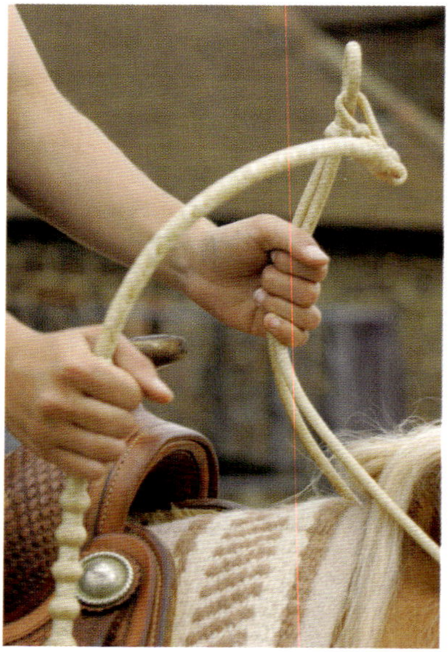

TENIR UN ROMAL

Prenez chaque rêne dans une main, pouce vers le haut, à environ 40 cm d'écart. Baissez la main droite pour un maintien détendu.

LES RÊNES DU MORS DE BRIDE

Les rênes d'un bridon avec mors de bride sont ouvertes. Un mors de bride peut blesser le cheval ; le cavalier doit donc être précautionneux et se servir des rênes aussi finement que possible. Le mors peut être plus ou moins efficace selon la position des mains du cavalier et la longueur des rênes. Il est donc capital de les tenir correctement.

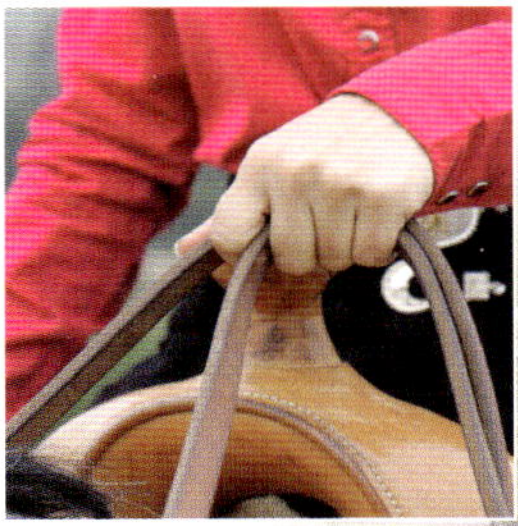

L'INDEX AU MILIEU

Tenez les rênes dans la main gauche, séparées par votre index. Vos phalanges doivent être légèrement tournées vers vous.

LE POING LÂCHE

Les rênes ouvertes peuvent aussi être tenues d'une main souple, le pouce au-dessus pour empêcher les rênes de glisser.

LONGUEUR DES RÊNES

Les rênes doivent former une boucle de vos mains à la bouche du cheval. Le contact doit être aussi léger que possible.

***La main** qui tient les rênes doit être souple et détendue, près de la corne de la selle*

***Tenez** les rênes lâches pour que le contact avec la bouche ne soit pas constant*

À FAIRE ET NE PAS FAIRE

- **Si vous tenez** les rênes d'une main, celle-ci doit être légèrement devant et au-dessus de la corne.
- **Ne tenez pas** votre main trop loin devant la corne et le garrot. C'est une position inconfortable et forcée.
- **Ne tenez pas** votre main trop en arrière de la corne, vous ne pourriez plus la reculer et cela nuirait à l'efficacité de vos aides.

Main trop avancée

Main trop reculée

L'ASSIETTE WESTERN

Les aides western sont très similaires aux aides classiques. Comme pour tout type d'équitation, une bonne posture est capitale pour assurer équilibre et performances. Votre équilibre devrait toujours sembler naturel, quelle que soit l'allure du cheval ou le mouvement qu'il exécute.

UNE ASSIETTE CORRECTE

L'assiette est correcte si l'on peut tracer une ligne droite de l'oreille au talon, en passant par l'épaule et la hanche. Le dos ne doit être ni cambré ni voûté et le cavalier doit se grandir dans la selle pour une posture élégante. Les bras sont détendus et pendent naturellement, le coude près des côtes. Hors compétition, vous pouvez tenir votre main libre comme bon vous semble, posée sur la cuisse ou librement, dans le vide.

POSTURE ET AIDES

L'assiette western est aussi importante qu'en équitation classique. Elle doit être encore plus enfoncée, les hanches étant bien écartées pour permettre une meilleure assise. Vous utiliserez souvent transferts de poids, maintien de votre équilibre et demi-arrêts. Si votre posture est mauvaise, vous serez dans la quasi incapacité d'appliquer les aides nécessaires.

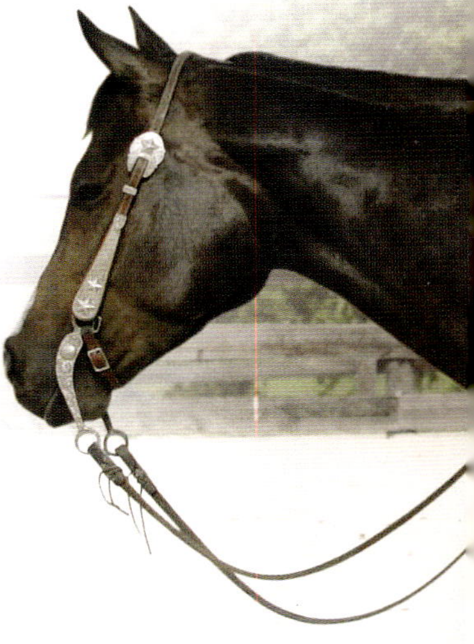

CONSEIL TECHNIQUE

LA LONGUEUR DES ÉTRIVIÈRES

La longueur des étrivières affecte votre assiette. Si vous avez l'impression de tendre la jambe pour chausser l'étrier ou si vous êtes assis comme sur une chaise car les étrivières sont trop courtes, il faut les ajuster. Travaillez votre équilibre naturel pour trouver votre centre de gravité et ne restez pas dans une position forcée simplement parce qu'elle a l'air correcte.

À FAIRE ET NE PAS FAIRE

- **Votre assiette** doit être naturelle et confortable.
- **Ne vous** cambrez pas. Vous seriez trop raide pour dire au cheval ce que vous voulez et faire jouer votre assiette vous serait presque impossible.
- **Ne vous** penchez pas en arrière. Votre centre de gravité serait derrière celui du cheval. Le contact entre vos mollets et adducteurs et les flancs du cheval serait insuffisant.

Cavalière cambrée

Cavalière penchée en arrière

ASTUCE DE CAVALIERS

LA POSITION DES JAMBES

Pour des aides efficaces, pressez les genoux et les cuisses contre la selle. Le contact direct entre les mollets et le cheval doit être léger.

Position des jambes efficace

LE PAS

Même si c'est l'allure la plus lente, le cheval doit néanmoins l'exécuter avec énergie, sans se presser. Un cheval énergique est plus maniable et mieux contrôlable, quelle que soit son allure. Gardez à l'esprit que l'impulsion est ce qui génère l'énergie.

1 AVANCEZ
Pressez de façon répétée les flancs du cheval avec vos mollets (ou les talons si le cheval ne répond pas). Le cheval doit se mettre en mouvement sur-le-champ, en levant un pied après l'autre.

La main *qui tient les rênes accompagne le mouvement de la tête du cheval*

Asseyez-vous *bien droit, le dos bien plat*

Votre assiette *doit accompagner naturellement l'action du cheval*

Si le cheval *est trop lent, pressez ses flancs avec vos talons*

ASTUCE DE CAVALIERS

Si vous roulez à 10 km/h et passez au point mort, vous aurez beaucoup de mal à prendre un virage, car la voiture manque d'élan et de puissance, limitant la direction. Il en va de même pour les chevaux. Leur énergie intérieure, fournie par l'arrière-main, leur donne l'impulsion nécessaire pour répondre à vos aides.

2 MARCHEZ Activez le cheval en appliquant plusieurs petites pressions des jambes. Celles-ci ne doivent pas être constantes car cela le désensibiliserait.

***Les oreilles** du cheval sont alignées au niveau du garrot*

***De profil,** la tête du cheval doit être presque à la verticale pour être sur le mors, prêt à répondre aux aides des rênes*

ERREURS ET CORRECTIONS

ERREUR	CORRECTION
Le cheval hésite entre le trot et le pas	Levez les mains pour amener le cheval sur le mors et rabaissez-les sur son encolure dès qu'il est passé au pas. Enfoncez-vous bien dans la selle et ne vous penchez pas en avant (le déplacement de votre centre de gravité inciterait le cheval à accélérer).
Derrière le mors (le museau est en arrière de la verticale)	Tenez votre main au-dessus de la corne de la selle et donnez de légers coups de talons en rythme avec le pas du cheval pour l'inciter à marcher plus énergiquement.
Trop de poids sur l'avant-main	Redressez l'épaule du cheval en lui faisant décrire un cercle et, jambe intérieure à la sangle et jambe extérieure à 8 cm derrière la sangle, appliquez un léger contact avec les rênes. Le cheval ploiera au niveau de la nuque et engagera son arrière-main de sorte que ses antérieurs viennent sous son ventre. Ainsi, son poids se déplacera vers l'arrière.

DU PAS À L'ARRÊT

La qualité de l'arrêt est importante car elle montre le niveau d'éducation du cheval et sa promptitude à répondre aux aides. Tirer sur les rênes peut entraîner l'arrêt du cheval, mais ce ne sera pas très esthétique. Le cheval doit rester relaxé quand il s'arrête.

1 **PRÉPARATION** Avant l'arrêt, reportez votre poids en arrière de la selle et au fond des étriers. Votre assiette doit être bien enfoncée.

ASTUCE DE CAVALIERS

■ **Si le cheval** refuse de s'arrêter, dites « whoa » et servez-vous de la barrière du manège comme d'une limite. S'il résiste, utilisez une rêne pour ployer son encolure vers votre jambe. Il sera obligé de décrire un cercle serré et de s'arrêter.

EN UN COUP D'ŒIL

DU PAS À L'ARRÊT

Le cavalier reporte son assiette vers l'arrière-main et son poids sur les étriers cesse de suivre l'action du cheval et tend légèrement les rênes. Il les relâche dès que le cheval se tient immobile.

2 L'ARRÊT

Votre assiette ne suit plus l'action du cheval. Grandissez-vous dans la selle et imprimez une légère résistance aux rênes. Le cheval doit s'arrêter et se tenir bien d'aplomb sur ses quatre membres.

3 RELÂCHEZ LE CONTACT

Dès que le cheval s'arrête, relâchez les rênes pour interrompre le contact. Le cheval comprendra qu'il a bien agi.

LES RÊNES D'APPUI

Le cheval western est dressé pour réagir aux aides les plus subtiles, avec une rêne lâche. Ne l'oubliez pas lorsque vous le monterez. Vous aurez peut-être du mal à vous y habituer, car le premier réflexe d'un cavalier mal à l'aise est de tirer sur les rênes, malmenant la tête de sa monture.

La jambe *intérieure reste passive*

1 ENTAMEZ LE TOURNER
Tenez la main juste devant et au-dessus de la corne de la selle puis dirigez-la de côté, dans la direction où vous voulez tourner, sans la relâcher. Si vous tournez à droite, déplacez votre main d'environ 5 à 8 cm vers la droite.

***Déplacez** votre main vers la droite pour que la rêne gauche entre en contact avec l'encolure du cheval, ce qui l'incitera à tourner à droite*

ASTUCES DE CAVALIERS

- **Si le cheval** tourne la tête de l'autre côté, renforcez l'aide des rênes et n'oubliez pas de presser la jambe extérieure contre son flanc.
- **Si le cheval** tire régulièrement dans le sens inverse des aides, tendez légèrement les rênes et imprimez une courte résistance pour l'aider à se concentrer.

EN UN COUP D'ŒIL

LE TOURNER
La cavalière déplace ses mains au-dessus de l'encolure pour rester en contact avec les rênes. Sa jambe extérieure imprime une pression et sa jambe intérieure cède légèrement. Elle tourne la tête dans la direction qu'elle veut emprunter.

2 ENTRETENEZ LE MOUVEMENT

La rêne extérieure entre en contact avec l'encolure du cheval qui devrait chercher à s'y soustraire. Entretenez son mouvement en pressant votre jambe extérieure. Si le cheval ne répond pas, ajoutez une pression du talon.

EN PRATIQUE

LE MORS DE FILET

Utilisez vos deux mains pour guider un cheval qui porte un mors de filet (voir p. 220) et imprimez une tension directe des rênes. La tension de la rêne droite incite le cheval à tourner à droite et inversement. Vos mains ne doivent pas être espacées de plus de 10 cm et vous ne devez pas tirer brutalement sur les rênes. Adoucissez le contact en bougeant les rênes avec votre petit doigt.

METTRE PIED À TERRE

Quand vous avez fini de travailler, il est temps de mettre pied à terre, de desseller, de panser votre cheval et de le laisser se reposer. Descendre de cheval n'est pas difficile, mais un peu délicat au début. Gardez bien les rênes dans la main droite pour que le cheval ne s'éloigne pas.

1 **DÉCHAUSSEZ** Reportez votre poids dans l'étrier gauche et déchaussez l'étrier droit. Attrapez la corne de la selle dans la main droite.

2 **LEVEZ LA JAMBE DROITE** Penchez-vous en avant pour ne pas tomber. Levez la jambe droite vers l'arrière sans faire bouger la selle.

3 **PASSEZ LA JAMBE DROITE** Faites passer votre jambe droite par-dessus la croupe du cheval sans toucher l'arrière-main ni le troussequin.

4 **METTEZ PIED À TERRE** Posez le pied droit au sol, à une certaine distance du cheval pour que votre jambe gauche ne soit pas trop pliée.

5 AU SOL

Enfin, déchaussez l'étrier gauche et tenez-vous bien droit à côté du cheval. Vous pouvez alors faire passer les rênes par-dessus son encolure pour le mener.

À FAIRE ET NE PAS FAIRE

- **Déchaussez** rapidement l'étrier gauche. Si le cheval prenait peur et s'enfuyait avec votre pied toujours dans l'étrier, il pourrait vous traîner derrière lui.
- **Veillez** à ne pas heurter le cheval avec votre pied gauche lorsque vous déchaussez.

ASTUCE DE CAVALIERS

- **Si vous préférez,** vous pouvez mettre les deux pieds à terre simultanément. Faites passer la jambe droite pour qu'elle soit près de l'autre, comme si vous vous teniez debout. Main droite sur le troussequin, déchaussez l'étrier gauche et laissez-vous glisser à terre, les rênes toujours dans la main gauche.

PROGRESSER

Le cheval western évolue à un rythme délié et tranquille. Si les allures peuvent sembler manquer de vitesse, c'est parce que le cheval doit être agréable à monter, nécessitant le moins d'aides possible. Un cheval western est dressé pour avancer à un pas tranquille et mesuré, mais ses allures ne doivent cependant pas manquer d'impulsion.

LE JOG

Le trot et le jog sont très similaires ; les membres du cheval se déplacent par paires diagonales, mais le jog est une allure plus rassemblée. Le rythme est le même, mais le jog couvre moins de terrain. Il a été créé car le trot était trop rapide pour prendre la piste ou suivre le bétail.

1 SERREZ LES MOLLETS Amenez le cheval au jog en serrant une fois légèrement les mollets et les talons. Confirmez l'aide avec les cuisses et l'assiette. Placez votre main devant la corne de la selle.

EN UN COUP D'ŒIL

LE JOG
En compétition, aller trop vite est pénalisé ; le cheval est entraîné à progresser tranquillement en engageant son arrière-main. Il avance à une allure fluide à deux temps qui sollicite peu les genoux.

2 ENTRETENEZ LE MOUVEMENT
Appuyez légèrement les talons contre les flancs du cheval et remontez un peu vos pieds pour l'aider à arrondir le dos et conserver un jog régulier. Soyez bien droit dans la selle et donnez un peu de jambe pour inciter le cheval à rester droit et éviter que ses hanches ne soient à la traîne ou que ses épaules ne mènent.

***La tête** du cheval est perpendiculaire au sol*

À FAIRE ET NE PAS FAIRE

- **Ne laissez pas** le cheval désengager son arrière-main, il finirait pas solliciter ses épaules en un mouvement de traction.
- **Activez** un jog traînant en amenant le cheval au trot enlevé pour en réguler la cadence. Les rênes doivent être lâches pour permettre au cheval de progresser en foulées allongées et rases. Continuez de provoquer l'impulsion mais levez les rênes pour relever la tête du cheval. Enfin, replacez vos mains à leur position initiale et rassemblez le cheval pour le ramener au jog, qui sera plus actif.

Au trot enlevé

LE LOPE

Le lope doit être agréable pour le cavalier ; les foulées sont lentes et déliées. C'est une sorte de canter, allure à trois temps, mais plus rassemblé que le canter classique. Incitez le cheval à engager son arrière-main et ne le freinez avec les rênes que si son action devenait désordonnée.

1 PASSEZ AU LOPE

La jambe extérieure presse en arrière de la sangle pour contrôler les hanches, et la jambe intérieure est à la sangle pour que le cheval ne dévie pas. Tournez légèrement la tête du cheval vers l'intérieur du manège de façon à apercevoir ses cils.

ASTUCE DE CAVALIERS

■ **Si votre** cheval entame un lope à quatre temps, peut-être lui imposez-vous une allure trop lente. Faites-lui lever et rentrer la tête et permettez-lui de se rééquilibrer en allongeant un peu sa foulée. Pressez légèrement ses flancs et incitez-le à relever l'avant-main.

***Assis** bien droit, raffermissez votre assiette pour inciter le cheval à passer au lope*

***Le cheval** engage d'abord le postérieur intérieur*

***Appuyez-vous** bien dans les étriers*

L'assiette *accompagne le mouvement de bascule*

Vos jambes *doivent être détendues contre les flancs du cheval*

Vos mains *doivent être en mesure d'imprimer un contact ou de guider le cheval*

2 ABSORBEZ LE MOUVEMENT

Le lope crée naturellement un mouvement de bascule. Absorbez-le comme vous le feriez sur un vrai cheval à bascule, en détendant les muscles de vos cuisses et de votre assiette.

Le lope *est une allure marquée par trois temps distincts*

3 ENTRETENEZ L'IMPULSION

Utilisez votre assiette pour entretenir l'impulsion de l'arrière-main afin que le cheval reporte son poids sur ses hanches. Cela générera un lope naturel. Rassemblez un peu l'allure en imprimant un léger contact avec les rênes.

Vos jambes *doivent entretenir l'aspect rassemblé de l'allure*

LE GALOP

C'est une allure grisante. Qu'il s'agisse d'une course contrôlée en reining ou d'un galop à bride abattue, le sentiment de liberté et de vitesse est inoubliable. Avant de partir au galop, vous devez être à l'aise en selle au pas, au jog et au lope. Mais si vous maîtrisez équilibre et aides, vous pouvez passer à cette allure rapide.

ASTUCE DE CAVALIER

■ **Si vous** pensez mal maîtriser le cheval, redressez-vous et imprimez de courtes tensions aux rênes. Ne vous accrochez pas à lui et ne vous raidissez pas, le cheval pensera que vous lui demandez de continuer ainsi.

1 CONDUISEZ AVEC VOTRE ASSIETTE
Pour obtenir le galop, amenez d'abord le cheval au lope. Puis contractez vos muscles abdominaux et serrez les fessiers et les cuisses pour une assiette ferme. Déplacez votre poids vers l'avant sans trop vous pencher.

2 UNE BONNE IMPULSION
Encouragez l'impulsion du cheval en avançant les mains au-dessus de son encolure. Marquez chaque foulée d'un mouvement de hanches et d'une bonne pression des jambes.

EN UN COUP D'ŒIL

LE GALOP
Pour passer au galop, le cavalier accélère d'abord le lope. Puis il rend la main pour accompagner la tension de l'encolure du cheval et incline le buste en avant tout en affermissant son assiette.

Incitez le cheval à accélérer en rendant la main pour que les rênes soient plus lâches
Le buste doit être légèrement incliné vers l'avant
Au galop, le cheval doit pouvoir tendre l'encolure
Donnez de petites pressions avec les talons pour l'inciter à accélérer

LA CESSION À LA JAMBE

Le cheval se déplace de côté en même temps qu'il avance. Ses antérieurs et ses postérieurs ne sont pas sur la même piste car chaque paire de membres croise l'autre en diagonale. Durant la cession à la jambe, l'encolure du cheval est légèrement ployée dans le sens inverse de la direction.

***Gardez** le buste droit et équilibrez votre centre de gravité*

1 FAITES PLOYER LE CHEVAL

Enfoncez et affermissez votre assiette pour entretenir l'impulsion. Faites ployer le cheval autour de la jambe dont vous voulez qu'il s'éloigne, ici la jambe droite. Écartez un peu la jambe gauche du flanc du cheval tout en appuyant plus fermement avec la droite.

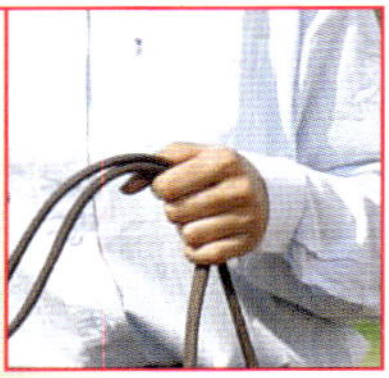

***Utilisez** les rênes pour renforcer l'aide des jambes en faisant légèrement ployer l'encolure et la tête du cheval*

***Écartez** la jambe gauche des flancs du cheval pour une cession à la jambe vers la gauche*

ASTUCES DE CAVALIERS

- **Si le cheval** refuse d'avancer de biais, déplacez la jambe droite légèrement derrière la sangle et imprimez de petites pressions pour l'inciter à déplacer ses hanches.
- **S'il tourne** la tête mais refuse de croiser ses bipèdes, renforcez les pressions de la jambe droite et activez son allure.

2 RESTEZ SUR LE PASSAGE DE SANGLE Déhanchez-vous un peu sur la gauche pour rester sur le passage de sangle du cheval tandis qu'il se déplace. Gardez bien la jambe droite à la sangle et encouragez-le d'une petite pression du talon s'il n'obéit pas assez promptement.

EN UN COUP D'ŒIL

LA CESSION À LA JAMBE
Le cheval se plie autour de la jambe opposée au sens de la progression. La jambe intérieure est à la sangle et la jambe extérieure est juste derrière pour inciter les hanches à se déplacer de biais.

LE PAS DE CÔTÉ

Le cheval progresse obliquement mais ses épaules et ses hanches restent rectilignes. C'est un mouvement latéral avancé qui vous permettra de perfectionner vos compétences et d'améliorer l'équilibre et la tonicité du cheval. Il figure aussi au programme des compétitions, comme en trail, pour franchir un tronc ou ouvrir et refermer une barrière.

1 DEMANDEZ LE DÉPLACEMENT LATÉRAL

Commencez à l'arrêt, au milieu du manège. Imprimez un contact égal des deux côtés du mors. Pour un pas vers la gauche, placez la jambe droite quelques centimètres derrière la sangle et appuyez de toute la jambe pour inciter le cheval à se déplacer de côté.

2 ENTRETENEZ LE MOUVEMENT

La jambe droite maintient la pression jusqu'à ce que le cheval s'en écarte. Relâchez un peu les rênes pour le récompenser. Essayez de garder son corps ployé dans le sens opposé à la progression et maintenez une tension suffisante dans les rênes pour l'empêcher d'avancer.

ASTUCE DE CAVALIERS

■ **Si le cheval** n'est pas souple, le mouvement latéral lui semblera difficile et il essayera d'ignorer vos aides. Si c'est le cas, ne le forcez pas. Interrompez vos efforts, décrivez un cercle au pas puis marchez un peu avant d'appliquer de nouveau les aides. Une fois que le cheval les aura bien comprises, il exécutera le mouvement sans protester.

3 REDRESSEZ-VOUS Gardez le buste droit, bien au centre de la selle. Il est important d'utiliser votre assiette autant que vos jambes et vos mains dans tous les mouvements avancés. Appuyez-vous un peu plus sur l'étrier extérieur pour aider le cheval.

__Le cheval__ marche en crabe durant ce mouvement

***Rendez** la main dès que le cheval a répondu à vos aides en exécutant le mouvement*

***Appuyez** contre le passage de sangle du cheval pour le faire se déplacer latéralement*

***Le membre** extérieur croise devant le membre intérieur*

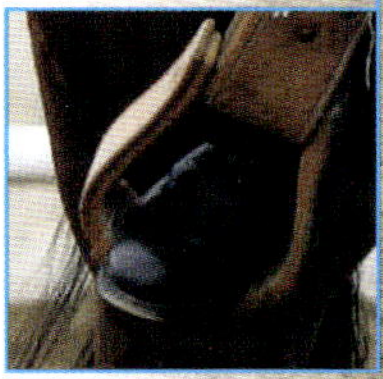

***Un petit coup** de talon suffira pour que le cheval réaligne ses hanches avec ses épaules*

LE REINING

Aujourd'hui reconnu en compétition, le reining était parfois qualifié de « dressage de l'équitation western ». Le cheval doit prouver sa maniabilité, le contrôle de ses mouvements et sa vitesse en exécutant des manœuvres complexes. Les meilleurs des couples cheval-cavalier donnent l'impression de ne fournir aucun effort, mais c'est un sport très exigeant et seuls les cavaliers expérimentés peuvent s'y essayer, avec un cheval parfaitement dressé.

QU'EST-CE QUE LE REINING ?

Le reining, comme toutes les épreuves de la compétition western (voir p. 304-305), vient des ranchs d'Amérique de l'Ouest. Les chevaux des cow-boys devaient être agiles, anticiper les mouvements du bétail et réagir en fonction. Le cavalier devait pouvoir compter sur des aides très fines pour se concentrer sur son travail.

LES ORIGINES DU REINING

Les méthodes de travail traditionnelles des vachers ont été adaptées et affinées pour faire du reining un véritable sport. En compétition, le couple cheval-cavalier réalise diverses manœuvres inspirées des tâches du ranch ; le cheval doit décrire une série de cercles au lope puis au galop contrôlé, exécuter des changements de pied, des roll-backs, des spins et des stops.

ENTRAÎNER LE CAVALIER
Travaillez avec un spécialiste et un cheval bien dressé pour développer vos talents de *reiner*.

LE CHEVAL DE REINING

Pour rattraper un veau errant, déplacer un troupeau ou retenir une génisse au bout de son lasso, le cavalier devait nécessairement monter un cheval obéissant. Ainsi, un cheval de reining fait preuve d'un contrôle total de tous ses mouvements. Les aides du cavalier doivent être discrètes car sa monture y répond volontiers et instantanément.

Le dressage des chevaux destinés au reining commence parfois dès l'âge de deux ans, mais le gros du dressage se fait quand ils ont trois et quatre ans, car ils ont besoin de puissance et de souplesse pour réaliser des manœuvres difficiles.

Si le cheval exécute des exercices tels que le stop et le spin, la surface du manège doit être composée d'une sous-couche dure recouverte de micro-sable. Même pour l'entraînement, le cheval doit travailler sur une surface récemment ratissée.

LE LOPE DE REINING
Un cheval de reining doit avoir une allure plus active qu'un cheval d'exhibition ; ses transitions doivent être distinctes.

UN SPORT INTERNATIONAL

En 1966 la National Reining Horse Association fut créée aux États-Unis pour promouvoir ce sport et organiser les premiers règlements intérieurs et compétitions officielles. Ensuite, l'American Quarter Horse Association commença aussi à organiser des compétitions de reining pour divers niveaux.

Durant ces dix dernières années, le reining s'est énormément développé de par le monde pour devenir le sport équestre à l'expansion la plus rapide. Il est devenu la première discipline western de l'équipe équestre des États-Unis ainsi que de la Fédération Équestre Internationale (FEI). Le reining a fait ses débuts en tant que discipline de championnat aux Jeux Équestres Mondiaux de 2002, à Jerez, en Espagne, où les équipes représentaient neuf pays : les États-Unis, le Canada, l'Italie, la Grande-Bretagne, l'Allemagne, le Brésil, l'Autriche, le Japon et la Suisse. Des concurrents individuels étaient également venus de Hollande et de France. Les médaillés furent les États-Unis, le Canada et l'Italie.

ENTRAÎNER LE CHEVAL

Il faut beaucoup de patience et d'entraînement pour qu'un cheval soit prêt à réaliser les manœuvres complexes du reining, comme les changements de pied, les stops et les spins.

LE CHANGEMENT DE PIED

Dans un pattern de reining (voir p. 296-297) le cheval devra peut-être exécuter un changement de pied dans un cercle. Il doit changer de pied au lope sans s'arrêter et décrire un autre cercle, dans l'autre sens. Il ne doit changer ni d'allure ni de vitesse et doit exécuter le changement au moment spécifié par le pattern. Il ne doit pas bondir de façon exubérante sur l'autre pied ni anticiper le changement avant que le cavalier ne le lui demande.

1 UN CONTACT ÉGAL Pour réaliser un changement de pied d'un cercle à droite vers un cercle à gauche, imprimez à chaque rêne une tension égale. Votre assiette doit être ferme.

2 ENGAGEZ L'ARRIÈRE-MAIN Placez la jambe intérieure (ici la gauche) à la sangle pour empêcher le cheval de se pencher dans le cercle ou d'en changer la forme. Pressez la nouvelle jambe extérieure pour déplacer son arrière-main, comme si vous prépariez une cession à la jambe, et élevez les mains.

EN UN COUP D'ŒIL

LE CHANGEMENT DE PIED
Le changement est provoqué par les hanches du cheval, qui permute le membre qui mène à mi foulée, durant le temps de suspension, en déplaçant latéralement les hanches vers le nouveau membre qui mène.

Conservez *une assiette bien équilibrée pour pouvoir diriger le cheval*

Les mains *sont détendues et se tiennent juste au-dessus de la corne de la selle*

Le cheval *change le sens dans lequel son corps est plié quand il entame un nouveau cercle au lope*

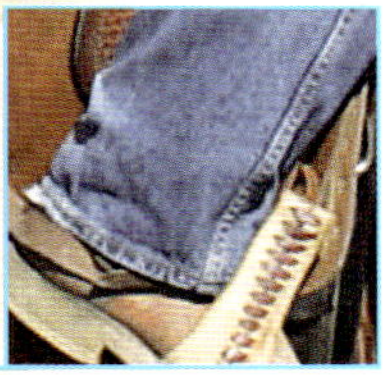

Poussez *le cheval latéralement avec la jambe intérieure pour qu'il désengage son arrière-main*

Le cheval *change le membre qui mène durant le temps de suspension*

3 ENTAMEZ UN NOUVEAU CERCLE Sur le nouvel antérieur, entamez un cercle dans la direction opposée. Le cheval ne doit pas interrompre sa foulée ni changer de rythme tandis qu'il décrit un cercle sur son autre antérieur.

LE SLIDING STOP

Cette figure est caractéristique du reining. C'est une manœuvre difficile que seuls les cavaliers expérimentés devraient tenter. Le cheval progresse en ligne droite, passant du lope au galop. Il gagne en vitesse jusqu'à atteindre un galop rapide, au cours duquel il glisse pour s'arrêter de façon spectaculaire.

1 ACCÉLÉREZ
Faites-lui d'abord prendre de la vitesse, car pour réaliser un arrêt glissé, le cheval a besoin de beaucoup d'élan pour relever les épaules et « s'asseoir » sur son arrière-main. Demandez-lui ensuite de ralentir et d'entamer la glissade en vous asseyant en arrière de la selle et en reportant complètement votre poids dans les étriers.

2 APPUYEZ-VOUS DANS LES ÉTRIERS
Votre assiette doit rester bien équilibrée et votre poids doit descendre des hanches vers vos talons. Gardez le dos bien droit pour ne pas affecter l'équilibre du cheval. Tirer sur les rênes n'est pas nécessaire et ne vous rapporterait aucun point en compétition.

EN UN COUP D'ŒIL

LE SLIDING STOP
Le cheval fléchit les reins, arrondit le dos et engage fortement ses postérieurs sous lui en s'asseyant sur ses jarrets. Il peut glisser sur 3 à 6 mètres jusqu'au stop, où il se tient immobile et détendu.

DIVERS ÉQUIPEMENTS

LES FERS DU SLIDING STOP

Un cheval de reining porte des fers plats et larges appelés *plates* qui lui permettent de glisser plus facilement. La surface de la carrière doit être sablonneuse et aérée pour que les pieds du cheval ne s'enfoncent pas trop s'il ne peut glisser correctement.

Fers plats

***Vous pouvez** utiliser le mot « whoa » pour inciter le cheval à s'arrêter*

***Gardez** un dos bien droit pour ne pas déséquilibrer le cheval*

***L'avant-main** du cheval se relève pendant la glissade*

***Les rênes** sont lâches durant toute la glissade*

***Reportez** tout votre poids dans les étriers et poussez les talons vers le bas*

***Le cheval** « trotte » avec ses antérieurs au même rythme qu'au lope*

LE ROLL-BACK

C'est un demi-tour à 180°, réalisé dans un mouvement coulé et franc. Il est souvent exécuté après un arrêt. Le cheval galope en ligne droite, exécute un sliding stop puis tourne les épaules pour se placer dans le sens opposé, arque le corps et pousse sur ses hanches pour repartir au lope.

Le cheval *bascule son poids sur son arrière-main pour pivoter*

1 DITES « WHOA » Une foulée avant le point d'arrêt, demandez au cheval de réaliser un roll-back en disant « whoa » pour l'inciter à basculer son poids sur son arrière-main.

Placez *la rêne extérieure sur l'encolure du cheval sans imprimer aucune tension*

2 OUVREZ LES RÊNES Avant l'arrêt, initiez la rotation en déplaçant les rênes dans la direction où vous souhaitez aller ; le contact doit être doux et ferme. Utilisez la jambe extérieure pour inciter le corps du cheval à suivre le mouvement de sa tête.

EN UN COUP D'ŒIL

LE ROLL-BACK

Le roll-back est un mouvement avancé. Le postérieur intérieur donne une forte impulsion et reste fixe tandis que le cheval pivote grâce aux épaules. Les antérieurs se croisent sans se heurter ni interférer.

3 RENDEZ LA MAIN

Une fois que le cheval a décrit la moitié du demi-tour, relâchez tout contact avec sa bouche pour lui permettre d'achever seul la figure. Trop de contact au-delà de ce point le freinerait dans son départ dans la direction opposée.

La rêne *extérieure doit rester basse et lâche durant tout le demi-tour*

LE SPIN

Le spin est le plus spectaculaire des mouvements du reining, mais c'est aussi le plus difficile à maîtriser et seuls les chevaux et cavaliers très expérimentés devraient s'y essayer. Le cheval ancre ses postérieurs au sol et pivote rapidement plusieurs fois de 360°. Ensuite, il s'arrête net en un point précis après un nombre variable de pivots.

1 INITIEZ LE SPIN

Reculez légèrement votre assiette dans la selle. Gardez la jambe extérieure contre le flanc du cheval pour initier le spin et l'entretenir. La jambe intérieure doit au contraire s'écarter.

EN UN COUP D'ŒIL

LE SPIN

Le cheval se propulse autour de ses postérieurs en gardant le dos droit. Il augmente la cadence grâce à son postérieur extérieur et à son bipède antérieur. Les séries de spins sont réalisées à un point fixe, les postérieurs servant de pivot.

2 CONTINUEZ À PIVOTER

Une fois que le cheval entame les pivots, ne maintenez le contact de la jambe et de la rêne extérieures que s'il a besoin d'encouragements. Pour vous arrêter, recentrez vos jambes, vos mains et votre corps et dites « whoa ». Le cheval devrait se tenir immobile.

CONSEIL TECHNIQUE

L'APPRENTISSAGE DU CHEVAL

Le cavalier fait d'abord décrire à son cheval de petits cercles au pas, le museau tendu vers l'intérieur. Il tient la rêne basse pour que le cheval baisse la tête et pour lui indiquer comment positionner son corps afin que ses antérieurs ne le gênent pas. Ensuite, le cavalier lève la main au niveau du garrot, dans le sens du spin, en serrant la jambe gauche. Il maintient son centre de gravité pour aider le cheval à garder le sien. Les cavaliers claquent souvent la langue pour demander au cheval de poursuivre le spin et disent « whoa » pour arrêter.

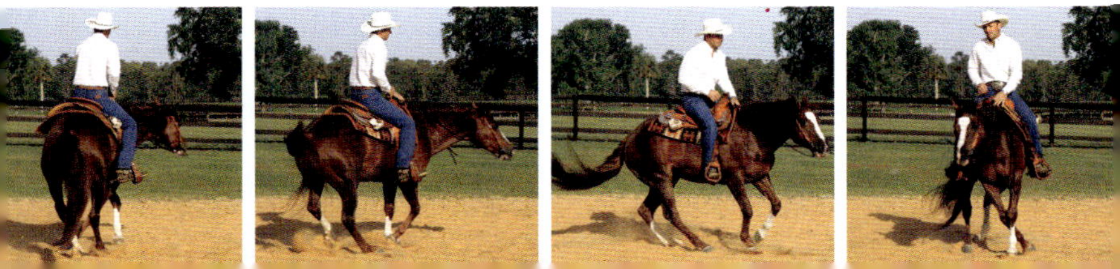

LE RECULER

Un cheval prouve sa réceptivité et son obéissance en réalisant un reculer. Dans la plupart des patterns, le cheval doit reculer en ligne droite sur une distance d'au moins trois mètres. Une exécution correcte implique que le cheval transfère son poids sur son arrière-main, arrondisse le dos et abaisse sa croupe pour reculer à petits pas rapides.

1 IMPRIMEZ UNE PRESSION DES MOLLETS

Pour faire reculer le cheval, tendez légèrement les rênes et serrez les mollets contre les flancs du cheval de façon égale. Vos jambes créent l'énergie tandis que vos mains entravent la progression en avant du cheval pour l'inciter à reculer.

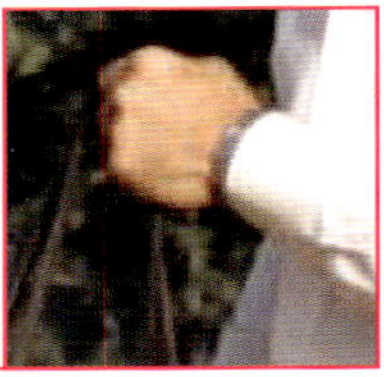

2 ENTRETENEZ LE MOUVEMENT
Une fois que le cheval commence à reculer, vous pouvez relâcher un peu les rênes, mais gardez les jambes fermement serrées. Si vous interrompez la pression des jambes, le cheval comprendra qu'il doit arrêter de reculer.

ASTUCES DE CAVALIERS

- **Si le cheval** ne recule pas, cessez d'employer les aides puis réessayez en donnant plus de jambe.
- **Si le cheval** dévie de sa ligne de progression, appuyez la jambe du côté vers lequel il est déporté pour l'amener à reculer en ligne droite.
- **Ne tirez pas** les rênes par à-coups. Le cheval ne ferait que lever la tête et résister à la pression.
- **Donnez** des signaux les plus légers possibles pour faire reculer le cheval. Une main dure risque de l'intimider ; il pourrait s'emballer ou se précipiter en arrière, ce qui est incorrect et vous fera perdre des points en compétition.
- **Pour arrêter,** relâchez les rênes et interrompez l'aide des jambes pour permettre au cheval de se tenir immobile.

EN UN COUP D'ŒIL

LE RECULER
Pour réaliser un reculer, le cheval relève d'abord l'arrière-main. Il bascule ensuite son poids sur son arrière-main et commence à reculer avec ses postérieurs, suivis des antérieurs. Le cheval doit reculer de plusieurs pas en ligne droite sans dévier, ni traîner les pieds.

Pike
Roeckl

LA COMPÉTITION

ENTRER DANS LA COMPÉTITION

La compétition peut être prise au sérieux ou comme un jeu, mais à terme, vous n'y brillerez que si vous et votre cheval y prenez plaisir. Même au niveau olympique, les sports équestres ont conservé une notion de sportivité que bien d'autres ont perdu, peut-être parce que tous les concurrents partagent un même but : le bien-être du cheval.

UN BON DÉPART

Les disciplines les plus recherchées comprennent le dressage, le saut d'obstacles, le concours complet, l'épreuve hunter, l'exhibition et le reining. Vous trouverez l'agenda des rencontres auprès des comités organisateurs ou dans la presse équestre. Certaines sont ouvertes aux concurrents de tous niveaux, d'autres exigent plus de talent et de courage.

Choisissez une compétition qui vous convienne, à vous comme à votre cheval. La plupart des chevaux bien dressés peuvent tenter les compétitions régionales, mais il est important que ni lui ni vous ne vous retrouviez débordé. Vous devrez faire face à un environnement inconnu, où circulent de nombreux chevaux. Une telle activité peut perturber votre cheval, qui sera trop excité pour se laisser monter comme à l'ordinaire ; assurez-vous de pouvoir gérer cette situation. Si possible, faites vos premières armes en compétition avec un cheval qui en a l'habitude et faites-vous accompagner d'une personne expérimentée.

LE HUNTER
Une épreuve de hunter pour débutants constituera une première expérience de cross-country.

LES COMPÉTITIONS RÉGIONALES

Le mieux est de commencer par un lieu assez petit. De nombreuses compétitions ont lieu dans des centres équestres ou des clubs hippiques. Essayez-vous à une épreuve élémentaire telle que le parcours sans faute (sans autre concurrent), ou l'exhibition (montée ou en main). C'est un moyen amusant de tester vos compétences.

ADHÉRER À UN CLUB

Si vous participez régulièrement à des compétitions, il sera judicieux d'adhérer à un club. Vous aurez accès à diverses infrastructures d'entraînement et compétitions, avec une organisation et des parcours de qualité, des réductions de frais d'entrée aux événements qu'ils organisent et l'opportunité de concourir en équipe. On vous demandera peut-être votre aide,

LE TRAIL WESTERN
En compétition western, vous pourrez choisir le trail, qui teste l'obéissance de votre cheval et son aptitude à négocier certaines difficultés.

ASTUCES DE CAVALIERS

- **Le trafic** routier rend difficile le fait de se rendre à cheval aux compétitions. Si vous le pouvez, c'est néanmoins une façon agréable de s'échauffer puis de se détendre.
- **Les chevaux** s'habituent à être transportés dans des vans tractés ou autotractés, mais il faut les y entraîner et les réconforter dès le départ.
- **Plutôt que** d'acheter tout de suite votre van, rendez-vous aux premières compétitions avec un autre concurrent déjà habitué. Il vaut toujours mieux voyager avec quelqu'un pour s'aider mutuellement et partager les frais d'essence.

ce qui est un bon moyen de soutenir leur action mais aussi l'occasion de découvrir les coulisses des compétitions, d'observer d'autres concurrents et de vous faire de nouveaux amis qui partagent votre passion.

S'AFFILIER

Pour la compétition de haut niveau, vous devrez vous affilier aux organisations dirigeantes de la discipline que vous avez choisie. Les compétitions officielles ne sont ouvertes qu'aux membres, proposent des règles cohérentes et vous permettent de gravir les plus hauts échelons. Dans chaque pays, les organisations dirigeantes du concours complet, du saut d'obstacles, du dressage, de l'attelage, de l'endurance, du reining, de la voltige et des jeux paralympiques sont à leur tour affiliées à la Fédération Équestre Internationale, basée en Suisse (voir p. 337).

UN STYLE ÉLÉGANT
Une bonne tenue est un élément important en compétition. C'est une façon de témoigner du respect à votre cheval et aux volontaires qui organisent les compétitions.

BIEN SE PRÉPARER

Même si vous connaissez l'épreuve ou le parcours par cœur, vous devez vous être suffisamment préparé physiquement et mentalement pour voir vos efforts récompensés. Gagner n'est pas important… ce qui compte, c'est que vous ayez donné le meilleur de vous-même. Vous profiterez plus de cette expérience et en sortirez satisfait.

ÊTRE PRÊT

Votre performance est le résultat de tout le travail que vous avez fourni jusqu'à ce jour. Mais il vous faut également la tenue appropriée : ne reportez pas les derniers préparatifs à la dernière minute.

Soyez certain de ce que vous avez à faire. Apprenez votre épreuve de dressage ou assurez-vous de bien connaître le parcours d'obstacles : au niveau débutant, avec seulement quelques petites barrières en ligne droite, connaître le tracé est souvent suffisant, mais on vous laissera d'abord le reconnaître à pied.

Il est également important de se renseigner sur la compétition, ses règles, ce qu'attendent les juges, comment gagner des points (et ne pas en perdre) et comment les autres concurrents ont réussi.

Préparez tous vos vêtements et votre équipement la veille. Ainsi, le matin du départ, vous aurez le temps de toiletter votre cheval. Laissez-vous une large marge de temps pour arriver sur le lieu de la compétition, pour récupérer votre numéro auprès du commissaire, trouver la surface sur laquelle vous allez passer et reconnaître le parcours si nécessaire. Comptez le temps qu'il vous faudra pour échauffer votre cheval, surtout s'il a voyagé dans un van.

En retard dans vos préparatifs, vous serez énervé et inquiet, et le cheval se laissera

APPRENDRE LES FICELLES
Pour vos premières compétitions, empruntez un cheval expérimenté et ne vous attendez pas à de grands résultats ; allez-y pour le plaisir.

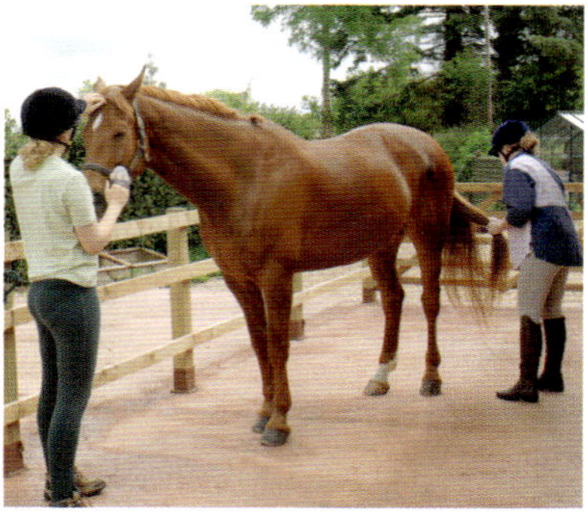

SE PRÉPARER
Avant le départ, laissez-vous du temps pour panser votre cheval et l'examiner soigneusement. N'oubliez pas d'inspecter ses pieds.

ASTUCES DE CAVALIERS

- **Emportez** un livre ou des mots croisés pour patienter. À Badminton en 2005, Pippa Funnell avoua s'adonner au Sudoku en attendant son tour au saut d'obstacles.
- **Avant l'épreuve,** visionnez dans votre esprit la façon idéale dont vous souhaiteriez la réaliser ; ensuite, lancez-vous avec cette image positive en tête.
- **Identifiez** bien les lignes de départ et d'arrivée. Dans les compétitions de saut d'obstacles, vous pouvez être éliminé pour les avoir franchies ou pour les avoir manquées.
- **Emportez** une chemise pour en couvrir le cheval pendant l'attente. Par temps froid, un couvre-reins ou une chemise séchante peuvent s'avérer utile.

influencer par votre humeur. Calme, organisé et sachant ce que vous avez à faire, vous vous rendrez à la compétition dans un état d'esprit clair et positif.

LE BON ÉTAT D'ESPRIT

Un succès au plus haut niveau exige force compétences et détermination. Pour réussir avec les chevaux, à tous niveaux, vous devez être ferme et capable de reconnaître vos propres limites ainsi que celles du cheval. Tant que ce que vous essayez reste dans vos capacités, une attitude calme et positive vous aidera pour le jour J. Les cavaliers du concours complet se font souvent soutenir par des psychologues du sport.

ARRIVER SUR LES LIEUX

Quand vous arrivez sur les lieux de la compétition, occupez-vous d'abord du confort de votre cheval, puis prenez quelques minutes pour vous.

RÉCAPITULATIF

LA VEILLE

- **Nettoyez** votre sellerie et vérifiez qu'elle est en bon état.
- **Veillez** à ce que votre tenue soit propre et repassée.
- **Vérifiez** l'heure de votre épreuve ou votre heure de passage, si on vous en a attribué une (vous devrez peut-être téléphoner un ou deux jours avant la compétition).

LE JOUR J

- **Pansez** soigneusement le cheval et nattez-le si nécessaire. N'oubliez pas de nettoyer ses yeux et son museau.
- **Si vous** avez plusieurs épreuves, prévoyez un temps d'échauffement avant chacune.
- **Emportez** toute la nourriture, l'eau et l'équipement dont vous et votre cheval aurez besoin. Prévoyez un seau différent pour l'eau que le cheval boira et celle du lavage.

LAVER UN CHEVAL

La meilleure façon de garder un cheval propre et soigné est de le panser régulièrement et consciencieusement. Les douches doivent rester occasionnelles (avant la tonte ou une compétition) ; veillez à ce que le cheval n'ait pas froid et séchez-le aussitôt après. Les chevaux qui vivent au pré ont besoin du sébum pour les protéger contre les éléments.

1 SAVONNEZ CRINIÈRE ET ENCOLURE
Commencez par bien mouiller le pelage avec une éponge. Vous pouvez appliquer le shampoing directement sur la robe ou le diluer dans un seau d'eau. Lavez la crinière en même temps que l'encolure en évitant les oreilles et les yeux.

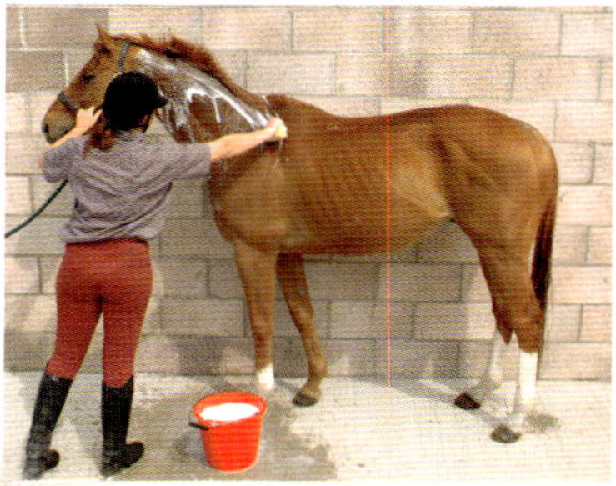

2 SAVONNEZ LE CORPS
Shampouinez tout le corps et les jambes. Travaillez aussi vite que possible pour que le cheval ne prenne pas froid.

CONSEIL TECHNIQUE

LAVER LA QUEUE
Étape 1 Mouillez complètement la queue et shampouinez-la. Un cheval doux vous laissera peut-être plonger toute sa queue dans un seau, mais vous devrez utiliser une éponge pour le couard. **Étape 2** Rincez bien la queue à l'eau claire puis essorez-la avec les mains. **Étape 3** Tenez le couard et faites balancer la queue pour qu'elle sèche plus vite.

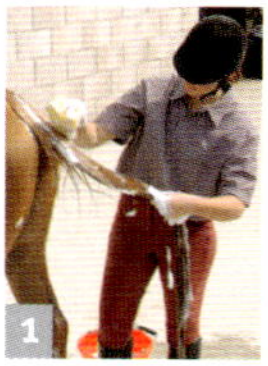

Savonnez la queue

Rincez à l'eau

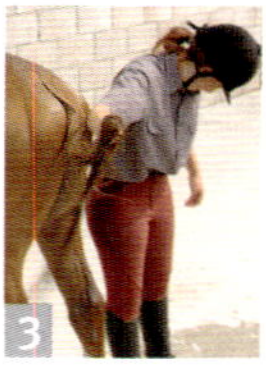

Séchez-la

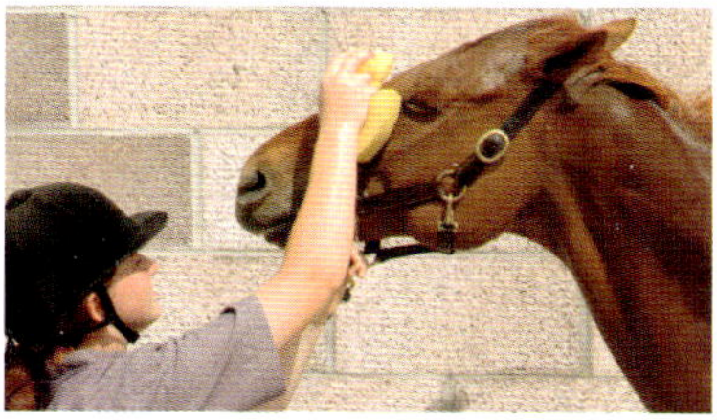

3 LAVEZ LA TÊTE

Épongez la tête avec une eau claire (le savon ne doit pas pénétrer dans les yeux, les naseaux ou les oreilles). Soyez vigilants : certains chevaux n'aiment guère avoir la tête trop mouillée.

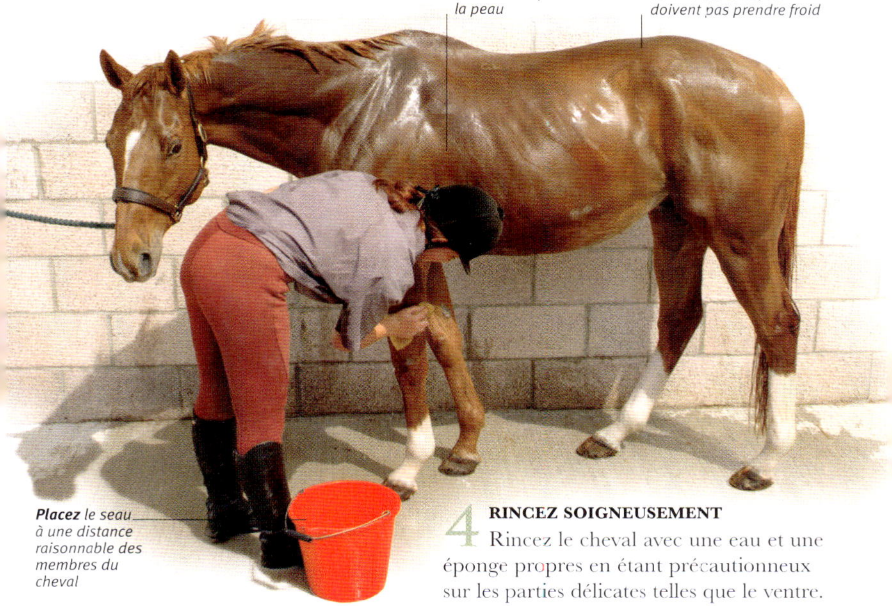

4 RINCEZ SOIGNEUSEMENT

Rincez le cheval avec une eau et une éponge propres en étant précautionneux sur les parties délicates telles que le ventre.

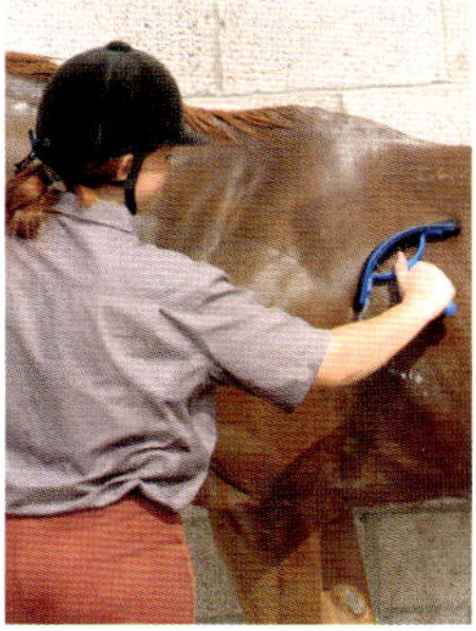

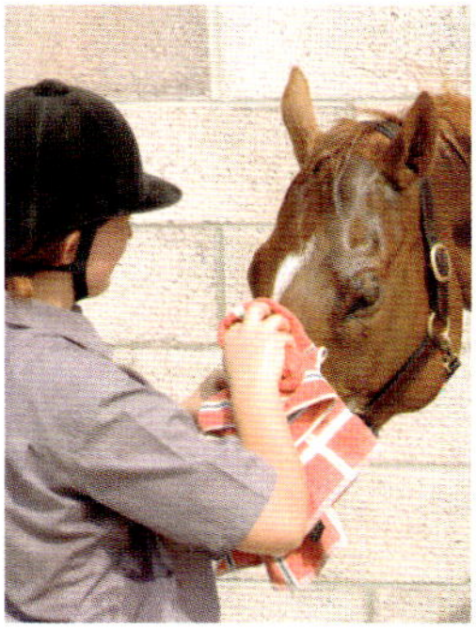

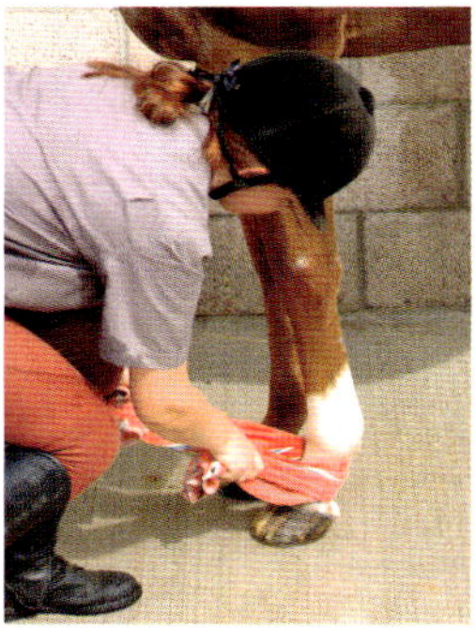

5 LE COUTEAU DE CHALEUR

Éliminez l'excès d'eau avec un couteau de chaleur. Couvrez le cheval d'une chemise séchante ou d'une couverture molletonnée.

6 ESSUYEZ SA TÊTE

Séchez sa tête délicatement avec une serviette, dans le sens du poil. Procédez de même avec la crinière. Ne brossez pas une crinière mouillée.

7 ESSUYEZ SES TALONS

Séchez soigneusement ses talons avec une serviette pour empêcher toute aggravation de problèmes cutanés tels que les crevasses ou la gale de boue.

LE TRESSAGE

Une crinière et une queue tressées sont la touche finale d'une mise élégante. Tresser la crinière est considéré comme une politesse en dressage et peut être exigé dans certaines exhibitions, mais cela n'est pas toujours le cas. Les poneys de montagne et des landes, par exemple, doivent apparaître crinière et queue non tressées.

CRINIÈRE TRESSÉE
Le fil de coton a meilleure allure, mais l'élastique permet de défaire les nattes plus vite.

TRESSER UNE CRINIÈRE

On tresse une crinière pour une mise plus élégante et pour faire retomber la crinière d'un seul côté de l'encolure. Le nombre de tresses peut varier, mais il doit être impair le long de la crête, plus une pour le toupet. La crinière doit être « tirée » en mèches d'épaisseur équivalente. Humidifiez la crinière au préalable, mais ne la lavez pas, les mèches seraient glissantes.

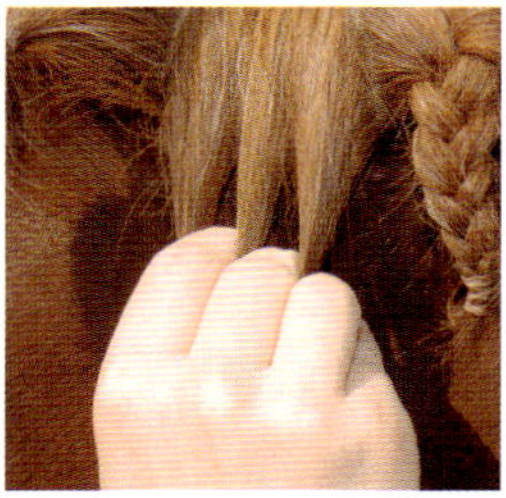

1 PARTAGEZ EN TROIS
Partagez la crinière en autant de grosses mèches que de tresses souhaitées ; commencez derrière l'oreille. Séparez chaque mèche en trois.

2 TRESSEZ CHAQUE MÈCHE
Chaque mèche doit être tressée de façon égale. La tresse doit être assez serrée, mais pas au point de tirer sur la racine du crin.

TRESSER LA QUEUE

Les queues bien fournies sont superbes une fois tressées, mais le crin de part et d'autre du couard doit être suffisamment long. Les cavaliers qui concourent régulièrement préfèrent souvent épiler la queue de leur cheval. Cela avantage les chevaux dont la queue est peu fournie, mais certains ne supportant pas l'épilation, ce n'est pas toujours recommandé. N'hésitez pas à demander l'aide d'un expert en la matière, car ce n'est pas une opération facile.

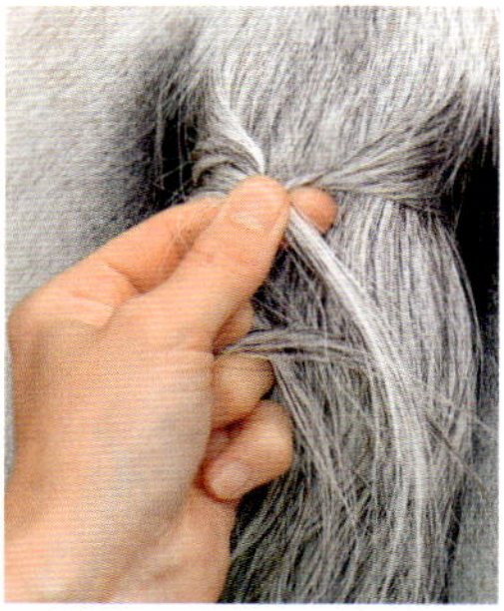

1 ATTRAPEZ TROIS FINES MÈCHES
Humidifiez la partie supérieure de la queue. Prenez trois fines mèches d'aussi près que possible du couard, une d'un côté et deux de l'autre.

2 COMMENCEZ LA TRESSE
Tressez en prenant de fines mèches au fur et à mesure que vous descendez. La tresse doit être régulière, serrée pour rester en place, mais sans tirer le crin.

CONSEIL TECHNIQUE

DESSINER UN DAMIER

Le damier ajoute une touche d'élégance, surtout pour l'exhibition, et il peut flatter la silhouette du cheval. Le modèle le plus simple est un damier carré ou en chevron que l'on obtient avec une brosse humidifiée, en travaillant alternativement dans et contre le sens du poil. Certains cavaliers et palefreniers font preuve d'imagination ; l'Écossais Ian Stark (concours complet) présenta souvent ses chevaux avec un damier en forme de chardon.

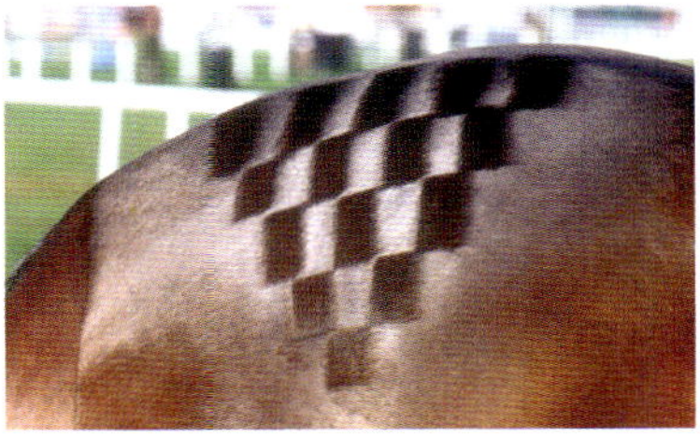

Damier en chevron

3 ATTACHEZ LES TRESSES Utilisez un élastique pour attacher les tresses (si vous préférez une aiguille et un fil de coton, insérez le fil dans la tresse et enroulez-le à l'extrémité).

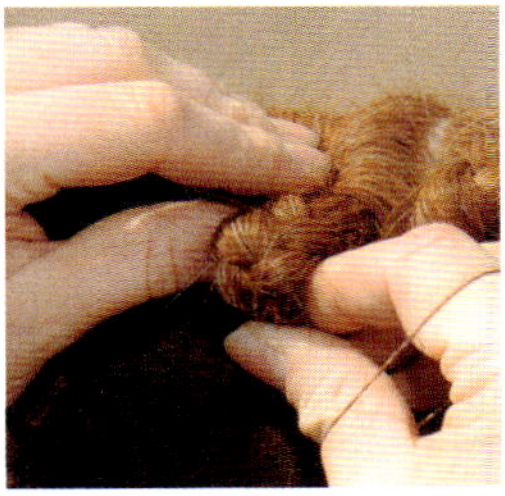

4 ROULEZ LES TRESSES Enroulez chaque tresse sur elle-même en la repliant plusieurs fois en deux, jusqu'à obtenir un petit rouleau près de la crête.

5 FINITION Pour maintenir le rouleau en place, attachez-le avec l'élastique (si vous utilisez le fil, enfilez l'aiguille à la base du rouleau et repassez-la plusieurs fois).

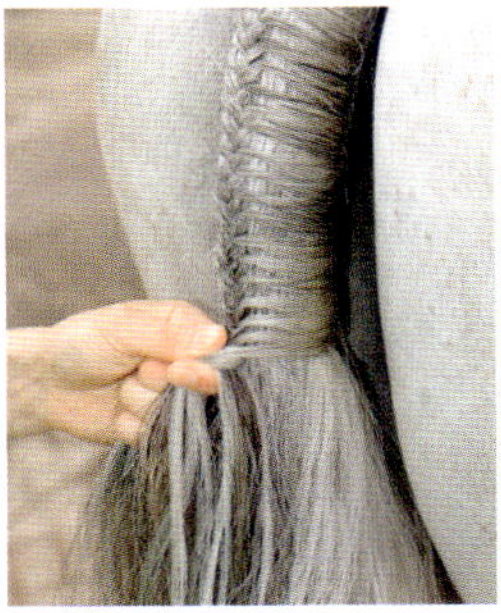

3 DESCENDEZ Tressez les trois-quarts de la queue en prenant des mèches un peu plus épaisses au fur et à mesure. Puis terminez les mèches que vous avez en main sans en prendre de nouvelle.

4 FAITES UNE BOUCLE Attachez l'extrémité avec un élastique ou un fil de couleur semblable à la queue. Faites une boucle en repliant l'extrémité de la tresse et nouez-la avec le fil ou l'élastique.

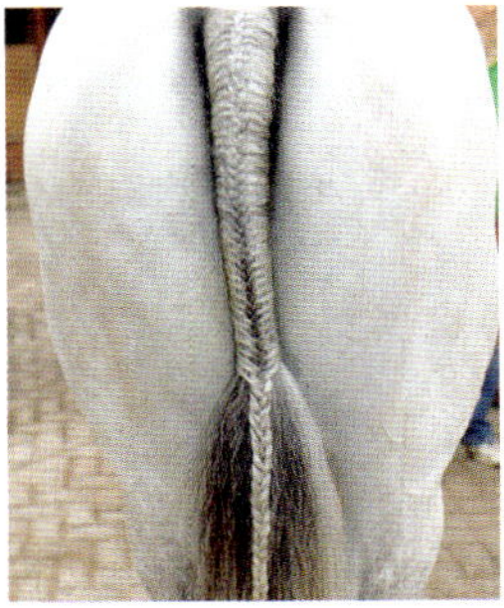

5 TRESSE TERMINÉE Défaites toujours les tresses à la fin de la journée. Elles peuvent devenir inconfortables pour le cheval qui cherchera à se gratter, faisant ainsi tomber beaucoup de crin.

LE TOILETTAGE WESTERN

L'apparence du cheval western reflète les compétences de son cavalier ; le toilettage est une tâche prise très au sérieux. Un cheval bien mis montre l'engagement du cavalier, mais c'est aussi un signe que les juges interprètent comme une volonté de gagner. Les cavaliers veillent à ce que leur monture se démarque en lustrant leur robe et en soignant les moindres détails.

LES CRINIÈRES WESTERN

Pour le western pleasure, le trail, le horsemanship ou autres (voir p. 292), la crinière du cheval est courte et peut-être portée d'un côté comme de l'autre. Elle est généralement coupée à 10 cm environ de la crête avant d'être peignée mèche à mèche. Pour le reining, le cutting, le working cow horse ou les épreuves de vitesse, les chevaux ont la crinière libre, certains arborant même des crinières flottantes longues de 60 cm.

DES ROBES LUSTRÉES

La robe du cheval western de compétition devrait toujours briller d'un lustre impeccable. Pour cela, les chevaux sont couverts pendant tout l'hiver pour empêcher leur pelage de s'épaissir et de nombreuses écuries spécialisées régulent l'éclairage intérieur pour les mêmes raisons. On peut aussi couper les poils tôt dans la saison pour que la robe repousse sans se ternir ; il existe de nombreux produits lustrant qui rehaussent l'éclat de la robe.

LA QUEUE DES CHEVAUX WESTERN
Elle est coupée droit au niveau du boulet. On utilise souvent des sacs en forme de tubes dans lesquels on glisse la queue lavée, peignée, séchée puis tressée pour la garder propre et lisse.

PEIGNER LA CRINIÈRE

Pour les compétitions, la crinière peut être peignée mèche à mèche avec de petits élastiques pour affiner le profil du cheval. La crinière doit être propre et vous aurez besoin de mousse, d'un peigne et de pinces pour tenir les mèches non faites, et d'élastiques de la couleur de la crinière. Peignez la crinière pour qu'elle soit partout de longueur égale.

1 PARTAGEZ LA CRINIÈRE
À l'aide d'un peigne spécial, séparez des mèches d'environ 2,5 cm d'épaisseur et peignez-les bien.

2 VAPORISEZ-LA
Humidifiez la mèche et appliquez un peu de mousse pour faciliter l'opération.

LA TONTE

La robe d'un cheval western de compétition est régulièrement tondue. La tonte définit la silhouette du cheval et peut mettre en valeur ses qualités physiques comme masquer ses défauts. Les oreilles sont souvent taillées au rasoir électrique pour éliminer les poils intérieurs, et les poils des moustaches et du menton sont souvent tous enlevés. La gorge et le museau sont tondus ras. La couronne, les balzanes et les boulets sont taillés avec précision. Il est important pour une compétition de ne laisser aucune marque de rasoir ni aucun « trou » dans le pelage.

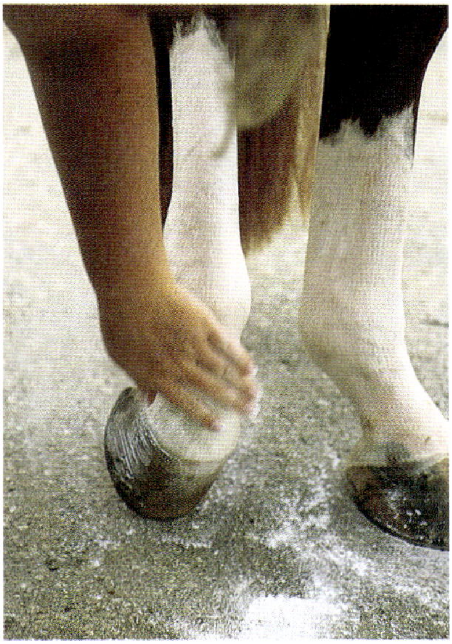

TIREZ PARTI DES COULEURS

Vous pouvez saupoudrer les balzanes de poudre de craie juste avant votre passage pour leur donner un éclat irréprochable. Certains cavaliers utilisent des shampoings rehausseurs de couleur, d'autres appliquent une huile de soin pour bébé pour faire briller les museaux noirs.

CRÉEZ UN PASSAGE DE TÊTIÈRE

Rasez jusqu'au cuir la partie de la crinière juste derrière les oreilles. Elle ne doit pas excéder en longueur la taille de l'oreille du cheval. Celui-ci aura une allure raffinée avec des oreilles et une tête tondues de près et son filet reposera bien à plat.

3 **MÈCHE À MÈCHE**

Passez l'élastique autour de la mèche puis tirez sur celle-ci pendant que vous enroulez l'élastique.

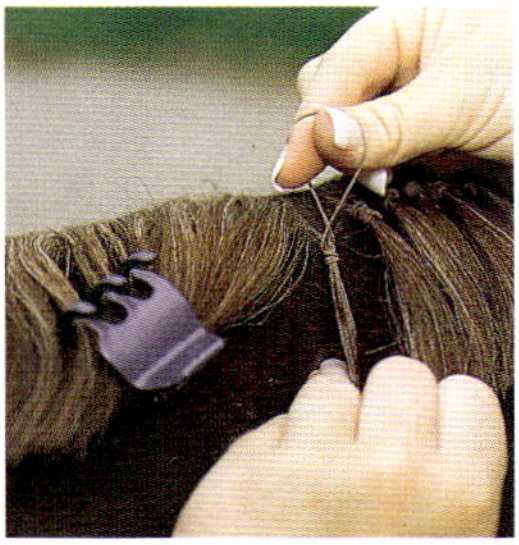

4 **ATTACHEZ L'ÉLASTIQUE**

Attachez fermement l'élastique, maintenez la mèche et remontez l'élastique jusqu'à la crête.

5 **POUR TERMINER**

Procédez de même le long de l'encolure jusqu'au garrot. Généralement, on obtient environ 40 mèches.

ALLER À UNE COMPÉTITION

La plupart des chevaux s'habituent rapidement à être embarqués dans des vans, mais une mauvaise expérience les rendra nerveux ; accomplissez votre premier trajet accompagné d'une personne qui y est accoutumée. Le véhicule doit être fiable, avec beaucoup de place pour que le cheval ne se cogne pas la tête et ne se sente pas à l'étroit.

PRÉPARER LE CHEVAL

Les membres sont la partie à protéger en priorité. Mettez-lui des guêtres de transport ou des bandes sur une épaisse matelassure et des cloches. Le couard doit aussi être protégé. Emportez une couverture légère ou une chemise et utilisez un fourreau de queue si nécessaire.

LA TENUE DE VOYAGE

Protégez les membres et la queue du cheval, utilisez un licol de cuir et emportez une chemise ou une couverture.

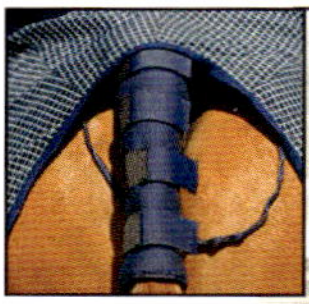

Un bandage *ou un fourreau de queue empêche le frottement des poils au niveau du couard*

Le cheval *doit porter un licol de cuir pour voyager*

Une couverture *légère peut s'avérer utile*

Les guêtres *de transport protègent les postérieurs du jarret à la couronne*

Les guêtres *de transport protègent les antérieurs du genou au talon*

CONSEIL TECHNIQUE

METTRE UN BANDAGE SUR LA QUEUE

Une bande de crêpe, moins coûteuse qu'un fourreau, est tout aussi efficace. Serrez-la juste assez pour qu'elle reste en place. **Étape 1** Commencez de façon oblique en laissant un peu de bande dépasser. Soulevez la queue et faites le premier tour au niveau du couard. **Étape 2** Glissez l'extrémité sous le prochain tour. **Étape 3** Arrêtez le bandage à l'extrémité de l'os de la queue. **Étape 4** Nouez les attaches en les serrant autant que le bandage. La queue doit reposer dans une position confortable.

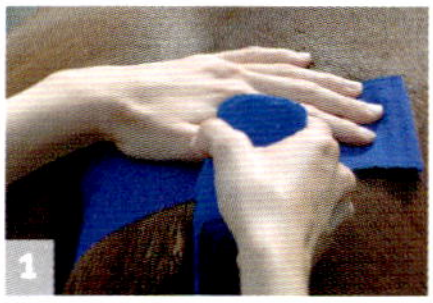

Commencez à la base

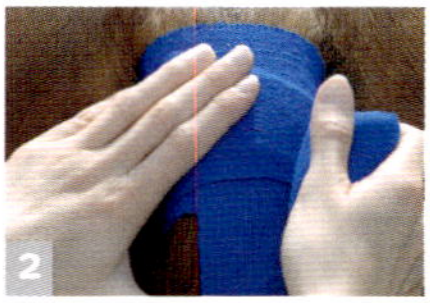

Mettre l'extrémité en dessous

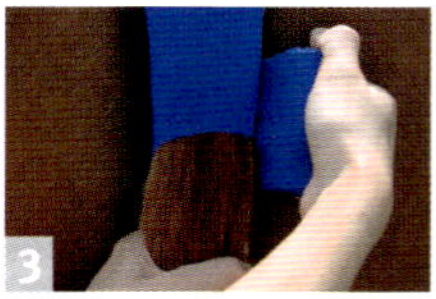

Arrêtez le bandage à l'os

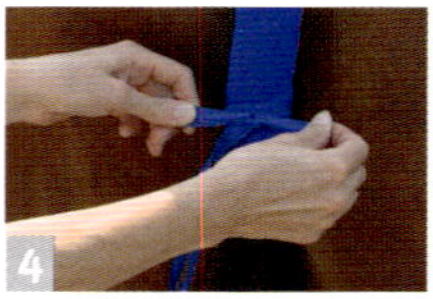

Nouez les attaches

EMBARQUER UN CHEVAL

Apprenez à faire preuve de confiance et de fermeté. Vous dépêcher et couper les virages peut vous coûter un accident ; prenez votre temps et préparez tout avec soin. Chargez l'équipement avant le cheval pour qu'il ne reste pas dans le van plus longtemps que nécessaire. S'il doit voyager avec un filet à foin, attachez-le solidement auparavant.

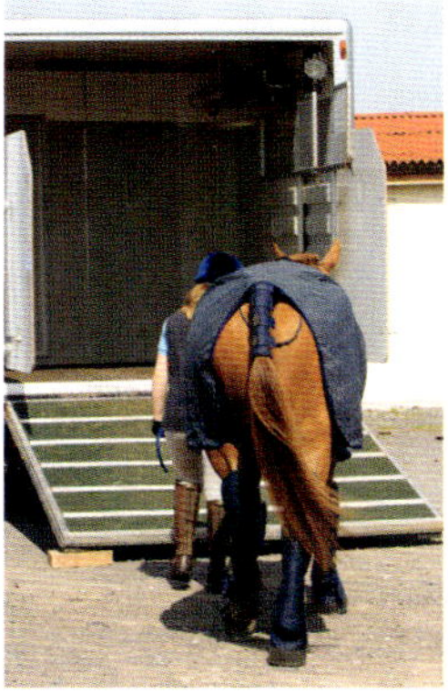

1 UNE APPROCHE FRANCHE Approchez de la rampe en ligne droite. Garez-vous dans un passage ou entre deux véhicules.

2 MONTEZ LA RAMPE Montez d'un pas ferme au milieu de la rampe. Ne laissez pas le cheval hésiter, ni avant ni pendant qu'il monte.

3 ATTACHEZ LE CHEVAL Attachez le cheval à l'anneau en faisant un nœud de sécurité (voir p. 87). Mettez la barre de fesse.

DÉBARQUER EN TOUTE SÉCURITÉ

Garez-vous dans un lieu tranquille et plat. La rampe d'accès ne doit pas bouger et il doit y avoir assez d'espace pour la sortie du cheval. Ne vous hâtez pas, vous prendriez des risques inutiles. La plupart des vans sont dotés d'anneaux à l'extérieur pour attacher le cheval ; un filet à foin pourra l'aider à moins s'inquiéter de son nouvel environnement.

1 DÉTACHEZ LE CHEVAL Enlevez toute cloison ou barre pour ne pas que le cheval se cogne. Détachez-le et tournez-le face à la sortie.

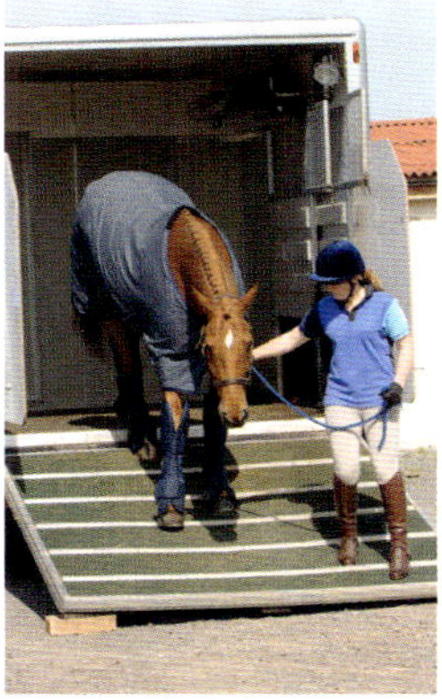

2 ALLEZ LENTEMENT Guidez-le lentement pour descendre. Laissez-le tendre l'encolure pour voir où il va mais retenez-le s'il se presse ou tente de sauter.

3 SOYEZ VIGILANT Éloignez-vous de la rampe avant de la contourner pour attacher le cheval. Faites attention aux autres chevaux.

LA COMPÉTITION CLASSIQUE

Parce que le style classique s'adapte facilement au travail sur le plat comme au saut, au travail lent ou rapide, il est utilisé en compétition, en dressage et au polo. Le dressage, le saut et le concours complet figurent au programme des Jeux Olympiques et ce style est également adopté dans les épreuves équestres des Jeux Paralympiques.

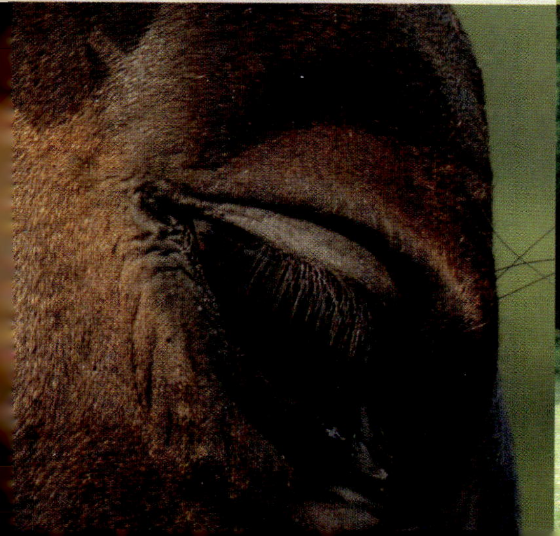

LE DRESSAGE

Démonstrations d'un entraînement parfait, les épreuves de dressage sont la réalisation d'exercices imposés qui reflètent l'éducation du cheval. Observer les professionnels et reconnaître les mouvements peut être difficile au début, mais vous les comprendrez vite.

EN SAVOIR PLUS

LA GRANDE CARRIÈRE DE DRESSAGE

Le protocole de chaque épreuve de dressage spécifie la taille de la carrière. Si elle est grande (60 x 20 m, comme ci-dessous), et que vous ne travaillez que sur une petite surface, soyez sûr de bien connaître les autres positions.

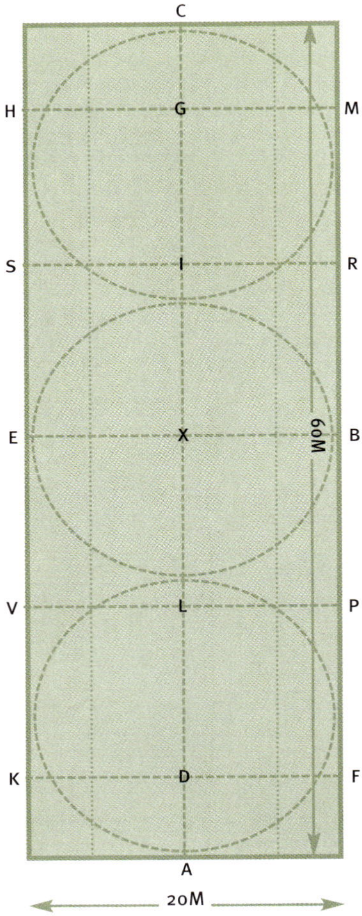

Carrière de dressage de 60x20 m

UNE ÉPREUVE DE DRESSAGE

Si vous êtes débutant ou si vous montez un jeune cheval, vous commencerez par les épreuves de base. Elles sont conçues pour prouver que le cheval est capable de réaliser des tâches telles que les cercles et les transitions entre l'arrêt, le pas, le trot et le galop, à des points spécifiques du manège, avec une attitude docile et active. À ce niveau, l'impulsion et l'acceptation du mors sont plus importantes que d'être véritablement « sur le mors ». Les juges apprécient un cheval souple, de bonne volonté, équilibré et obéissant. Le rassembler (voir p. 158-159) n'est pas encore exigé ; il se mettra en place avec l'expérience.

COMMENT SE PRÉPARER

On autorise parfois quelqu'un à lire l'épreuve à haute voix pendant que vous l'exécutez. Mais il vaut mieux l'apprendre par cœur, car il se peut que vous entendiez mal votre lecteur. Dessiner

SELLERIE ET TENUE

Les règles concernant la sellerie sont toujours très spécifiques. En général, tout ce qui est interdit durant l'épreuve l'est également à l'entraînement, à l'exception des guêtres de protection et des bandages.

S'ENTRAÎNER CHEZ SOI

Travailler l'épreuve par étapes est un excellent moyen de ménager vos efforts et de vous donner un but à atteindre.

l'épreuve sur un diagramme représentant le manège et ses repères est une bonne façon de la mémoriser. Assurez-vous de ce que vous et votre cheval soyez capables de tenter tout ce que l'épreuve impose. Contentez-vous des épreuves dont les tâches correspondent à vos compétences actuelles ; votre entraînement définira la rapidité de votre évolution. Commencez au niveau le moins élevé et gravissez les échelons. Les épreuves sont conçues pour compléter l'entraînement du cheval et le développement naturel de ses qualités physiques.

Soyez sûr de bien comprendre toutes les instructions. Par exemple, pour un « pas libre rênes longues », vous devez céder suffisamment de rêne au cheval pour qu'il étire le dos et l'encolure, sans presser le pas. Un cheval relaxé qui engage son arrière-main exécutera cela naturellement, mais un cheval tendu aura tendance à trottiner.

Entraînez-vous en découpant l'épreuve en sections. N'exécutez pas l'épreuve dans sa longueur plus d'une ou deux fois, sans quoi le cheval la mémoriserait lui aussi, et il serait capable d'anticiper. Certaines épreuves sont symétriques et donc faciles à apprendre, mais toutes ne le sont pas !

BON À SAVOIR

L'ÉVALUATION D'UNE ÉPREUVE

Une épreuve est divisée en sections que vous devez enchaîner mais qui sont évaluées séparément. Chacune vaut dix points, mais remarquez leur répartition. Exemple d'épreuve (A) de CCI FEI (voir p. 287) : « V : piste à main droite. L : transition au pas (3-5 foulées), puis trot de travail. P : piste à main gauche » est un ensemble de mouvements qui vaut 10 points, tandis que « A : galop de travail à gauche » vaut 10 points à lui seul. Si vous ratez une transition ou trottinez durant toute la section du pas libre, vous recevrez un zéro. Des points collectifs sont attribués à la fin pour les allures, l'impulsion, l'obéissance et les compétences. Ensuite, le total est converti en un pourcentage.

Protocole de dressage

L'ÉCHAUFFEMENT

À votre arrivée, assurez-vous que votre épreuve est prévue à l'heure et organisez votre échauffement. Sa durée dépend de votre cheval et du moyen de transport utilisé (à cheval ou en van). Le cheval doit s'échauffer assez longtemps pour s'assouplir et se concentrer sur son cavalier et obéir à ses aides sans s'ennuyer ni se fatiguer.

Ne repassez pas l'épreuve en revue. Concentrez-vous sur l'impulsion du cheval puis appliquez des transitions pour être sûr qu'il est à votre écoute. Dans une carrière d'entraînement où s'échauffent d'autres cavaliers, vous n'aurez généralement pas suffisamment d'espace pour des mouvements latéraux.

Soyez respectueux envers les autres cavaliers. Ne passez pas trop près des chevaux, croisez-les toujours par la gauche et ne faites pas d'arrêt brusque ou de changement de main qui pourraient gêner un autre cheval.

Gardez un œil sur la montre, faites connaître votre présence au commissaire au paddock et soyez prêts à entrer dans le manège quand il vous appellera. Si le cheval portait des guêtres à l'entraînement, retirez-les avant de passer. Assurez-vous que votre numéro soit bien visible.

BON À SAVOIR

LES JUGES

Dans la plupart des épreuves, il n'y a qu'un juge en C, mais à haut niveau, ils sont souvent trois pour que chaque détail soit apprécié par au moins un. Les juges sont des cavaliers ou des entraîneurs expérimentés ; pour les compétitions officielles, leurs compétences sont contrôlées et certifiées.

Chevaucher devant un juge

FAIRE BONNE IMPRESSION

Utilisez un tapis de selle de couleur unie (blanc, noir ou marron). Les tresses ne sont pas obligatoires aux premiers niveaux, mais c'est une marque de politesse envers le jury.

L'ÉPREUVE

Quand vous entrez dans la carrière, la politesse veut que vous énonciez votre numéro pour les juges. On doit vous laisser 60 secondes avant la cloche de départ. (Si le juge est assis dans une voiture plutôt qu'un « box » officiel, le klaxon fera sûrement office de cloche.) N'ayant pas le droit de pénétrer dans la carrière avant la sonnerie, utilisez cette minute comme une prolongation de l'échauffement. Faites avancer votre cheval le long de la bordure et passez au trot devant toute distraction inhabituelle comme une plante en pot ou des spectateurs.

Quand la cloche retentit, vous devez aussitôt démarrer l'épreuve. Celle-ci commence officiellement lorsque vous pénétrez dans la carrière au point A et se termine sur votre salut au juge. Si une personne vous lit l'épreuve, ce qui est souvent autorisé aux premiers niveaux et dans les petites compétitions, elle n'est autorisée à lire que ce qui se trouve sur le protocole ; tout commentaire peut être perçu comme une aide extérieure et vous pourriez être éliminé.

Au début, concentrez-vous pour faire avancer le cheval avec énergie plutôt que de vouloir l'amener à tout prix sur le mors. Les premiers niveaux sont conçus pour prouver la qualité de l'éducation du cheval ; le juge évaluera son obéissance et sa compréhension aux ordres qu'on lui donne.

À la fin de l'épreuve, saluez le jury en tenant les rênes dans la main gauche. Inclinez la tête et posez la main droite sur le côté de la cuisse.

ASTUCES DE CAVALIERS

- Le juge regarde si le cheval progresse correctement et si vous êtes capable de réaliser l'épreuve.
- **Guidez bien** le cheval ; par exemple, « C : galop » signifie que le cheval part au galop quand ses épaules sont alignées sur C.
- **Utilisez** tout l'espace et le temps dont vous disposez. Se presser ne sert à rien.
- **Préparez** bien chaque mouvement et chaque transition ; utilisez des demi-arrêts pour vous rééquilibrer si nécessaire.
- **Si vous** avez du mal à progresser en ligne droite, une utilisation subtile de l'épaule en avant peut vous aider à corriger le problème.
- **Offrir** de prendre des notes pour les juges est un moyen utile de comprendre ce à quoi ils sont attentifs.

GAGNER DES POINTS

Si vous n'atteignez pas le bon repère ou si la taille de votre cercle n'est pas correcte, cela signifie que votre mouvement ne l'est pas non plus, et vous perdrez des points.

LE SAUT D'OBSTACLES

Le saut d'obstacles a lieu sur un parcours jalonné de barrières colorées ou de barres rustiques souvent remplies et décorées de blocs de couleur ou de plantes. Un bon apprentissage et un bon dressage sont très importants pour cette discipline, car vous devrez rester en équilibre sur le cheval, avec une forte impulsion, pour négocier au mieux un parcours d'obstacles.

LA PISTE DE SAUT D'OBSTACLES

Les parcours sont soigneusement conçus et mesurés. Les plus simples proposent une progression simple entre les obstacles et n'impliquent rien de plus qu'un vertical ou une combinaison double. Le cavalier dispose d'une large surface pour tourner et aborder l'obstacle, dont la taille maximale est spécifiée dans le programme ; vous pouvez donc choisir le parcours le mieux approprié. Les parcours sans faute sont un bon point de départ car ils façonnent votre expérience du saut sans vous imposer de pression : on vous remet une rosette pour un sans faute, mais vous ne concourez contre personne.

En compétition, un « barrage » peut s'avérer nécessaire afin de départager les finalistes. Il peut être couru séparément (chacun saute une première fois et les qualifiés reviennent pour un second tour) ou simultanément (les concurrents ex-aequo enchaînent directement avec le barrage).

TERMINOLOGIE

- **Saut de puce** – deux éléments sont placés de sorte que le cheval se réceptionne après le premier et décolle immédiatement pour franchir le second, sans foulée entre les deux.
- **Combinaison** – obstacle associant plusieurs éléments. Un double est souvent séparé d'une ou deux foulées ; un triple peut compter une ou deux foulées entre le premier et le second élément, et deux ou trois foulées entre le second et le troisième.
- **Élimination** – disqualification si vous n'observez pas une règle, dans, ou en dehors du parcours, si vous essuyez trois résistances, et si vous ou le cheval tombez.
- **Pénalités** – déductions de points pour avoir fait tomber ou n'avoir pas franchi une barre.
- **Barrage** – plusieurs concurrents ont un score égal à la sortie du premier tour ; ils recommencent un petit parcours aux obstacles plus hauts, souvent contre la montre.
- **Résistance** – le cheval hésite trop devant l'obstacle ou recule, croise ses pistes et ne saute pas.
- **Contrat de foulée** – les obstacles sont suffisamment près pour que vous deviez franchir le premier de façon à être bien placé pour le suivant.
- **Abandon** – vous décidez de plein gré d'interrompre le parcours.
- **Dérobade** – le cheval contourne l'obstacle.
- **Foulée** – la longueur moyenne d'une foulée d'un cheval au galop.

SUIVRE LE PARCOURS

Vous pouvez choisir votre conduite entre chaque obstacle, mais vous devez les franchir dans l'ordre indiqué.

LE PARCOURS DÉBUTANT

Conçu pour encourager les débutants, ce parcours est fait de lignes droites et de larges tourners ; il comprend souvent une ou deux combinaisons.

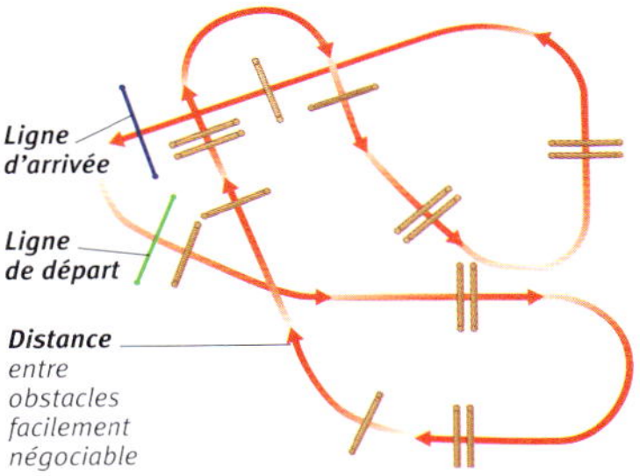

LE PARCOURS ÉLÉMENTAIRE

Ce parcours exige plus de compétences de la part du cavalier et de sa monture. Le tracé est plus complexe, les tourners plus serrés, et vous devrez sûrement négocier plusieurs contrats de foulée.

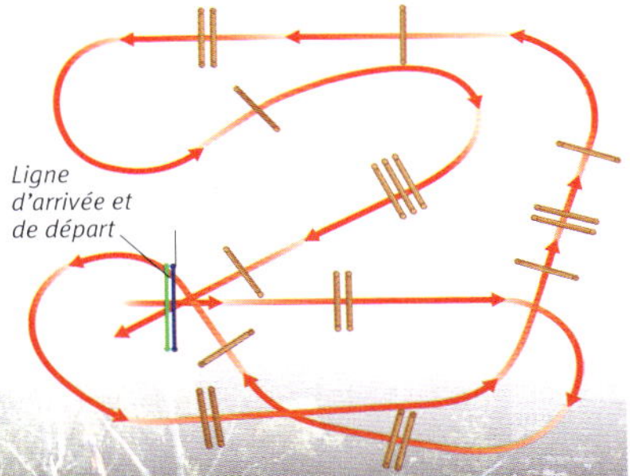

BON À SAVOIR

L'OBSTACLE VERTICAL

Vous aurez besoin d'une forte impulsion avec peu de vitesse. L'obstacle est difficile à évaluer car il est droit, sans démarcation.

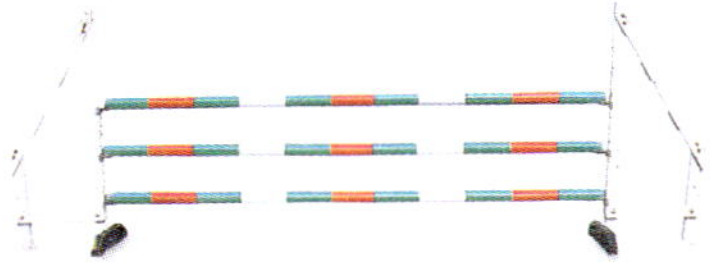

L'OXER CARRÉ

Il requiert beaucoup d'impulsion car le cheval doit faire preuve d'une bonne envergure d'action.

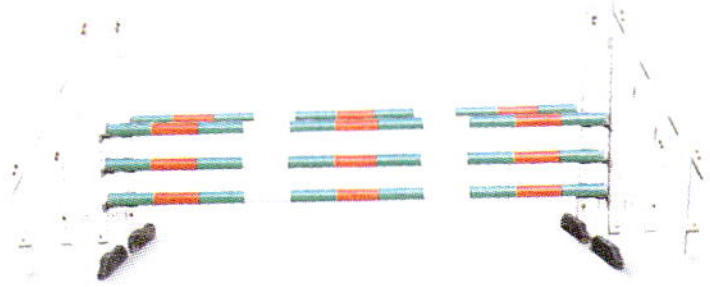

LE MUR

Il est construit avec des blocs en plastique. Franchissez-le comme un vertical. Son aspect plein rend son évaluation plus facile que les barres. Il permet d'évaluer la puissance.

LA TRIPLE BARRE OU BARRE DE SPA

Elle requiert plus de vitesse qu'un vertical car sa largeur oblige le cheval à sauter loin. La hauteur croissante des trois barres lui permet d'évaluer l'obstacle plus facilement.

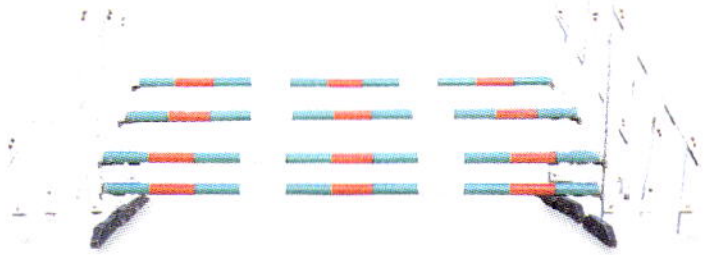

L'OXER MONTANT

Il invite le cheval à sauter car son inclinaison correspond à la courbure du dos de l'animal durant le planer. Il risque néanmoins de heurter la dernière barre s'il n'est pas concentré.

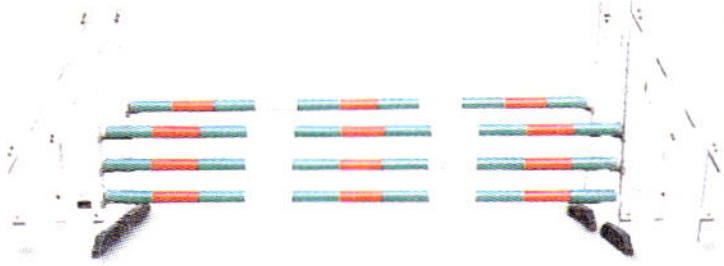

RECONNAÎTRE LE PARCOURS

Parfois, on accorde un moment au cavalier pour reconnaître le parcours à pied avant l'épreuve (et parfois aussi le parcours de barrage). Mémorisez le tracé et décidez de la façon de franchir chaque obstacle (par exemple, une triple barre requiert de la vitesse, mais si elle est suivie d'un vertical, vous devrez vite rééquilibrer le cheval sur ses jarrets après la réception). Comptez le nombre de pas pour les combinaisons et les contrats de foulée. Entraînez-vous chez vous pour évaluer l'espace dont votre cheval a besoin et trouver combien de vos pas correspondent à ses foulées.

MESURER EN FOULÉES
Deux de vos pas à partir de la base de l'obstacle vous donnent une idée de la réception ; quatre de vos pas équivalent à une foulée au galop.

L'ÉCHAUFFEMENT

Le but de l'échauffement est d'amener le cheval à votre écoute, prêt à faire de son mieux. Prévenez le commissaire au paddock de votre présence et vérifiez votre heure de passage pour ne pas vous presser ni vous fatiguer à l'avance. Le commissaire vous appellera avant votre heure, mais il vaut mieux garder un œil sur la montre.

Faites quelques cercles au trot puis au galop ainsi que des transitions pour vous aider à vous concentrer, puis rassemblez et allongez le galop. Il n'y a souvent qu'un ou deux obstacles et il est bon d'avoir un ami qui les mette en place pour vous. Un fanion vous indiquera dans quel sens les franchir (rouge à droite et blanc à gauche) ; soyez toujours courtois avec les autres cavaliers. Avec l'expérience, vous saurez l'échauffement dont votre cheval a besoin. Il est bon de commencer par des cavaletti pour qu'il se concentre et lève ses antérieurs. Puis formez un vertical que vous sauterez plusieurs fois. Plus vous concourrez à un haut niveau, plus vous devrez élever les obstacles d'entraînement, mais privilégiez toujours précision et contrôle plutôt que hauteur. Terminez par l'obstacle le plus haut et franchissez-le une seule fois.

LE PARCOURS

On vous accordera un moment pour faire le tour du parcours à cheval avant la cloche. Le cheval doit avancer d'un pas vif au trot ou au canter pour ne pas se déconcentrer. S'il prend peur, essayez de repasser près de ce qui l'a effrayé mais n'insistez pas, car ce n'est pas le moment de vous disputer. Vous n'avez pas le droit de le laisser observer un obstacle, mais si vous regardez les professionnels, vous les verrez passez

ASTUCES DE CAVALIERS

- **Faites attention** aux moindres distractions telles le box du jury ou l'entrée de la carrière si elle est située près d'un obstacle. Le cheval peut avoir tendance à tourner autour de l'entrée de la carrière, alors passez-la franchement.
- **Si le sol** est glissant, vous pouvez visser des crampons pour une meilleure stabilité (voir p. 196). La surface idéale est à la fois ferme et souple, douce pour les membres du cheval tout en lui offrant un bon appui ; mais il arrive souvent qu'elle soit mouillée et boueuse, ou sèche et glissante.
- **Pour les** compétitions en extérieur, le sol ne sera peut-être pas plat ; repérez les inclinaisons qui nécessiteront plus d'impulsion ou de retenue.

franchement près des obstacles.
Le saut d'obstacles du concours complet (voir p. 287) diffère du saut d'obstacles classique car une première résistance vaut quatre points de pénalités et l'élimination sanctionne la deuxième. Si vous renversez un obstacle, ne vous inquiétez pas : même si la foulée du cheval est perturbée, rééquilibrez-le promptement et concentrez-vous sur l'obstacle suivant. Ne vous souciez pas non plus des spectateurs ; même avec l'impression que tous les yeux sont sur vous, si vous ne vous laissez pas distraire, le cheval en fera de même. Respectez les conditions climatiques : par exemple, si le sol est glissant, préservez équilibre et impulsion mais accordez-vous plus de temps pour tourner.

FAUTES ET PÉNALITÉS

FAUTE	PÉNALITÉ
Heurter/renverser une barre	4 points
1re résistance	4 points
2e résistance	4 points
3e résistance	Élimination
Dérobade	4 points
Chute du cheval ou du cavalier	Élimination
Départ avant la cloche	Élimination
Franchir la ligne de départ plus d'une fois	Élimination
Franchir le mauvais obstacle	Élimination
Dépassement du temps	Pénalités de temps

GARDEZ LE MEILLEUR
L'échauffement est utile pour amener le cheval à se concentrer – préservez le meilleur de son potentiel pour votre passage.

LE CROSS-COUNTRY

C'est probablement le rêve de tout cavalier de concours complet que d'aller à Badminton, mais il existe de nombreuses compétitions plus modestes, du hunter au concours complet régional se déroulant sur un ou trois jours. Le cross-country est aussi captivant en tant que participant qu'en tant que spectateur, mais les risques sont multiples.

CHEVAUCHER DANS LA CAMPAGNE

Le cross-country n'est pas pour les débutants et les dangers potentiels ne doivent pas être sous-estimés. Les obstacles mettent en scène des caractéristiques réelles telles que les haies, les fossés, les ruisseaux ou les troncs. Ils constituent un véritable défi pour les cavaliers qui, comme les spectateurs, auront passé une formidable journée au grand air.

Avant de concourir, vous devez être coutumier de ce genre d'équitation, car il pose des problèmes complètement différents de ceux rencontrés au manège. Entraînez-vous à adopter une allure vive durant les randonnées et à sauter en plein air plutôt qu'au manège ; prenez aussi des cours de cross-country. De nombreux parcours permanents louent leurs installations, ce qui vous permettra de juger de vos capacités et de celles du cheval.

COMMENCEZ DOUCEMENT

Une fois prêt, commencez par une épreuve hunter ou pour débutant.

ENTRE LES FANIONS

Assurez-vous que le fanion rouge est à votre droite et le blanc, à votre gauche. Franchir un obstacle dans le mauvais sens causerait votre disqualification.

***Le fanion** rouge indique le côté droit de l'obstacle ; c'est dans ce sens que vous devez le franchir*

Contrairement au concours complet, qui comprend une phase de dressage et de saut, la chasse n'est qu'affaire de cross-country (le parcours peut comprendre une barrière à ouvrir et refermer).

Ne tentez d'abord que les parcours pour débutants ou limitant la hauteur des chevaux. Leur tracé sera généralement simple, mais les obstacles peuvent être larges en plus d'être hauts, situés parfois sur des buttes, et leur aspect plein peut les rendre intimidants. Ne vous infligez aucune pression. Travaillez l'impulsion pour un bon saut, mais s'il s'agit de votre première compétition et que vous préférez descendre les pentes au trot, faites-le.

Dans les épreuves ou le concours complet ouverts, la longueur et la complexité des parcours requièrent beaucoup de talent et de solides connaissances en matière de conduite et de techniques de saut. Ne vous lancez que si vous et votre cheval possédez suffisamment d'expérience et de maîtrise.

BON À SAVOIR

LA MANGEOIRE

Sa forme invite au saut, mais elle nécessite une forte impulsion. Il peut être abordé à vive allure, mais le cheval doit rester rassemblé, surtout si l'obstacle est sur une pente.

EN DENT DE SCIE

Si l'obstacle est balisé d'un fanion de chaque côté, vous pouvez choisir de le franchir sur le V ou sur une barre, ce qui peut prendre quelques secondes supplémentaires.

LE MUR

Obstacle plein au franchissement assez simple, sauf si la réception se situe en contrebas. Contrairement à son homologue classique, le mur de cross-country est souvent un véritable mur de pierres.

LE TRAKEHNEN

C'est un tronc suspendu au dessus d'un fossé. Essayez d'ignorer ce creux ; approchez avec une impulsion suffisante, mais pas trop vite pour que le cheval ait le temps d'évaluer l'obstacle et de rester concentré durant le saut.

LA HAIE

Le cheval ne doit pas en heurter le sommet, alors concentrez-vous sur cet objectif. Ne le confondez pas avec un bullfinch, dont le cheval est autorisé à frôler le sommet.

RECONNAÎTRE LE PARCOURS
Les mêmes règles s'appliquent à tous les niveaux. Accordez-vous du temps pour reconnaître le parcours, plusieurs fois si possible. Évaluez l'état du sol et la difficulté des obstacles et planifiez l'abord de chacun.

Certaines conditions seront modifiées en raison du climat et de l'heure (les ombres évolueront et par temps humide, les chevaux auront retourné la terre). Mémorisez le tracé et repérez les pentes, les tournants, les espaces ouverts ou clos. Presque tous les parcours comprennent le passage d'un point d'eau. La berge à la sortie peut devenir glissante.

Plus le parcours sera difficile, plus vous trouverez d'obstacles engageants et intimidants ; faites votre reconnaissance accompagné d'une personne qui connaît les pièges. Un obstacle large peut sembler décourageant alors qu'il s'agit simplement d'un saut conçu pour amener le cheval à prendre tout son élan. En revanche, un obstacle plus petit mais placé bizarrement nécessitera une approche réfléchie. Si un obstacle propose une alternative, apprenez les deux tracés possibles au cas où vous devriez changer vos plans. Essayez de regarder l'obstacle que vous venez de franchir : vous découvrirez peut-être une meilleure ligne d'attaque.

Conservez la carte du tracé pendant la reconnaissance : vous ne commettrez pas l'erreur d'oublier un obstacle. Mémorisez votre tracé préféré mais n'oubliez pas les alternatives pour chaque obstacle. Avant de vous lancer, faites le parcours mentalement, puis lancez-vous avec cette image positive en tête.

ÉLABOREZ VOTRE APPROCHE
Les obstacles jouxtent souvent un arbre, une pente ou un tournant ; il vous appartient de décider de la façon dont vous allez les négocier.

PRÉPAREZ LE CHEVAL
Les chevaux doivent être bien échauffés pour le cross-country, car ils sollicitent énormément leurs muscles et leur trachée-artère.

L'ÉCHAUFFEMENT

Au concours complet sur un jour, vous passerez l'épreuve de saut avant la phase cross-country ; il vous suffit donc d'amener le cheval au galop pour qu'il élargisse sa trachée-artère et de lui faire sauter quelques obstacles pour canaliser sa concentration. Pour une épreuve hunter, échauffez-vous comme pour le saut, mais introduisez un bon galop. Utilisez transitions et variations, car même si vous ne pouvez accélérer entre les obstacles, vous aurez besoin d'un cheval rassemblé, facile à diriger.

Un échauffement poussé avant le cross-country est important pour les muscles et les ligaments du cheval, mais aussi parce que même les chevaux en bonne forme peuvent être sujets à un « coup de sang ». Cela arrive lorsque le glycogène accumulé dans les muscles est brûlé trop vite, engendrant une montée d'acide lactique qui entraîne une inflammation des tissus musculaires. Le cheval devient presque rigide dans son dos et son arrière-main et il nécessite des soins vétérinaires immédiats.

BON À SAVOIR

POUR LE CAVALIER

Les gilets de protection sont obligatoires et doivent être conformes aux normes. Il en va de même pour les casques. L'ensemble doit être parfaitement ajusté. Portez des bottes et des gants antidérapants.

POUR LE CHEVAL

Utilisez des rênes solides et antidérapantes en cuir et en caoutchouc, ou en nylon avec des bandes de cuir, ainsi qu'une sursangle si possible. Utilisez des protège-boulets, des cloches ou des guêtres qui amortissent les chocs. Quel que soit votre choix, elles doivent s'adapter parfaitement au cheval et ne pas entraver sa progression.

L'ÉQUIPEMENT DE LA JOURNÉE

Eau, éponges et couteau de chaleur, chemise, crampons pour les fers, cure-pieds, kit de premier secours, filets à foins garnis. N'oubliez pas vos rafraîchissements: la déshydratation engendre la fatigue et risque de vous faire commettre des erreurs.

AVANT LE DÉPART

Échauffez le cheval et examinez-le pour dépister toute anomalie. Vérifiez toute votre sellerie avant de monter puis avant le départ. Votre casque et votre gilet doivent être parfaitement ajustés et attachés. Dénattez la crinière du cheval pour que rien ne s'y accroche.

Vérification de la sangle

VOTRE PERFORMANCE

Tous les préparatifs sont bouclés : maintenant, tout n'est plus qu'affaire de concentration et de condition physique. Vous n'êtes pas obligé de rester dans le box ou devant la ligne de départ ; souvent, il est préférable de faire quelques pas jusqu'à ce que le compte à rebours commence, dix secondes avant le départ. Partez à une allure vive, mais non précipitée, le tracé clairement inscrit dans votre tête (soyez prêt à réfléchir rapidement en cas de changement nécessaire). Vous serez peut-être amené à opter pour un tracé différent si le parcours ne se déroule pas comme prévu et vous devez être capable de conduire à l'instinct. Quel que soit le cas de figure, vous verrez qu'il était important de reconnaître d'abord le parcours à pied.

Un rythme régulier vaut mieux que des accélérations soudaines ; si vous sentez que le cheval a du mal à décoller, réprimez votre envie de vous pencher en avant.

SUR LE DÉPART
Présentez-vous au départ à l'avance, mais essayez de faire marcher le cheval jusqu'au compte à rebours.

RESTEZ CONCENTRÉ
Réfléchir vite et posément vous permettra de gérer les situations dans lesquelles votre plan initial ne peut plus s'appliquer.

Restez bien droit et soulevez votre poids de ses épaules en gardant un contact ferme avec les jambes pour provoquer l'impulsion. Un cheval intelligent et bien guidé arrivera souvent à se rétablir, mais le gêner au mauvais moment peut avoir des conséquences désastreuses.

Adaptez-vous au terrain. Sur un sol glissant ou mouillé, vous devez bien rassembler le cheval, tandis qu'un sol sec ou collant peut lui sembler très dur. Si la boue est profonde, le cheval doit fournir un surcroît d'efforts et se fatiguera vite. Ne vous détendez pas au risque de ne pas être concentré à l'abord d'un obstacle : le cheval vous aura probablement imité et les conséquences seront fâcheuses. Une fois la ligne d'arrivée franchie, ne vous arrêtez pas brusquement, le cheval risquerait de se froisser un tendon. Ralentissez et évitez les virages soudains. Même si vous avez envie de le flatter, ne lâchez pas les rênes car étant fatigué, il se laisserait aller sur son avant-main. Mettez pied à terre, détendez la sangle, faites quelques pas en le menant et accordez-lui toute la récompense qu'il mérite.

EN SAVOIR PLUS

LE CONCOURS COMPLET

Le concours complet vient de l'ancien championnat du cheval d'armes, en Europe, où les chevaux de cavalerie étaient mis à l'épreuve pendant trois jours. Aujourd'hui, le cheval doit prouver son obéissance lors du dressage, son courage et son endurance dans le cross-country et sa capacité à rester souple pour l'épreuve de saut, le dernier jour.

Le concours sur trois jours n'est pas à la portée de tout le monde ; le concours sur un jour est plus accessible. De nombreux centres équestres en organisent, mais la plupart des concours complets dépendent de l'organisation dirigeante régionale, qui offre un cadre structuré vous permettant de gravir les échelons (vous n'êtes autorisé à concourir dans une épreuve que lorsque vous êtes qualifié pour) et garantit que les parcours sont conformes aux normes spécifiques. Les compétitions internationales sont appelées CIC (un jour) ou CCI (trois jours) et sont notées par étoiles (jusqu'à quatre). Il existe cinq compétitions quatre étoiles au monde : Badminton et Burghley au Royaume-Uni ; Lexington aux États-Unis ; Adélaïde en Australie ; Luhmühlen en Allemagne.

Andrew Nicholson au lac de Badminton

LES AUTRES COMPÉTITIONS

Le saut d'obstacles, le concours complet et le dressage sont les disciplines qui rencontrent le plus de succès mais il existe nombre de compétitions. De l'exhibition en main au polo effréné et au défi que représente l'endurance, il existe des sports pour les cavaliers qui veulent s'amuser et pour ceux qui veulent atteindre les sommets.

L'EXHIBITION

Que vous possédiez un Cob ou un poney indigène de pure race, les choix sont multiples. Il existe des classes pour tous, des chevaux expérimentés aux chevaux de chasse ou de randonnée ; le facteur décisif est l'allure de l'animal, son comportement et sa façon de se mouvoir. Guider le cheval intelligemment est un avantage, la présentation compte pour beaucoup et la patience est un précieux atout pour le cavalier autant que pour le cheval. Certaines classes ne jugent que l'allure ; elles sont un bon moyen pour les débutants nerveux de découvrir ce à quoi ressemble une compétition.

AVOIR FIÈRE ALLURE
Une bonne présentation du cheval comme du cavalier est cruciale en exhibition.

ALIGNÉS EN EXHIBITION
Les concurrents sont appelés à prendre place au centre pour être examinés par le juge qui décidera du classement final.

EN SAVOIR PLUS

LES AUTRES COMPÉTITIONS

- **Certains** événements « exubérants », tels les Pony Games, sont souvent considérés comme un amusement, surtout pour les enfants, mais ils peuvent donner lieu à des compétitions des plus sérieuses.
- **La voltige** est une discipline de compétition officielle, très populaire en Allemagne.

LE TREC

D'abord conçu comme une compétition réservée aux guides professionnels de trekking en France à la fin des années 1970, le TREC n'a pris son essor que récemment. La compétition est divisée en trois sections : l'orientation, où l'on teste vos capacités à lire une carte et à évaluer la vitesse, le contrôle de l'allure et un parcours d'obstacles qui peut comprendre des pentes, des fossés et des barrières. Vous pouvez contourner tout obstacle que vous n'avez pas envie de franchir ; vous perdrez des points mais ne serez pas éliminé.

L'ENDURANCE

Il existe plusieurs épreuves d'endurance, des 32 km de balade tranquille aux courses de 160 km, vitesse imposée. Si vous aimez passer de longues heures en selle et que vous êtes prêt à suivre des itinéraires à vive allure tout en prenant grand soin de votre cheval, ce sport est fait pour vous.

Vous n'êtes en compétition avec d'autres cavaliers que dans les courses ; dans les autres épreuves, il faut terminer le parcours dans les meilleurs temps, avec un cheval dans une meilleure condition physique possible. Un examen vétérinaire a lieu avant le départ et à l'arrivée, ainsi que pendant le raid, si celui-ci est très long. Les cavaliers d'endurance aguerris finissent par reconnaître chaque nuance de condition physique de leur cheval, ce qui est en soi un aspect fascinant de ce sport.

LE POLO

Même si les cours de polo sont onéreux presque tout le monde peut s'y essayer. Vous n'avez pas besoin d'être un cavalier expérimenté, mais vous aurez probablement besoin d'une certaine dose de courage, de forme et d'équilibre. Le polo est le plus effréné et le plus palpitant des sports équestres.

JOUER AU POLO
Au plus haut niveau, le polo est trépidant et chic, mais il offre de nombreuses possibilités aux débutants qui veulent s'y essayer.

UNE ÉPREUVE DE RÉSISTANCE
Les premiers raids d'endurance ne requièrent pas une allure très rapide, mais chacun a une durée maximum, ce qui les différencie complètement d'une balade à la campagne.

LA COMPÉTITION WESTERN

Pour un rodéo ou dans un enclos d'exhibition, qu'ils s'alignent dans la carrière ou qu'ils réalisent une figure, les concurrents western disposent d'une large palette d'épreuves pour démontrer leur talent. Certaines épreuves ne jugent que la progression du cheval, d'autres mettent l'accent sur les compétences du cavalier, se déroulent contre la montre ou introduisent le travail avec le bétail.

LE WESTERN PLEASURE

Lors de l'épreuve de western pleasure, tous les cavaliers entrent en même temps dans la carrière pour montrer leurs chevaux au juge. Celui-ci décidera du cheval qui se déplace le mieux ; le gagnant aura fait preuve d'obéissance et aura conservé une allure calme et fluide, qui soit un plaisir pour son cavalier.

LE CHEVAL IDÉAL

Pour remporter une épreuve de western pleasure, votre cheval doit posséder une bonne conformation (être naturellement doté d'un dos bien droit), pour être capable d'exécuter les allures rasantes que l'on exige de lui, ainsi qu'un tempérament calme pour un dressage de qualité et un comportement adéquat en compétition.

Il doit savoir avancer à une allure lente, fluide et régulière ; un cheval qui double les autres concurrents ne figurera pas au classement. Son énergie provenant de l'arrière-main et de son dos, le cheval doit réaliser des transitions coulantes sans le moindre signe de résistance (un hochement

MONTER AVEC PLAISIR
Le cheval doit exécuter des allures équilibrées ; le mouvement des épaules et des hanches produisant une foulée déliée et rasante.

LES TENUES DE COMPÉTITION
Pour une épreuve de western pleasure, les cavaliers revêtent des chaps souvent ornées de franges, des chapeaux western type Stetson, des chemises colorées et des boucles d'argent.

de tête ou un fouettement de queue).

La position de la tête et de l'encolure du cheval est extrêmement importante. Elle est observée de près car elle indique si le cheval progresse en étant bien équilibré. Si sa tête est trop basse, c'est un signe évident que le cheval se porte trop sur son avant-main. S'il tient sa tête trop au-dessus du garrot, son dos se creusera et ses foulées seront courtes et saccadées.

LA PRÉSENTATION DE VOTRE CHEVAL

Les chevaux sont soigneusement brossés pour accentuer la rectitude de leur échine et tout poil en trop est éliminé.
La crinière est coupée court puis peignée (voir p. 268-269) pour affiner l'encolure. La queue est longue et pleine, coupée droit à son extrémité pour accentuer la silhouette du cheval. Les taches blanches de la robe sont mises en valeur avec des shampoings spécifiques. Les sabots sont vernis.

ASTUCES DE CAVALIERS

- **Présentez** une image calme au juge.
- **Même si** c'est le cheval, et non le cavalier, qui est jugé, vous pouvez aider à faire bonne impression en vous grandissant dans la selle, tête haute, épaules en arrière, et le regard droit devant.

BON À SAVOIR

LES ALLURES LORS DE L'ÉPREUVE

Le cheval doit avancer avec allant, au pas, au jog et au lope et soumis aux aides discrètes du cavalier. Il sera pénalisé s'il « triche » : ses antérieurs avancent au pas et ses postérieurs au jog ; il court un lope à quatre temps.

Au pas

Au jog

Au lope

LE TRAIL

Ponctué d'obstacles susceptibles d'être rencontrés dans la nature, le parcours de trail est un véritable défi pour le cavalier et sa monture. Le concurrent peut se voir demander de franchir des troncs au lope, un pont au pas, de passer entre des arbustes, de reculer le long de sentiers étroits, d'ouvrir et refermer une barrière et même d'enfiler un imperméable.

LE PARCOURS D'OBSTACLES

Le cheval est amené à négocier une série d'obstacles. Les tâches seront réalisées au pas, au jog et au lope. Les obstacles doivent être franchis dans un ordre spécifique, appelé pattern, faute de quoi le concurrent sera éliminé. Chaque obstacle est une épreuve en soi, et le cheval est jugé sur la facilité avec laquelle il accomplit chacune d'elles. L'épreuve n'étant pas chronométrée, le cavalier peut prendre le temps nécessaire à la bonne réalisation de chaque tâche.

Les concurrents passent un par un ; cheval et cavalier sont jugés sur la précision, l'habileté et la qualité de réalisation du pattern. Le cheval doit faire preuve de calme, de bonne volonté et d'obéissance aux aides du cavalier.

Le score sera plus élevé si le cheval travaille à une vitesse régulière, sans se précipiter ni lambiner. Il doit être capable de terminer le parcours en ayant bien répondu à toutes les aides du cavalier, quelle que soit la difficulté des obstacles rencontrés. Le juge déduira des points si le cheval résiste, échoue devant un obstacle, le renverse ou se montre nerveux.

CHOISIR LE CHEVAL IDÉAL

Tous les chevaux peuvent concourir, mais le cheval idéal doit être patient et de bonne volonté pour ne jamais se précipiter durant le parcours. Un cheval qui rechigne, s'emballe facilement, piaffe ou lève trop la tête sera considéré comme échappant au contrôle du cavalier et sera donc jugé sévèrement. En revanche, le cheval doit faire preuve d'intérêt pour chaque obstacle rencontré.

BON À SAVOIR

LES ÉLÉMENTS DU PARCOURS DE TRAIL

Le cheval devra peut-être tourner sur lui-même dans un carré matérialisé par des barres pour montrer, en plaçant précautionneusement ses pieds, qu'il est conscient de son environnement. Il devra aussi peut-être franchir latéralement une barre ou plusieurs barres au lope. Leur configuration peut être rectiligne, incurvée, en zigzag ou élevée. Le cheval ne doit pas les toucher.

Pirouette dans un carré

Franchissement latéral d'une barre

Franchissement de barres au lope

PASSER UNE BARRIÈRE

La cavalière doit ouvrir la barrière, passer, puis la refermer. Elle peut changer de main pour tenir les rênes mais uniquement si elle le fait avant d'ouvrir la barrière et après l'avoir refermée.

L'ÉPREUVE DE TRAIL

Il est essentiel de mémoriser le parcours pour éviter de vous perdre en pleine épreuve. À l'abord d'obstacles difficiles, laissez le cheval faire une brève pause pour les observer avant de continuer. Cela lui permet d'en évaluer la difficulté de la même manière qu'il remarquerait un élément inhabituel lors d'une randonnée.

PASSER UN PONT

Un pont surélevé exige du cheval qu'il pose les pieds sur une surface inhabituelle.

LE REINING

Lors d'une épreuve de reining, le cheval est jugé selon son mérite technique et sur des critères de style. Chaque cavalier réalise sa performance individuellement et exécute une série de manœuvres, dont des cercles au lope, des sliding stops et des spins.

LES PATTERNS DU REINING

Le concurrent doit exécuter l'un des 10 parcours officiels. Il doit réaliser de petits cercles lents et de grands cercles rapides, des changements de pied, des roll-backs, des spins et des sliding stops, tous avec une rêne lâche. Les juges sont attentifs à la précision, la volonté, l'obéissance et le contrôle de la vitesse. Les cercles doivent être bien ronds et décrits sans que le cheval ne déporte ses hanches en dehors ou ses épaules en dedans du cercle. Le galop des grands cercles doit être vif et délié, suivi d'un net ralentissement vers un lope relaxé pour les petits cercles. Les changements de pied doivent être coulants, exécutés au bon moment, sans changement d'allure ni de rythme.

LES POINTS

Compter les points d'un pattern est assez compliqué. Le cheval gagnera des points pour sa finesse et le contrôle de sa vitesse et il en perdra s'il résiste, exécute un mouvement trop tôt ou si le pattern manque de rigueur. Toute modification du parcours est lourdement pénalisée, pouvant aller jusqu'à la disqualification. Les exercices plus « posés », comme les cercles, sont tout aussi importants que les mouvements spectaculaires comme les glissades. Le cavalier et sa monture commencent avec un capital de 70 points auquel les juges, au fil du parcours, ajoutent ou déduisent des points. Chaque manœuvre peut coûter 1,5 point si elle est médiocre ou rapporter jusqu'à 1,5 point si elle est excellente. Le total des points des manœuvres est ajouté au score initial de 70 points pour donner un score de manœuvre brut. Toute pénalité est alors déduite pour obtenir le score final du couple cheval-cavalier. Un pattern compte environ huit manœuvres. Un concurrent peut donc obtenir entre 58 et 82 points.

BON À SAVOIR

LES ÉLÉMENTS D'UN PATTERN DE REINING
Une grande importance est accordée à la symétrie de la réalisation du pattern, mais les *rundowns* (au galop contrôlé) sont eux aussi essentiels. C'est là que le contrôle de la vitesse est le mieux observable, et que le cavalier peut tirer parti de la rapidité et de la beauté de l'allure de son cheval. En certains points du pattern, le cheval doit aussi « hésiter », se tenir immobile et relaxé.

Rundown

Hésitation

GUÊTRES DE PROTECTION POUR LE REINING

Les membres du cheval étant rudement mis à l'épreuve, il est autorisé à porter des guêtres de protection en néoprène pour les antérieurs et des protège-boulets et des cloches pour les postérieurs.

LES AUTRES ÉPREUVES EN COMPÉTITION WESTERN

Certains cavaliers recherchent davantage qu'une simple démonstration d'équitation. Ils préfèrent se lancer des défis pour tester leurs propres compétences et disposent pour cela de toute une palette d'épreuves, qu'ils peuvent même combiner.

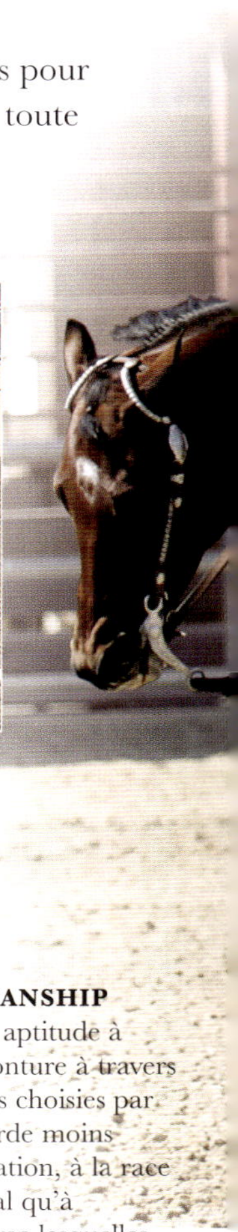

LE WESTERN RIDING

Pour les cavaliers qui aiment exécuter des manœuvres complexes telles que le changement de pied, le western riding est l'épreuve idéale. Les juges accordent ou déduisent des points en fonction de la qualité des allures, des changements de pied, de la docilité du cheval, de son élégance et de son intelligence.

Chaque cavalier concourt individuellement sur un pattern choisi par les juges (ils ont le choix entre quatre patterns). Selon ce choix, le cheval devra zigzaguer d'un bout à l'autre de la carrière avec un changement de pied au centre ou slalomer entre une série de cônes, ce qui impose de nombreux changements de pied.

Le pattern est matérialisé dans la carrière grâce à de petits cônes en plastique. Le cheval les rejoint au lope, puis il réalise le pattern incluant sept ou huit changements de pied. Comme en reining, chaque cavalier part avec 70 points et peut en gagner ou en perdre selon sa performance.

Le cheval doit se mouvoir avec aisance, mais la position de sa tête n'est pas aussi importante qu'en western pleasure. Il est jugé sur son aptitude à négocier les difficultés et à changer de pied au moment approprié. Il doit posséder un lope plus actif et exécuter les tâches proposées avec calme et précision. Il doit être en parfaite harmonie avec son cavalier pour donner l'impression de ne fournir aucun effort dans l'exécution de cette discipline extrêmement exigeante.

La tenue, la sellerie et le toilettage sont similaires à ceux du western pleasure, et nombre de cavaliers ne se changent pas pour cette épreuve.

ÉPREUVE DE WESTERN RIDING
Au départ de l'épreuve, le cheval franchit au jog une barre au sol avant de partir au lope vers les cônes disposés dans la carrière.

LE WESTERN HORSEMANSHIP

Le cavalier est jugé sur son aptitude à contrôler et conduire sa monture à travers un ensemble de manœuvres choisies par le juge. Cette épreuve accorde moins d'importance à la conformation, à la race ou au mouvement du cheval qu'à l'adresse et à la précision avec lesquelles le cavalier communique avec lui. Le cavalier doit faire preuve d'assurance, de finesse et posséder une bonne assiette. Pas, jog, lope, stop et reculer peuvent figurer dans chaque pattern. Selon la difficulté de l'épreuve, les cercles, les changements de pied, les demi-tours et les transitions peuvent aussi être ajoutés. Chaque concurrent effectue le parcours individuellement, puis tous les concurrents passent ensemble dans la carrière, comme lors d'une épreuve de western pleasure.

UNE TENUE APPROPRIÉE
La tenue des cavaliers est classique et sobre. Des vêtements bouffants, sales ou qui dénaturent leur silhouette réduiraient leurs chances de gagner.

Ils démarrent tous avec un score de 20 points ; contrairement au reining ou au western riding, les points sont déduits en cas d'erreur mais les bons mouvements ne rapportent rien. Cheval et cavalier doivent posséder un équilibre parfait ; les juges seront particulièrement attentifs à l'assiette. Comme en dressage, le cavalier doit anticiper chaque élément du parcours pour être efficace et précis. La posture d'une monte western de qualité sert à influencer le cheval ; le contact des rênes sera donc léger mais non lâche.

BON À SAVOIR

DÉDUCTION DES POINTS
Outre une assiette efficace et classique, les cavaliers doivent effectuer le parcours tel qu'indiqué. En western riding, on déduira des points pour un mauvais changement de pied (si le cheval change avant ou après le point ou s'il botte durant le parcours). En horsemanship, les cavaliers se verront ôter des points pour une transition peu soignée, pour avoir renversé un cône, pour des aides trop appuyées ou la désobéissance de leur monture.

« IL N'Y A PAS DE CHEVAL QUI NE PUISSE ÊTRE MONTÉ. IL N'Y A PAS DE COW-BOY QUI NE PUISSE ÊTRE DÉSARÇONNÉ. »

Proverbe de cow-boy

LE BARREL RACING ET LE POLE BENDING

Exécutés lors des rodéos ou des compétitions régionales, le barrel racing et le pole bending sont des jeux de vitesse palpitants. Cheval et cavalier font le tour de plusieurs tonneaux ou slaloment entre des poteaux : ces jeux requièrent beaucoup de précision, d'agilité et de vitesse.

LE BARREL RACING

Les cavaliers courent contre la montre : le plus rapide gagne. Le cheval doit faire le tour au galop de trois tonneaux placés en triangle pour former une feuille de trèfle. Il part soit de l'extérieur de la carrière, soit de derrière la ligne de départ, entre à pleine vitesse dans la carrière et tourne pour faire le tour d'un tonneau situé sur le côté. Il court ensuite vers le tonneau opposé en décrivant un huit de chiffre au centre du terrain. Une fois le deuxième tonneau contourné, le cheval se dirige vers le tonneau situé à l'autre extrémité du terrain, le contourne et revient au départ. Cheval et cavalier sont autorisés à toucher un tonneau, mais s'ils le renversent, ils sont pénalisés de cinq secondes.

LA TECHNIQUE DU BARREL RACING

Quand ils contournent les tonneaux, les cavaliers avancent exagérément leur assiette. Ils ne doivent pas baisser les yeux, et après avoir fait le tour d'un tonneau, leur regard doit déjà porter sur le prochain. Les dernières secondes du galop final sont cruciales : les cavaliers éperonnent leur cheval à chaque foulée et n'interrompent leur effort qu'après avoir franchi la ligne d'arrivée.

CONTOURNER UN TONNEAU
Le cavalier doit garder son équilibre tout le long du tour pour que le cheval ne relâche pas son épaule intérieure, au risque de renverser le tonneau.

Le cheval *doit serrer le tonneau de très près*

LE POLE BENDING

Cheval et cavalier doivent slalomer entre six poteaux alignés. Comme pour tout jeu de vitesse, le plus rapide gagne. Si le cheval renverse un poteau, cinq secondes seront ajoutées à son temps. S'il dévie du tracé, rompt le pattern ou si le cavalier tombe, il est disqualifié.

Le cheval part de l'extérieur et galope jusqu'au bout du terrain, le long de la ligne de poteaux, puis il revient en slalomant entre eux. Entre chacun, le cheval doit effectuer un changement de pied.

Au sixième poteau, il fait demi-tour et repasse en zigzag entre les poteaux. Une fois terminé, il fait un dernier demi-tour et revient au galop vers l'arrivée.

LA TECHNIQUE DU POLE BENDING

Avant tout, le cavalier doit surveiller sa position par rapport à chaque poteau, car ils se renversent très facilement. Le cheval doit avoir un dos flexible et un corps souple pour changer de flexion et manœuvrer rapidement entre les poteaux. Son arrière-main lui permet de ne pas dévier du tracé et il doit respecter les poteaux de même qu'un cheval de saut prend garde de ne pas heurter les barres.

LA TENUE

Les cavaliers portent des vêtements confortables : jeans, chemise western, boots roper et chapeau western. Aujourd'hui, ils portent souvent un casque pour éviter les chocs crâniens. Les chevaux portent des guêtres de protection et parfois un collier de chasse pour stabiliser la selle. Les selles sont coupées avec de petites jupes rondes et de hauts troussequins pour assurer leur assiette.

UNE ARRIÈRE-MAIN BIEN ALIGNÉE
Il est important que le cheval parvienne à garder les hanches sur la même piste que son avant-main.

DES VIRAGES SERRÉS
Chaque seconde compte, les meilleurs temps étant souvent en dessous des 20 secondes. Le cheval peut perdre de précieux dixièmes de secondes en ne serrant pas les poteaux d'assez près.

LES ÉPREUVES AVEC BÉTAIL

Ces épreuves s'inspirent des tâches traditionnelles du cheval western. Ces activités misent tout sur le *cow sense*, le sens du bétail que possèdent certains chevaux. Les épreuves de travail avec le bétail comprennent le reined cow horse, le team penning et le team sorting.

LE REINED COW HORSE

Si le reining est le « dressage des cow-boys », le reined cow horse sera le « concours complet des cow-boys ». Ce sport s'est développé pour perpétuer les traditions espagnoles du travail avec le bétail. Cette compétition se déroule en trois phases : le rein work, le fence work, et le cutting.

Le rein work, aussi appelé dry work, est un parcours incluant des figures de reining telles que les cercles, les changements de pied, les roll-backs et les sliding stops, mais aussi des tâches avec le bétail. En fence work, le cheval démontre sa capacité à contraindre une vache à galoper dans la carrière, puis à la diriger le long du grand côté en lui faisant faire demi-tour à chaque extrémité. C'est probablement la phase la plus excitante de la compétition. Vitesse et contrôle sont incontournables, mais une bonne assiette est capitale car les risques de chute sont grands. En cutting, le cheval sépare une vache du troupeau et la tient à l'écart des autres.

Ces épreuves nécessitent énormément d'entraînement. Les chevaux gagnants doivent non seulement posséder le fameux

BON À SAVOIR

LE COW SENSE

Pour réussir ces épreuves, le cheval doit contrôler une vache sans la perturber. Un cheval très doué s'« accroupira » légèrement pour observer le bétail et adapter son allure sans indication particulière du cavalier. Les juges seront attentifs à l'équilibre et à des changements de direction fluides.

LE TEAM PENNING

Épreuve très terre à terre, le team penning plaira aux cavaliers qui préfèrent son aspect fonctionnel au clinquant de la plupart des compétitions.

L'ÉQUITATION ENTRE AMIS

PROMENADES ET VACANCES

Il y a de nombreuses façons de partager votre passion avec d'autres amoureux des chevaux, des pistes et des balades tranquilles ou des voyages à cheval dans des régions lointaines aux stages pour parfaire vos compétences en passant par les compétitions organisées par les clubs. À cheval, l'amitié prend un tout autre sens.

CHOISISSEZ VOTRE OPTION

L'équitation est un sport individuel mais pas nécessairement solitaire. Les activités que vous pouvez partager sont nombreuses.

Si vous avez envie d'en savoir plus sur les chevaux, vous pouvez participer à des stages qui vous permettront de passer une journée, une semaine ou plus dans un centre équestre pour apprendre tout ce qu'il y a à savoir sur les soins, les compétences de base ou la maîtrise d'une discipline spécifique.

Si vous voulez vous entraîner pour concourir, vous devriez adhérer à un club hippique. Leurs membres bénéficient d'une foule d'avantages, dont des opportunités éducatives uniques et des réductions pour assister à leurs compétitions et à divers événements. Les selliers offrent aussi parfois des réductions aux membres de clubs.

Les voyages à cheval sont le meilleur moyen de profiter de l'équitation. Différentes formules sont proposées à travers le monde, pour tous

LES VACANCES AU RANCH
Durant un séjour dans un ranch américain, vous pourrez vivre comme les cow-boys.

SUR LES PISTES DE NOUVELLE-ZÉLANDE
Réputée pour ses chevaux exceptionnels et ses paysages à couper le souffle, le pays est l'un des meilleurs endroits pour voyager à cheval.

BON À SAVOIR

À PRENDRE DANS VOS BAGAGES

- **Prenez** vos bottes et chaps habituelles, ainsi qu'un casque.
- **Pour** monter, emportez des chemises à manches longues ; des culottes, jodhpurs ou jeans ; un pull-over ; une veste ; des gants d'équitation. Assurez-vous de pouvoir vous changer au cas où vos vêtements seraient trop humides. Emportez aussi une veste chaude à capuche si vous partez en hiver. Chemises et culottes en tissu aéré vous aideront à rester frais et sec dans les climats chauds.
- **Si vous** partez avec votre propre cheval, emportez son passeport et son carnet de vaccination ainsi que sa sellerie, ses tapis et sa nourriture. Étiquetez son filet et/ou son licol avec un numéro de téléphone : si vous tombez et qu'il se perd, les lieux lui sembleront peu familiers et il ne sera pas capable de retrouver son chemin. La personne qui l'attrapera pourra ainsi vous contacter.

les niveaux, et dans toutes les disciplines, du dressage à la conduite du bétail.

ATTENTION AU TEMPS

Si vous envisagez de faire un voyage loin de chez vous, renseignez-vous bien sur les différences climatiques. En Australie par exemple, janvier correspond au plein été ; c'est le mois le plus chaud de l'année. En revanche, n'entreprenez pas une traversée du désert de l'Arizona entre les mois de juin et d'octobre, les températures dépassant les 37 °C. Ne partez pas en camp d'équitation en Floride à la fin de l'été, surtout aux mois de septembre et octobre, car c'est la saison des ouragans.

SOYEZ FIN PRÊT

Pour un voyage à cheval, préparez-vous à passer de longues heures en selle. Vous profiterez bien plus de vos vacances si vous n'êtes pas courbaturé dès le deuxième jour. Être en bonne condition physique vous évitera cet écueil ; inscrivez-vous dans un bon programme de remise en forme qui tonifie vos jambes et vos lombaires. Mais la meilleure des préparations reste le temps que vous passerez en selle. N'hésitez donc pas à travailler quelques heures supplémentaires avant le départ. Essayez de gravir et de descendre des collines à différentes allures, et lancez-vous au galop sur terrain plat.

LES CLUBS HIPPIQUES

Si l'équitation est pour vous plus qu'un simple loisir et si vous souhaitez vous mettre à la compétition, vous devriez envisager d'adhérer à un club hippique, dont la compétition est souvent l'objectif principal. Vous pourrez vous joindre aux séances d'entraînement, parfaire vos compétences et concourir dans divers événements équestres.

PRENDRE DES COURS
Les clubs proposent souvent un enseignement spécialisé dans la plupart des disciplines, pour une seule personne ou toute une équipe.

LES AVANTAGES DE L'ADHÉSION

Lors de l'adhésion, vous devrez payer une cotisation annuelle (les séances d'entraînement et les cours sont à régler séparément, à un tarif préférentiel). Vous bénéficierez de nombreuses réductions dans tous les domaines, de l'assurance du cheval au tourisme équestre, et aurez accès à des stages et des ateliers, des conseils sur la façon de soigner un cheval, une vidéothèque, une reconnaissance à pied gratuite des parcours de cross-country en compagnie de professionnels, des mises à jour sur les maladies et d'autres questions concernant le bien-être du cheval et du cavalier. De nombreux clubs récompensent les efforts fournis par leurs membres. Les cavaliers classés lors de compétitions organisées par des clubs se voient attribuer des points ; à la fin de l'année, ceux qui en ont le plus reçoivent un trophée ou une rosette lors du dîner ou de la réunion annuelle. Les clubs favorisent les contacts entre leurs membres et fournissent souvent un règlement et un bulletin affichant les résultats des compétitions. Les membres reçoivent également les dernières informations concernant les compétitions locales. Diriger un club exige beaucoup de travail ; peut-être envisagerez-vous de vous joindre au comité pour aider à organiser les compétitions, les entraînements et les événements.

Quand ils organisent des compétitions, les clubs appliquent des règles de sécurité très strictes conformes à celles de la fédération française équestre. De nombreux clubs sont affiliés à une organisation nationale et leurs équipes concourent contre d'autres clubs affiliés dans des disciplines variées, au niveau régional et national.

LES RANDONNÉES CARITATIVES

Très populaires en Angleterre mais encore peu en France, les randonnées caritatives sont souvent organisées pour lever des fonds au profit d'une association. Elles sont ouvertes aux cavaliers de tout âge et peuvent souvent accueillir de nombreux participants.

S'INSCRIRE

De nombreuses associations caritatives organisent ce genre d'événements pour lever des fonds. Il est fréquent que les droits d'entrée pour une course d'endurance courte aillent à des organisations caritatives régionales. Certaines concernent les chevaux, mais d'autres aident la recherche pour lutter contre le cancer ou les maladies du cœur. Certaines randonnées caritatives consistent en un parcours de cross-country et d'autres en une longue promenade. L'argent versé par les personnes qui sponsorisent les cavaliers est reversé aux associations.

En France, ce procédé est moins courant, mais il existe tout de même des événements pour lesquels les cavaliers achètent une petite décoration ou simplement un droit d'entrée qui fait office de donation.

Ces événements sont l'occasion de prendre part à une randonnée ou une course sans être stressé comme en compétition. En revanche, votre cheval trouvera certainement cela très excitant, au risque de se montrer plus difficile que d'ordinaire.

Vous devez tous deux être en bonne forme pour cette occasion. Il n'est pas juste de demander à un cheval d'accomplir une longue randonnée s'il n'y est pas prêt. Et si vous n'avez pas l'habitude de sauter autre chose que les barres du manège, n'essayez pas de franchir de hauts obstacles la première fois ; ce serait prendre des risques inutiles.

CAVALIERS PORTANT UN DOSSARD NUMÉROTÉ

On vous demandera sûrement de porter un numéro afin que les organisateurs puissent pointer les arrivants.

LES STAGES D'ÉQUITATION

Partir en stage d'équitation, c'est un peu comme retourner à l'école ; vous y apprendrez comment s'occuper d'un cheval et comment le monter. Certains stages ont lieu dans des centres équestres, mais beaucoup sont dispensés dans des lieux qui proposent d'autres activités, comme la natation, la randonnée ou même les dégustations de vin.

L'ENSEIGNEMENT

Certains stages sont centrés sur les bases de l'équitation tandis que d'autres vous permettront de perfectionner vos compétences dans une discipline en particulier. Beaucoup couvrent plusieurs disciplines et vous aurez peut-être le privilège d'avoir comme professeur un compétiteur ou un entraîneur renommé. L'avantage d'un stage spécialisé, c'est que vous avez parfois la possibilité de monter un cheval âgé mais expérimenté et doué, qui se sera peut-être retiré de la compétition au plus haut niveau. Ces chevaux très expérimentés peuvent souvent en apprendre plus à un cavalier en une semaine qu'un cheval d'instruction ne le ferait en plusieurs mois. Vous trouverez des stages d'équitation classique ou western ; certains proposent parfois les deux. Si vous aimez particulièrement le style western, peut-être devriez-vous envisager de partir dans le sud-ouest des États-Unis, où la plupart des stages sont spécialisés dans cette discipline.

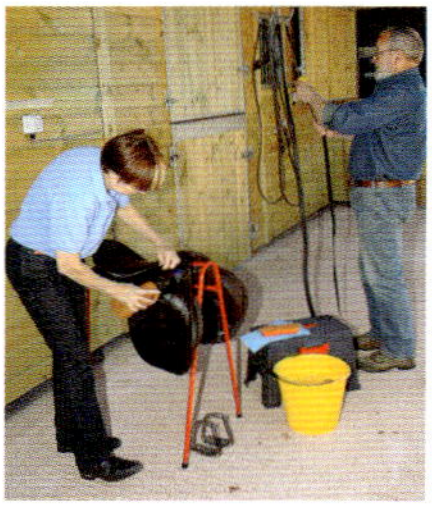

TOUTES LES TÂCHES
Les « élèves » apprennent à exécuter toutes sortes de tâches, dont le nettoyage de la sellerie.

UN STAGE D'UNE SEMAINE

Rester une semaine dans un centre équestre est une excellente occasion de comprendre ce que signifie posséder un cheval. Le matin, vous amènerez « votre » cheval au pré et lui donnerez à manger, vous assisterez à une démonstration de pansage et vous prendrez un cours d'équitation. L'après-midi, vous irez peut-être en randonnée, vous prendrez soin de votre cheval et assisterez à un autre cours. Si le travail demandé est intensif, vous prendrez néanmoins plaisir à être en compagnie d'autres passionnés.

LE CHOIX POUR TOUS
Les installations et équipements permettent aux débutants comme aux cavaliers expérimentés de travailler à leur niveau et de s'améliorer.

LES BED AND BREAKFAST

Quelques jours dans un bed and breakfast est une charmante façon de faire l'expérience de la vie à la campagne. Si l'établissement accueille également votre cheval, vous vous sentirez comme chez vous, avec l'avantage de pouvoir vous relaxer ou simplement d'y passer la nuit lors d'une chevauchée de plusieurs jours dans la région.

TYPES DE LOGEMENT

Même s'il est possible de trouver des bed and breakfast traditionnels qui accueillent les chevaux, la plupart font partie d'un grand ranch ou d'une ferme, voire même d'un centre d'élevage. Certains proposent des tarifs journaliers tout compris, d'autres font payer séparément le gîte, le couvert et la litière, vous permettant ainsi de choisir ce dont vous avez besoin. L'un des grands avantages du bed and breakfast est que si vous passez vos vacances avec des amis qui ne montent pas à cheval, la plupart des établissements proposent une foule d'autres activités. Dans de nombreux bed and breakfast équestres, vous disposerez d'une chambre ou d'un bungalow, vous profiterez de solides petits déjeuners et de la compagnie des autres pensionnaires. Certains hôtes vous prépareront même un déjeuner à emporter en promenade. Certains établissements, surtout aux États-Unis, peuvent être plutôt rustiques, proposant cabanes et corrals au lieu des bungalows et des écuries. Mais ils sont presque toujours dirigés par des personnes possédant elles-mêmes des chevaux ; vous avez donc la garantie qu'ils prendront grand soin du vôtre.

L'AVENTURE AU PAS DE LA PORTE

Les départs des pistes sont souvent situés tout près de l'établissement, et vous pourrez quitter l'écurie pour vous retrouver directement au cœur de la campagne. Vos hôtes vous montreront sans doute des sentiers peu connus, des aires de pique-nique et des raccourcis pour mieux découvrir la région.

Si vous préférez, vous pouvez vous rendre d'établissement en établissement au lieu de revenir chaque soir au même endroit. Certaines agences organisent tout votre voyage (réservation des chambres, transport des bagages d'étape en étape, itinéraires et cartes détaillés). Si vous trouvez vous-même l'établissement qui vous convient, réservez à l'avance ; il est plus difficile de trouver un endroit où dormir au dernier moment lorsqu'on voyage avec son cheval.

EN VACANCES
De nombreux établissements mettent à votre disposition de grands paddocks ou prés dont certains chevaux « des villes » n'ont jamais le loisir de profiter.

BON À SAVOIR

À PRENDRE DANS VOS BAGAGES

- **Si vous** partez avec votre cheval, emportez sa sellerie et son matériel de pansage, sans oublier vos vêtements d'équitation.
- **Pensez** aussi à prendre le passeport et le carnet de vaccination de votre cheval.
- **Si votre** cheval nécessite une nourriture ou des compléments alimentaires spécifiques, n'oubliez pas de les emporter.

LES RANCHS DE VACANCES

Si vous ne possédez pas votre propre cheval mais que vous voulez vous consacrer à l'équitation pendant une semaine ou plus, séjournez dans un ranch de vacances, aussi appelé *dude ranch*. Ils offrent l'occasion d'échapper aux contraintes de la vie moderne à travers un séjour inspiré des activités traditionnelles d'un ranch.

LES ORIGINES DU *DUDE RANCH*

Au début du XXe siècle, la majorité des américains à l'est du Mississippi vivaient dans des villages ou des villes animées ; beaucoup d'entre eux aspiraient à une escapade dans la nature sauvage, même pour quelques jours de vacances seulement. Certains propriétaires de ranch de bétail, en plus de leur activité professionnelle, décidèrent d'ouvrir leurs portes à quelques heureux élus (souvent de la famille ou des amis). Chaque ranch développa sa propre identité, reflet de son propriétaire.

LES TYPES DE LOGEMENT

Aujourd'hui, certains ranchs respectent leurs origines rustiques et vous pouvez vous attendre à y prendre de copieux repas faits maison. Les logements vont de la cabine en rondins à de spacieuses suites éloignées du bâtiment principal. Vous trouverez souvent une piscine, un bar, des salons et des billards pour aider les invités à se détendre après les heures passées en selle. Musique et danse country figurent aussi souvent au programme des divertissements. Les ranchs de vacances attirent les cavaliers comme les touristes, qui profiteront des autres activités proposées, telles que la pêche, le canoë ou le kayak, les randonnées et le rafting en eau vive.

À CHEVAL

Vous aurez le choix entre une excursion de toute une journée ou des balades plus courtes. Les chevaux sont sélectionnés pour correspondre à leur cavalier et les personnes de même niveau sont souvent mises ensemble. On ne vous laissera généralement pas partir seul ; même si vous êtes un cavalier très compétent, vous ne connaîtrez pas le terrain ni les pistes. Vous aurez donc besoin d'un *wrangler* pour vous guider.

À PRENDRE DANS VOS BAGAGES

Pour monter, prenez des chemises légères en coton et à manches longues ; des jeans, des jodhpurs ou des culottes ; une veste imperméable et des gants. Emportez vos bottes et vos chaps, et n'oubliez pas votre casque, car il est possible qu'on ne vous laisse pas monter sans.

COMME LES COW-BOYS
Dans certains ranchs de vacances, vous pourrez vous essayer aux tâches qu'accomplissaient les cow-boys, telles le maniement du lasso.

LES RANCHS DE BÉTAIL

Comme les *dude ranches* d'antan, de nombreux ranchs de bétail invitent les gens à venir se rendre compte de ce à quoi ressemblait la vie d'un vrai cow-boy. La plupart des ranchs de bétail ne peuvent accueillir que peu de personnes à la fois, mais c'est une expérience dont les amoureux des chevaux se souviendront longtemps.

GAGNEZ VOTRE PAIN
Au ranch de bétail, les clients travaillent côte à côte avec leurs hôtes et les aident dans toutes les tâches à accomplir. En dehors de la conduite et du déplacement du bétail, vous aiderez à marquer, vacciner et castrer les bêtes. Pour découvrir la vie du ranch, il est indispensable de savoir bien monter à cheval et de le contrôler au pas, au trot et au lope. De nombreux ranchs n'acceptent pas que les mineurs âgés de moins de 16 ans participent au travail du bétail. Vous séjournerez dans une cabane et partagerez vos repas « en famille », avec les autres clients ; lorsque vous travaillerez avec le bétail, vous prendrez vos déjeuners « sur la piste ».

CONDUIRE LE BÉTAIL
C'est au printemps et en automne que l'on déplace le bétail vers de plus verts pâturages ou qu'on le ramène au ranch. Vous aurez peut-être l'occasion de courir après une génisse errante, mais la plupart du temps, vous progresserez au pas, car c'est l'allure à laquelle se déplace le bétail. Attendez-vous à passer le plus gros de la journée en selle et à camper la nuit dans une tente, au gré de la progression du troupeau.

LA VIE DE COW-BOY
Conduire le bétail n'a guère changé en 100 ans. Y participer vous fera réellement apprécier ce qu'était la vie des cow-boys.

CHOISIR UN « PACK TRIP »
Le principe est le même que pour la conduite du bétail, mais sans les bêtes. Vous partirez sur les pistes pendant plusieurs jours et dormirez à la belle étoile. Vous pouvez choisir un *pack trip* au départ d'un camp de base (où vous passerez chaque nuit) ou un campement ambulant qui se déplace chaque jour.

Si vous optez pour cette formule, vous devrez emporter votre équipement à chaque déplacement, mais les paysages et les pistes ne seront jamais les mêmes. Comme ils sont souvent organisés en montagne, vous resterez la plupart du temps au pas. Vous dormirez probablement sous une tente, mais les installations proposées varient.

À PRENDRE DANS VOS BAGAGES
Prenez les vêtements que vous portez habituellement pour monter à cheval, mais n'oubliez pas une veste chaude pour la montagne. Vous aurez aussi peut-être besoin d'un casque. Si vous êtes inquiet à l'idée de passer de longues heures en selle, prenez une peau de mouton pour plus de confort.

PRENDRE LA PISTE

Le manège est idéal si vous voulez améliorer vos compétences ou entraîner votre cheval, mais il arrive qu'un cavalier ait envie de « prendre la piste ». C'est une chance unique de découvrir des cultures et des traditions différentes. Vous aurez besoin de vos connaissances, mais vous en acquerrez aussi de nouvelles.

LE CHEVAL DE GRANDE RANDONNÉE

Un bon cheval de trail a une valeur inestimable pour son cavalier. Il doit avoir le pied sûr et être léger sur son avant-main. Il doit aussi être capable de gravir des pentes, se frayer un chemin sur un terrain accidenté.

SANTA MONICA MOUNTAINS, CALIFORNIE
Prendre la piste est le meilleur moyen de s'évader. Et bien souvent, vous jouirez de vues spectaculaires.

LE CAVALIER DE GRANDE RANDONNÉE

Il doit posséder une bonne assiette quelle que soit l'allure et se trouver à l'aise en selle, quel que soit le temps ou l'environnement, qu'il s'agisse d'un raide sentier de montagne ou de vastes plaines. Il doit savoir guider son cheval dans n'importe quel endroit et être en bonne forme physique. Augmentez progressivement le temps que vous passez en selle chaque jour pour vous préparer à de longues chevauchées.

PARTAGER LES PISTES

Vous rencontrerez peut-être d'autres personnes, à vélo ou à pied. Pour donner une bonne image des cavaliers, montrez-vous polis envers ces autres promeneurs. Remerciez-les de vous céder le passage et restez patient et tolérant. Ne laissez jamais de déchets dans la nature et restez sur les pistes tracées. Quand vous faites une pause, protégez les arbres et les buissons : ne laissez pas votre cheval en rogner l'écorce ou les racines.

À PRENDRE DANS VOS BAGAGES

La tenue idéale reste la chemise à manches longues pour vous protéger des branches et du soleil, un jean confortable, des jodhpurs ou une culotte d'équitation, des bottes et un casque homologué. N'oubliez pas un kit de premiers secours et un téléphone portable en cas d'urgence.

QUELQUES CONSEILS

DIFFICULTÉ	COMMENT LA CONTOURNER
Eau	Choisissez l'endroit le plus sûr pour traverser ; avancez franchement, mais prudemment.
Glace	N'allez pas plus vite que nécessaire ; ne changez pas soudainement de direction.
Cailloux	Avancez doucement ; soyez vigilant et aidez le cheval à choisir le meilleur tracé.
Galop emballé	Redressez-vous ; tirez et relâchez régulièrement une rêne ; décrivez un cercle.
Cheval effrayé	Soyez ferme en passant devant ce qui l'a effrayé ; faites qu'il se concentre sur vous.

LES TERRES NAVAJOS

ARIZONA/UTAH, OUEST DES ÉTATS-UNIS

L'Arizona et l'Utah sont célèbres pour leurs déserts spectaculaires et colorés, abritant autrefois et aujourd'hui encore les peuples amérindiens. Les cavaliers à la recherche de cultures anciennes, qui accepteront de laisser derrière eux la civilisation moderne l'espace de quelques jours, seront ravis de parcourir ces régions sauvages de l'Amérique.

UNE AMÉRIQUE INTACTE

Les terres de l'Arizona et de l'Utah sur lesquelles vivent encore des Indiens navajos sont célèbres pour leurs imposantes montagnes rouges et leurs terrains accidentés. Si les vues à couper le souffle sont garanties, vous devrez néanmoins relever le défi de ce périple. Le sol brûlé par le soleil peut rendre la monte inconfortable, et les cavaliers suffisamment en confiance pour s'attaquer aux contreforts de la montagne doivent s'attendre à des chemins très escarpés. Le Quarter Horse est réputé pour son tempérament doux et sa souplesse fait de lui le cheval idéal pour ce genre de paysage.

ANCIENNES HABITATIONS NAVAJOS
Construit vers 900 environ, le village en ruines du peuple Anasazi siège encore dans la montagne.

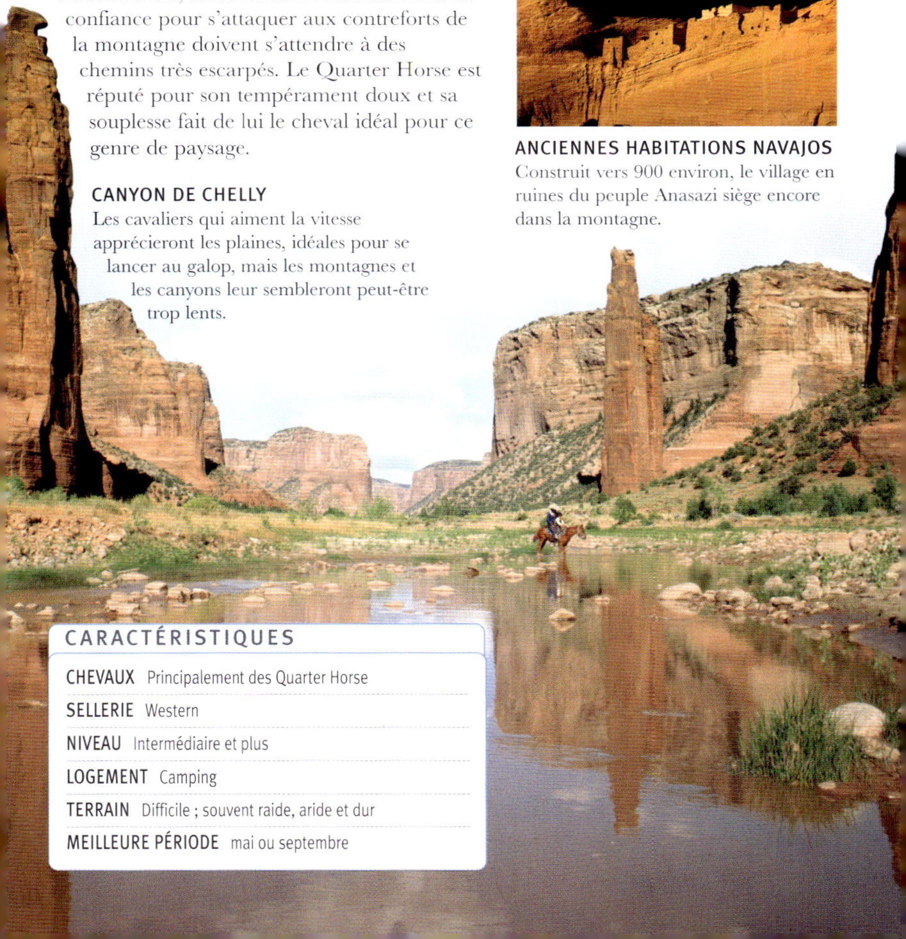

CANYON DE CHELLY
Les cavaliers qui aiment la vitesse apprécieront les plaines, idéales pour se lancer au galop, mais les montagnes et les canyons leur sembleront peut-être trop lents.

CARACTÉRISTIQUES

CHEVAUX	Principalement des Quarter Horse
SELLERIE	Western
NIVEAU	Intermédiaire et plus
LOGEMENT	Camping
TERRAIN	Difficile ; souvent raide, aride et dur
MEILLEURE PÉRIODE	mai ou septembre

LA BAIE DE GASPÉ

QUÉBEC

La baie de Gaspé est une destination idéale pour les cavaliers à la recherche d'une chevauchée variée dans de beaux paysages sauvages, sans avoir à abandonner le confort. De nombreuses opportunités vous permettront de découvrir la région d'auberge en auberge, afin de vous reposer tranquillement après une longue journée en selle.

LACS ET FORÊTS
Vous découvrirez divers paysages dans la baie de Gaspé : les collines offrent une vue imprenable de toute la région, le littoral ravira tous ceux qui souhaitent relever des défis et les vastes prairies satisferont les amateurs de grands galops. Si le temps le permet, rendez-vous dans la vallée de la rivière Tartigou pour prendre un bain dans la Petchedetz. Les Chevaux canadiens, typiquement polyvalents, sont réputés pour leur force et leur docilité.

LE PARC NATIONAL
Le parc de Gaspésie offre plus de 100 km de pistes magnifiques, avec de splendides vues sur les montagnes, les lacs, les forêts et les rivières.

CARACTÉRISTIQUES

CHEVAUX Quarter Horse et Chevaux canadiens

SELLERIE Essentiellement Western

NIVEAU Intermédiaire supérieur et plus

LOGEMENT Auberges et chez l'habitant

TERRAIN Intermédiaire : forêts, chemins cahoteux et prairies

MEILLEURE PÉRIODE De juin à octobre

COULEURS D'AUTOMNE
Une partie des pistes suit les anciens sentiers d'abattage des arbres, à travers des forêts d'érables et de pins. Les érables en automne sont illuminés de couleurs chatoyantes.

AMÉRIQUE CENTRALE

OUEST DU COSTA RICA

La côte occidentale du Costa Rica n'est que mers tropicales et oiseaux colorés. C'est l'endroit rêvé pour de belles chevauchées au soleil. Vous pourrez explorer les rivages et les pistes dans la province peu fréquentée de Guanacaste, sur votre Criollo, et vous observerez les espèces sauvages et exotiques dans leur habitat naturel.

APPRÉCIABLE TOUTE L'ANNÉE
Le climat du Costa Rica est agréable toute l'année, mais les cavaliers souhaitant rester au sec devraient éviter la saison des pluies, de mai à novembre. Le terrain est principalement plat dans toute la région, et les plages sont une véritable invitation au galop. Les chevaux Criollos font preuve d'endurance, qualité essentielle lorsque vous passez plus de six heures en selle par jour. Plusieurs circuits couvrent différentes régions du Costa Rica ; ils combinent les traversées à cheval aux tronçons motorisés. Partez de La Trinidad de Orotina et remontez jusqu'au parc national de Guanacaste au nord ouest pour apprécier ce pays sous un angle unique.

GALOPER SUR LA PLAGE
Certaines pistes longent la plage et les cavaliers peuvent faire une halte pour nager dans les eaux chaudes du Pacifique.

CARACTÉRISTIQUES	
CHEVAUX	Criollos, Arabes et Quarter Horse
SELLERIE	Anglaise, Western et Australienne
NIVEAU	Intermédiaire et plus
LOGEMENT	Haciendas, hôtels et ranchs
TERRAIN	Moyen : forêts, sable et chemins cahoteux
MEILLEURE PÉRIODE	De janvier à avril

VOLCAN ARENAL
Gravir les flancs du volcan Arenal (l'un des plus actifs au monde) est une expérience unique et ardue, surtout à cheval.

LA PATAGONIE

ARGENTINE DU SUD

Si les cow-boys d'Amérique du Nord sont relégués au passé, les garçons de ferme en Argentine, appelés gauchos, continuent de jouer un rôle important dans l'économie rurale du pays. Parés de leurs ponchos et de leurs foulards caractéristiques, ils perpétuent le passé agricole de l'Argentine et le rôle du cheval dans la vie rurale de la nation.

LES TRADITIONS DES GAUCHOS

Les cavaliers désireux de découvrir le style de vie et les traditions ancestrales des gauchos peuvent les accompagner à travers les Andes de l'Argentine occidentale. Certains circuits traversent les pics enneigés des montagnes, de vertigineux canyons et la région de la Tierra del Fuego, où se rencontrent le Pacifique et l'Atlantique. Les débutants aguerris peuvent s'y attaquer sans problème et seront ravis par les paysages impressionnants. Ceux qui aiment galoper se sentiront peut-être frustrés par les terrains pentus, mais les journées seront bien remplies et vous passerez de longues heures à cheval.

LES GAUCHOS DE PATAGONIE

Les gauchos sont un symbole de l'histoire de l'Argentine. Les premiers gauchos, les « voyageurs de la Pampa », ne possédaient rien de plus que leur cheval et un long couteau appelé *facon*.

LES CHEVAUX CRIOLLOS

Les Argentins sont particulièrement fiers de leur cheval, le Criollo, élevé pour être robuste, rapide, et facile à monter.

CARACTÉRISTIQUES

CHEVAUX	Criollos
SELLERIE	Amérique du Sud
NIVEAU	Débutant supérieur et plus
LOGEMENT	Hôtels et campings
TERRAIN	Difficile : souvent escarpé et cahoteux
MEILLEURE PÉRIODE	De décembre à avril

LA PISTE KJÖLUR

ISLANDE

Sur ce circuit, les cavaliers se voient offrir une chance d'effleurer l'histoire – le Poney islandais est un pur descendant des chevaux que montaient les Vikings. La Piste Kjölur emmène les cavaliers au tölt à travers l'Islande, leur offrant une occasion rare de chevaucher à l'allure unique qu'adopte naturellement ce petit cheval robuste.

DÉSERTS ET GLACIERS

La Piste Kjölur suit une ancienne route de commerce islandaise à travers les hautes terres du centre du pays. Vous pouvez partir de Skagafjördur au nord jusqu'à Reykjavik au sud, ou inversement. Ce circuit exceptionnel vous réserve de multiples opportunités de galoper et l'occasion de passer à cheval des rivières à gué. Ce n'est donc pas une piste pour débutants. Vous logerez probablement dans de rustiques chalets ou auberges, confortables sans être luxueuses. Essayez de planifier votre voyage au moment du *Landsmot*, fête qui a lieu fin juin, début juillet, durant laquelle des poneys sont jugés et primés.

DES PAYSAGES SPECTACULAIRES

Les aspects géographiques sont variés, des glaciers et volcans aux déserts, geysers et vertes prairies.

CARACTÉRISTIQUES

CHEVAUX	Islandais
SELLERIE	Anglaise et islandaise
NIVEAU	Intermédiaire et plus
LOGEMENT	Auberges et chalets
TERRAIN	Varié : plaines, déserts et chemins cahoteux
MEILLEURE PÉRIODE	De juin à septembre

LES ISLANDAIS

Le Poney islandais est connu pour son allure régulière et unique, le tölt, qu'il peut soutenir longtemps sans être inconfortable pour le cavalier.

LA CÔTE ATLANTIQUE

BAIE DE SLIGO, IRLANDE DE L'OUEST

L'Irlande est réputée dans le monde entier pour l'amour qu'elle porte aux chevaux, et la baie de Sligo, au nord ouest du pays, offre une toile de fond sensationnelle pour monter à cheval. Bordée par l'océan Atlantique, la région offre aux cavaliers la possibilité de jouir des paysages littoraux en même temps que des montagnes et des forêts luxuriantes.

DES TERRES VIERGES

Le terrain est varié et convient aux cavaliers de tous niveaux. Arpentez les sentiers fermiers, les collines et les bois pour avoir un aperçu unique de l'Irlande rurale et profitez des longues plages tranquilles pour partir au galop. Vous ne manquerez pas d'endroits pour vous loger et l'inconfort n'a nul besoin d'être au programme. Les passionnés voudront sûrement faire coïncider leur voyage avec le *Gurteen Agricultural and Horse Show*, qui a lieu à la fin du mois d'août et propose saut d'obstacles et autres événements.

CARACTÉRISTIQUES

CHEVAUX	Hunters irlandais principalement
SELLERIE	Anglaise
NIVEAU	Débutant et plus
LOGEMENT	Bed and breakfast
TERRAIN	Intermédiaire : plages, prairies et bois
MEILLEURE PÉRIODE	Juillet et août

DES CHEVAUX POLYVALENTS

Les Hunters irlandais sont résistants et peuvent vous emmener pour des promenades en montagne et terminer par un galop sur la plage.

LE DARTMOOR

DEVON, SUD-OUEST DE L'ANGLETERRE

Quiconque visite le sud-ouest de l'Angleterre sera amené à traverser le pays du poney Dartmoor. Le Dartmoor est la région la plus sauvage de l'Angleterre. Les prairies marécageuses et rocailleuses offrent plus de 800 kilomètres carré de paysages dégagés.

LES VASTES LANDES
Le terrain est principalement constitué de longues bandes de tourbe entrecoupées d'affleurement rocheux et de tourbières.

UN TERRAIN ACCIDENTÉ
La relation entre le Dartmoor et les chevaux est irréfutable, car c'est le pays du très caractéristique et très attachant poney Dartmoor. Les cavaliers de tous niveaux peuvent se lancer sans crainte sur ce petit cheval. Les vastes étendues verdoyantes et les chemins sableux sont autant d'invitations au galop. Les cavaliers souhaitant améliorer leurs techniques de saut peuvent mettre à profit les obstacles naturels que représentent les multiples ruisseaux. Le climat anglais est souvent imprévisible : préférez l'été pour optimiser vos chances de partir en promenade.

CARACTÉRISTIQUES

CHEVAUX	Hunters irlandais ou autres
SELLERIE	Anglaise
NIVEAU	Débutant et plus
LOGEMENT	Bed and breakfast
TERRAIN	Intermédiaire : vastes landes, collines et sentiers
MEILLEURE PÉRIODE	De mars à septembre

LES PONEYS DARTMOOR
Nombre de ces poneys dignes et tranquilles sont surveillés de près car leur population est sujette à de dangereuses fluctuations.

LA PROVENCE

SUD DE LA FRANCE

Les paysages de Provence, qui bordent les côtes méditerranéennes ensoleillées du Sud de la France, sont encore plus beaux quand ils sont parcourus à cheval. Les étés sont chauds, mais pas au point d'être inconfortables, et la région convient parfaitement pour un tourisme équestre en toute tranquillité.

DES COLLINES ONDOYANTES

La Provence est la destination idéale des cavaliers débutants. Le terrain est généralement facile, comprenant prairies, collines et forêts. Vous pouvez vous installer dans l'un des nombreux centres équestres de la région et partir pour des excursions d'un ou deux jours. Le choix des chevaux est varié, du célèbre Camarguais au pied sûr au Selle français grégaire dont les qualités athlétiques naturelles sont très développées. La Provence est imprégnée d'histoire, et vos chevauchées peuvent être entrecoupées de visites à l'un des nombreux châteaux de la région, comme celui parfaitement restauré du village d'Entrecasteaux, datant du XIe siècle.

LA VALLÉE DU LUBÉRON
Partez à la découverte du Lubéron, une vallée magnifique logée entre de petites montagnes. Presque toute la région est un parc national.

LES CHAMPS DE LAVANDE
Les collines baignées de soleil sont souvent couvertes de lavande, de vignes ou d'oliviers.

CARACTÉRISTIQUES

CHEVAUX	Selle français ou autres
SELLERIE	Anglaise
NIVEAU	Débutant et plus
LOGEMENT	Fermes et gîtes
TERRAIN	Intermédiaire : prairies, collines et forêts
MEILLEURE PÉRIODE	D'avril à octobre

L'ANDALOUSIE

SUD DE L'ESPAGNE

L'Andalousie est une région du Sud de l'Espagne, empreinte de tradition équestre. Pendant des années, les chevaux andalous furent éduqués selon la tradition des *vaqueros* pour aider les fermiers à conduire leur bétail. Arpenter la région à cheval est une excellente occasion de découvrir la campagne espagnole.

DES PAYSAGES MULTIPLES
L'Andalousie est un véritable régal pour les cavaliers à la recherche de variété. Des montagnes rocheuses de la Sierra Nevada et des *Alpujarras* aux pistes de sable du littoral méditerranéen et de l'Atlantique, la région plaira à tous. Les Chevaux andalous ont la réputation d'être alertes, dociles et faciles à monter. Les passionnés des chevaux qui souhaitent vivre l'ambiance d'une fiesta espagnole et voir l'équitation à son plus haut niveau, peuvent concilier leur voyage avec la feria de Jerez, qui se déroule durant la première semaine de mai.

LE VILLAGE D'ALORA
Vous aurez l'occasion de visiter d'innombrables villages historiques, comme celui d'Alora, avec son église du XVIIe siècle et son château mauresque en ruines.

LA FERIA DE JEREZ
Parmi les meilleurs cavaliers et chevaux du monde viennent y concourir lors d'épreuves d'endurance, d'attelage et de dressage.

CARACTÉRISTIQUES

CHEVAUX Andalous

SELLERIE Anglaise et espagnole

NIVEAU Débutant et plus

LOGEMENT Hôtels

TERRAIN Intermédiaire : pistes cavalières et montagnes

MEILLEURE PÉRIODE D'avril à octobre

LA TOSCANE

ITALIE CENTRALE

La Toscane est réputée pour ses splendides campagnes et ses traditionnelles courses hippiques. Les magnifiques paysages aux collines ondoyantes parsemées de prairies, forêts et rivières, la richesse culinaire, les excellents vins et les liens que vous tisserez avec les autres amoureux des chevaux feront de vos vacances un séjour mémorable.

DES COLLINES À PERTE DE VUE
Si la Toscane n'attirera pas les cavaliers intrépides, ses collines, ses villes et villages historiques font de la région une destination idéale pour associer l'équitation à d'autres plaisirs. La plupart des séjours se déroulent dans l'un des nombreux centres équestres de la région qu'ils vous proposent d'explorer grâce à de courtes excursions. Autrefois utilisés pour rassembler le bétail, les chevaux locaux, les Maremmes, sont robustes et fiables.

CARACTÉRISTIQUES

CHEVAUX	Maremmes
SELLERIE	Anglaise
NIVEAU	Débutant et plus
LOGEMENT	Hôtels et gîtes
TERRAIN	Intermédiaire : prairies et forêts
MEILLEURE PÉRIODE	D'avril à septembre

LA PARADE DU PALIO
La course du Palio, organisée à Sienne le 2 juillet et le 16 août de chaque année, est incontournable pour quiconque apprécie les spectacles exceptionnels.

À NE PAS MANQUER
Vous aurez l'occasion de visiter des églises, des abbayes et des châteaux médiévaux et peut-être de goûter le fameux vin de la région, le Chianti.

LE DELTA OKAVANGO

BOTSWANA DU NORD

Le delta de l'Okavango est le plus grand delta situé à l'intérieur des terres ; c'est un réseau de lacs et de marais parsemé de plaines inondables qui bordent le désert du Kalahari sur plus de 17 000 kilomètres carré.

OBSERVER LA NATURE

Un trek guidé à travers le delta est une expérience fantastique pour les passionnés d'équitation et de nature. Mais elle est réservée aux cavaliers expérimentés. Même si les plaines inondables sont parfaites pour galoper à toute vitesse, les cavaliers doivent être prudents car ils ne sont pas à l'abri d'une rencontre avec un éléphant irritable ou un troupeau de buffles. Mais la récompense d'une chevauchée dans le delta est immense. Il existe peu d'endroits au monde où les cavaliers pourront voir des zèbres, des gnous et des girafes en liberté. Il y fait le plus chaud en octobre, novembre et décembre, et la saison des pluies dure de mai à septembre. Ce n'est pas une période recommandée pour ceux qui ne se sentent pas assez à l'aise pour traverser à cheval des étendues d'eau profondes.

LA VIE SAUVAGE

Les chevaux sont habitués à côtoyer les animaux sauvages et s'il n'y a pas de danger, vous pourrez vous arrêter pour observer la nature environnante.

CARACTÉRISTIQUES

CHEVAUX Boerperd et Trotteurs américains

SELLERIE Anglaise

NIVEAU Intermédiaire supérieur et plus

LOGEMENT Camping

TERRAIN Difficile : plaines inondables

MEILLEURE PÉRIODE Mars et avril

LA PROVINCE DE LIMPOPO

NORD-EST DE L'AFRIQUE DU SUD

Se retrouver face à face avec un rhinocéros blanc ou un troupeau de zèbres est une chose que l'on ne vit qu'une fois. Un voyage à cheval en Afrique du Sud vous permettra d'associer le plaisir de l'équitation à celui de la découverte des animaux sauvages.

LES HÔTES DE LA NATURE

Les paysages de la province de Limpopo sont changeants, de la savane broussailleuse, des prairies et terres marécageuses à la chaîne de montagne Waterberg. Les prairies conviennent parfaitement aux pointes de vitesse mais les montagnes doivent être explorées d'un pas prudent. D'octobre à mars, le temps est chaud et les orages fréquents, mais le climat d'Afrique du Sud est favorable à l'équitation toute l'année. Les chevaux indigènes, les Boerperd, sont réputés pour leur courage, leur endurance et pour avoir le pied sûr.

BUBALE ROUX
Dans les parcs nationaux de Kruger et Marakele. Vous pourrez voir, entre autres, des bubales roux, des phacochères et des antilopes.

CARACTÉRISTIQUES

CHEVAUX Boerperd et Arabes

SELLERIE Anglaise et australienne

NIVEAU Débutant supérieur et plus

LOGEMENT Bungalows, cases et camping

TERRAIN Intermédiaire : plaines et collines douces

MEILLEURE PÉRIODE De juin à août

SUR LA PISTE
Les cavaliers établissent souvent leur camp dans l'un des nombreux centres équestres ou chalets et partent explorer la région grâce à des excursions d'une ou deux journées.

LE RAJASTHAN

NORD-OUEST DE L'INDE

Situé au nord de l'Inde, le Rajasthan est imprégné des traditions et de l'histoire de l'équitation anglaise. La ville de Jodhpur, dans la partie occidentale, prête son nom aux traditionnels pantalons portés aujourd'hui par les jockeys. Le terrain est varié, sableux au nord, avec le Grand Désert Indien, tandis que le sud est fertile et clément.

DÉSERTS ET MONTAGNES

Au cœur de l'été (d'avril à juin), la température peut atteindre 48 °C, ce qui rend cette région impraticable. Prévoyez plutôt de partir en novembre, au moment de la foire aux chameaux de Pushkar, la plus grande du monde. Vous monterez des chevaux locaux, les Marwari, dont les oreilles pointent vers l'intérieur, formant parfois un arc au-dessus de leur tête. Ce sont des chevaux affectueux mais fougueux, réputés pour être faciles à monter. Même si le terrain est surtout désertique, il reste varié, de la spectaculaire chaîne de montagnes près du village de Ghatwa au lac salé de Nawa. Faire du cheval y est un véritable plaisir, même s'il ne satisfera pas les amateurs de vitesse, à cause du sol sableux et moelleux.

LA FORTERESSE DE KUMBHALGARH
Isolée au sommet d'une colline, elle abrite 360 temples et offre une vue qui s'étend jusqu'aux collines d'Aravalli.

LE MARWARI
Le cheval est un animal très important pour le peuple du Rajasthan ; dans les mariages, le fiancé se rend souvent chez sa future épouse à cheval.

CARACTÉRISTIQUES

CHEVAUX Marawari

SELLERIE Le « Sawar » indien

NIVEAU Intermédiaire supérieur et plus

LOGEMENT Hôtels et campings

TERRAIN Varié : déserts et quelques montagnes

MEILLEURE PÉRIODE Mars et novembre

LA MONGOLIE

MONGOLIE

Peu de pays ont un lien historique aussi fort avec les chevaux que la Mongolie. On pense que les premiers chevaux domestiques sont apparus dans les steppes eurasiennes entre 4500 et 2000 av. J.-C. Le cheval reste le principal moyen de transport en Mongolie, surtout pour les familles nomades, dont les chevaux ont également un statut symbolique.

UNE VIE NOMADE

La Mongolie offre une magnifique occasion de faire l’expérience d’une vie nomade. Divers circuits sont proposés, des cols de montagne aux *pack trips* à travers les vastes steppes qui constituent le pays. Vous aurez aussi l’occasion de monter l’une des races de chevaux les plus anciennes, le Poney indigène de Mongolie, bâti pour être endurant et déterminé. La sellerie mongolienne traditionnelle inclut des selles décorées de gros clous d’argent, mais les touristes utiliseront surtout une sellerie anglaise ou russe, plus conventionnelle. Essayez de partir au moment du festival de Naadam. Ces jeux nationaux se tiennent en juillet chaque année. L’événement le plus spectaculaire du festival est une course de chevaux de 30 km sur une longue prairie, montés par des enfants âgés de 5 à 13 ans. Les chevaux gagnants sont célébrés par des chansons et des poèmes, et ils gagnent une place dans l’héritage culturel du pays.

CARACTÉRISTIQUES

CHEVAUX	Poneys de Mongolie
SELLERIE	Anglaise ou russe
NIVEAU	Débutant supérieur et plus
LOGEMENT	Hôtels et camping
TERRAIN	Varié : montagnes, steppes et prairies
MEILLEURE PÉRIODE	Août et septembre

LES AIGLES DE MONGOLIE

Chasser à l’aigle est une tradition séculière qui est toujours pratiquée par les cavaliers kazakhs de Mongolie. Au début du mois d’octobre, la fête de la chasse à l’aigle de Bayan Ulgii attire les meilleurs chasseurs, et les meilleurs oiseaux.

TAUPO

NOUVELLE-ZÉLANDE, ÎLE DU NORD

Une piste de safari à Taupo, dans l'île du nord de la Nouvelle-Zélande, offre aux cavaliers un aperçu authentique de la vie rurale. Vous pourrez explorer l'arrière-pays de la région, qui abrite une variété d'oiseaux indigènes, de cerfs, de chevreuils et de gibier ; il y a même deux volcans actifs à proximité : le Ngauruhoe et le Ruapehu.

LES CRATÈRES VOLCANIQUES
Les vastes étendues de terre et de collines de la région de Taupo vous invitent au galop, mais les cavaliers curieux des travaux d'une ferme de moutons traditionnelle peuvent s'essayer à rassembler le troupeau ou même à la tonte. Les chevaux les plus fréquemment montés sont les Quarter Horse. Le paysage changeant offre un terrain aux cavaliers de tous niveaux. Le Centre Équestre National de Nouvelle-Zélande est basé à Taupo et organise souvent des compétitions de haut niveau en été (d'octobre à mars), y compris le New Zealand National Breeding Show Jumping Championship, au début du mois de décembre.

LE LAC DE TAUPO
Les changements du paysage sont impressionnants, depuis le célèbre lac de Taupo aux geysers en passant par les montagnes aux sommets enneigés.

PORTIQUE MAORI SCULPTÉ
La région de Taupo regorge de sites maoris. Vous visiterez un village maori habité et rencontrerez des sculpteurs, des tisserands et des musiciens.

CARACTÉRISTIQUES

CHEVAUX Quarter Horse et Pur-sang

SELLERIE Anglaise ou western

NIVEAU Débutant et plus

LOGEMENT Ranchs et cabanes

TERRAIN Varié : prairies, sentiers et montagnes

MEILLEURE PÉRIODE D'octobre à avril

GLOSSAIRE

La terminologie spécifique au domaine équestre est très riche et il peut être difficile de s'y retrouver dans les premiers temps. Voici quelques termes fréquemment utilisés dont les définitions faciliteront certainement votre apprentissage.

Aides Messages grâce auxquels le cavalier communique avec son cheval ; on parle d'aides naturelles et d'aides artificielles.

Aides artificielles Accessoires (éperons, cravaches, martingales, rênes...) employés en coordination avec les aides naturelles. Ils ne doivent jamais les remplacer, ni servir à punir le cheval.

Aides naturelles Moyens par lesquels le cavalier communique avec son cheval : jambes, mains, assiette et voix.

Airs de haute école Forme la plus élevée du dressage ; le cheval exécute des manœuvres dans lesquelles deux ou quatre de ses membres quittent le sol. À l'origine, le but était de protéger les soldats de la cavalerie.

Allonger Version d'une allure à laquelle la foulée du cheval est étirée sans changer de rythme.

Allure Vitesse à laquelle progresse le cheval. Les allures courantes sont le pas, le trot, le canter et le galop. L'amble est une allure à deux temps à laquelle le cheval lève en même temps les deux membres du même côté. C'est une allure défectueuse.

Allures moyennes Allures avec impulsion et battues légèrement allongées.

Amazone Position en selle avec les deux jambes du même côté, ce qui permettait aux dames du Moyen Âge de monter élégamment à cheval.

Ambleur Cheval qui va à l'amble, ses membres se déplaçant par paires latérales avec l'aide d'entraves posées sur les hanches.

Appuyer Mouvement latéral avancé dans lequel le cheval avance de biais.

Arçon Armature qui forme le corps de la selle.

Assiette En référence à l'assise du cavalier et au rôle que ses muscles fessiers jouent dans le contrôle du cheval. Un cavalier possédant une « bonne assiette » est bien assis et sera efficace.

Barres Partie de l'arçon de la selle western qui en détermine la taille et la forme. C'est aussi l'espace vide de la mâchoire du cheval, entre les crochets et les molaires, sur lequel appuie le mors.

Barres au sol Barres posées au sol pour que le cheval trotte au-dessus ; utilisées par les débutants pour s'exercer à la position du saut et pour inciter les chevaux à lever les pieds.

Bombe d'équitation Casque de protection équipé d'un harnais autour des oreilles et sous le menton pour éviter les traumatismes crâniens en cas de chute.

Boots jodhpurs Bottillons d'équitation à enfiler.

Boots paddock Bottillons simples, conçus pour chevaucher ou travailler à l'écurie, généralement attachés avec des lacets ou une fermeture éclair.

Bottes roper Bottes robustes à talon, portées par les cavaliers western.

Bozal Muserolle attachée à un licol western. En forme de larme, il se termine par une boule sous le menton à laquelle les rênes sont attachées.

Bride double Les rênes sont reliées à un mors de filet et à un mors de bride. Elle permet un contrôle affiné et est souvent utilisée en dressage.

Brocher Garnir de fers les sabots d'un cheval.

Brosse douce Permet d'éliminer poussière et graisse de la robe du cheval.

Brosse dure Brosse à poils longs et raides servant à éliminer boue et sueur séchées de la robe du cheval.

Canter Allure souple à trois temps.

Centre équestre Établissement consacré à l'entraînement des cavaliers.

Cession à la jambe Mouvement latéral pour lequel le cheval traverse le manège en biais en cédant à la pression de la jambe du cavalier.

Championnat du cheval d'armes Origine ancienne du concours complet.

Chemise séchante Couverture légère qui sert à tenir chaud aux chevaux quand ils sont mouillés ; le tissu aéré laisse l'humidité s'évaporer pour un séchage rapide.

Cloches Petites guêtres conçues pour entourer la couronne du sabot et protéger les talons antérieurs des coups portés par la pince des postérieurs.

Club hippique Organisation qui promeut l'entraînement des cavaliers et organise des compétitions ; peut être affiliée à une organisation nationale.

Concours complet Compétition dans laquelle cheval et cavalier concourent en dressage, saut d'obstacles et cross-country ; elle se déroule sur un ou trois jours.

Conformation Façon dont les parties du cheval sont proportionnées et équilibrées.

Contact Lien de communication doux que le cavalier crée entre ses mains et la bouche du cheval, grâce aux rênes et au mors.

Contrat de foulée L'espace entre deux obstacles est restreint au point d'influer sur l'approche du second.

Corne Petite « poignée » située sur le pommeau de la selle western, issue de la nécessité des cow-boys à utiliser un lasso tout en gardant un point d'appui.

Couteau de chaleur Instrument en plastique ou en caoutchouc utilisé pour éliminer l'excès d'eau ou de sueur de la robe du cheval.

Croisillons Séries de barres au sol ou de cavaletti servant à améliorer la tonicité et la technique de saut du cheval et du cavalier.

Cross-country Saut d'obstacles fixes en extérieur, réputé pour être la phase la plus excitante du concours complet.

Culottes Pantalons d'équitation qui se terminent au-dessus de la cheville pour être portés avec des bottes ou des petites chaps.

Cure-pieds Instrument émoussé en forme de crochet servant à gratter pour nettoyer les pieds des chevaux.

Déambulation Vice du cheval qui marche en rond dans son box.

Demi-arrêt Aide de l'arrêt brève immédiatement suivie d'un relâchement des rênes pour que le cheval fasse une pause presque imperceptible ; sert à rééquilibrer le cheval, surtout avant un tourner, une transition ou un mouvement de dressage.

Dérobade Action du cheval qui prend peur devant quelque chose et fait un rapide pas de côté pour s'en écarter.

Dressage Éducation d'un cheval concernant son maintien et sa réceptivité aux aides. Aussi, discipline de concours consistant à exécuter divers mouvements.

Emballer (S') Le cheval s'emporte et échappe au contrôle du cavalier.

En main Le cheval est mené au lieu d'être monté ; surtout en exhibition.

Épaule en avant Exercice latéral utile pour assouplir et redresser un cheval ; les épaules sont légèrement déviées de la piste pendant la progression en avant.

Épaule en dedans Similaire à l'épaule en avant, mais l'avant-main est dirigée dans le sens de la progression.

Équitation éthologique Méthodes de dressage douces ; l'entraîneur étudie la nature et le langage corporel du cheval et applique la psychologie équine.

Étriers Pièces de bois ou de métal qui soutiennent le pied du cavalier.

Étrille Instrument métallique servant à nettoyer la brosse douce. Une étrille en caoutchouc permet de décoller la boue de la robe du cheval.

Exhibition Discipline de compétition comprenant un large choix d'options, de la race à la limitation de hauteur ; la présentation et les manières du cheval sont primordiales. Les classes peuvent être montées ou en main.

Filet à foin Filet de corde ou de nylon garni de foin ; il empêche le cheval de manger trop vite, le forçant à tirer le foin à travers les mailles du filet.

Flehmen (attitude du) Expression du cheval en réaction à une odeur ou un goût inhabituels ; les étalons l'adoptent aussi quand ils repèrent une jument en chaleur.

Flexion Le cheval ploie l'encolure dans la direction demandée.

Fourchette Partie sensible en forme de V de la face inférieure du sabot ; d'aspect spongieux, elle sert d'amortisseur.

Frontal Pièce du harnais qui passe sur le front du cheval pour empêcher le filet de glisser.

Galop Allure rapide à quatre temps à laquelle le cheval peut atteindre jusqu'à 70 km/h.

Galop à faux Galop pour lequel le cavalier a demandé au cheval le « mauvais » pied ; sert à développer et démontrer le bon équilibre du cheval.

Gilet de protection Vêtement renforcé qui aide à amortir les chocs et protège les organes internes du cavalier.

Hackamore Filet sans mors constitué d'un bozal posé sur le chanfrein et d'une gourmette sous le menton.

Hunter Épreuve de cross-country utilisée à l'origine pour tester le talent des chasseurs.

Impulsion Énergie fournie par l'arrière-main pour une allure dynamique, sans vitesse excessive.

Jodhpurs Pantalons d'équitation longs qui peuvent être portés avec des boots.

Jog Version western du trot. Il est rassemblé pour permettre au cavalier de rester assis plus facilement.

Latigo Long sanglon de cuir qui s'attache à la sangle d'une selle western.

Lavallière Longue bande d'étoffe enroulée et nouée autour du cou. Traditionnellement portée par les chasseurs, elle tient chaud au cavalier et peut servir de bandage. Les lavallières déjà nouées sont souvent utilisées en exhibition, mais elles ont perdu leur usage fonctionnel.

Licol Pièce de sellerie servant à longer ou attacher le cheval.

Licol de halter Licol de corde utilisé par les cavaliers western pour un meilleur contrôle.

Longer Exercice permettant de mener ou de contrôler un cheval qui se déplace autour de l'entraîneur sur un grand cercle, au bout d'une longe souple et longue.

Lope Version lente et détendue du canter, à laquelle il est plus confortable de rester assis pendant longtemps.

Manège Lieu clos où l'on dresse les chevaux et où l'on enseigne l'équitation.

Main Unité de mesure standard servant à mesurer les chevaux dans les pays n'utilisant pas le système métrique. Elle équivaut à 10 cm.

Maréchal-ferrant Artisan dont le métier est de parer et de ferrer les pieds des chevaux.

Martingale Aide artificielle parfois utilisée pour un meilleur contrôle. Les types les plus courants sont la martingale à anneaux et la martingale fixe.

Mecate Corde solide, attachée au bozal sous le menton du cheval pour former des rênes ou une longe.

Montants Lanières du filet qui relient le mors à la têtière.

Montoir Billot ou banc servant d'appui pour monter sur un cheval. La tension appliquée sur son dos est par conséquent moindre.

Mors Pièce du harnais qui passe dans la bouche du cheval pour le contrôler.

Muserolle Pièce du harnais qui passe sur le chanfrein. Certaines, comme la muserolle allemande, permettent un meilleur contrôle tandis que le caveçon est un simple demi-cercle enserrant les naseaux.

Oxer Obstacle composé de barres, ascendantes ou non.

Panoramique Obstacle dont la zone de réception se trouve en contrebas de la zone d'appel.

Pansage Action qui consiste à soigner et nettoyer un cheval à l'aide de brosses pour activer sa circulation et entretenir l'hygiène de sa peau.

Pas Allure naturelle du cheval, la plus lente, à quatre temps.

Pas de côté Exercice d'équitation western durant lequel le cheval croise les pieds en se déplaçant de biais.

Pattern Le reining s'effectue sur un parcours appelé « pattern » où il est demandé d'exécuter un enchaînement de figures connu à l'avance. Il existe à ce jour dix patterns officiellement reconnus.

Piste Chemin que l'on suit dans un manège ; aussi, ordre de « tourner » : par exemple, « en C : piste à main gauche ».

Polo Sport pratiqué à cheval avec des maillets à long manche et une boule de bois.

Pommeau Partie avant de la selle qui, avec le troussequin, conforte l'assiette du cavalier.

Poney Équidé mesurant moins de 1,48 m au garrot.

Position en avant Le cavalier incline le buste vers l'avant en préservant son centre de gravité pour les accélérations et les sauts. Les étrivières sont souvent raccourcies.

Protocole Feuille d'instructions à respecter lors d'une épreuve de dressage.

Ranch de vacances Dans l'Ouest des États-Unis, ces ranchs accueillent les personnes souhaitant monter à cheval (ou autres activités) dans des conditions typiques.

Randonnée Longue promenade à cheval dans la campagne.

Rassembler Version plus lente et plus ramenée d'une allure, c'est une preuve de contrôle de la part du cavalier et d'obéissance de la part du cheval.

Reconnaître le parcours Apprendre le tracé et la configuration d'un parcours en le traversant à pied avant de l'effectuer à cheval.

Reining Discipline d'équitation western qui inclut l'exécution de spins et de sliding stops.

Rênes Deux lanières reliant les mains du cavalier à la bouche du cheval.

Rênes ouvertes Deux rênes western dont l'extrémité n'est pas reliée.

Repères Lettres indiquant des positions spécifiques en certains points d'un manège ou d'une carrière.

Sang chaud Qualifie les chevaux originaires du désert et réputés pour leurs qualités athlétiques, leur extrême sensibilité et leur intelligence.

Sang froid Qualifie les chevaux d'origine européenne, imposants, trapus et dociles.

Sangle Large lanière de cuir qui maintient la selle bien en place. Elle est souvent faite de cuir ou d'une matière synthétique et se termine à chaque extrémité par une boucle.

Sangles de cuisse Deux lanières d'une couverture qui s'attachent autour des postérieurs du cheval.

Saut d'obstacles Parcours de compétition dans lequel le cheval doit franchir un certain nombre d'obstacles de couleur.

Side-pull Filet sans embouchure qui applique une pression directement sur le chanfrein.

Sous-gorge Lanière de cuir qui passe sous la gorge du cheval pour maintenir le filet.

Sursangles Lanières servant à attacher une couverture sous le ventre du cheval.

Tapis de selle Pièce de tissu conçue pour protéger le dos du cheval. Elle se pose sous la selle.

Temps de suspension Moment de la séquence de pas pendant lequel les quatre pieds quittent le sol.

Têtière Partie supérieure du bridon qui passe derrière les oreilles.

Tic à l'appui Vice du cheval qui s'accroche avec les dents à une porte d'écurie, une barrière ou tout autre objet horizontal et avale de petites quantités d'air. Le cerveau libère des endorphines et lui procure un sentiment de réconfort.

Tic de l'ours Vice du cheval qui se balance en reportant son poids d'un antérieur sur l'autre, debout devant la porte de son box.

Tic rongeur Vice du cheval qui tente de grignoter ce qui se trouve à sa portée. Peut s'accompagner de petites déglutitions d'air.

Tölt Allure du cheval islandais. C'est une allure latérale à quatre temps, sorte de pas très rapide.

Tonte La robe du cheval est parfois tondue pour l'empêcher de trop transpirer. On tond souvent le pelage d'hiver ; un cheval tondu doit porter une couverture pour lui tenir chaud.

Transition Changement d'une allure à une autre (du trot au galop par exemple) ou modification de l'allure (du trot rassemblé au trot moyen par exemple).

Travail latéral Exercices pour lesquels le cheval doit progresser ou avancer de biais ; sert à développer l'équilibre, la souplesse et l'obéissance.

TREC (Technique de Randonnée Équestre de Compétition) Se pratique sur terrains variés et comprend l'ouverture de barrières, le saut et des démonstrations d'obéissance du cheval.

Triple barre (Barre de Spa) Obstacle large dont le franchissement nécessite une longue extension du cheval.

Trot Allure à deux temps dans laquelle les membres oscillent par paires diagonales.

Troussequin Partie arrière de la selle, en forme de C, qui est relevée pour conforter l'assiette du cavalier. Il joue un rôle important, de même que le pommeau.

Vice Mauvaise habitude que prend le cheval (souvent quand il s'ennuie ou par mimétisme) : tic rongeur ou tic à l'appui, déambulation, tic de l'ours...

ADRESSES ET SITES INTERNET UTILES

Que vous souhaitiez obtenir des renseignements sur le tourisme équestre, vous mettre à l'équitation classique ou western, ou avoir les dernières informations concernant les compétitions de votre région, voici une sélection d'adresses et de sites Internet qui vous aideront à trouver ce que vous recherchez.

COMITÉ NATIONAL DE TOURISME ÉQUESTRE
9 bd Macdonald, 75019 Paris
Site Internet : www.tourisme-equestre.fr
Téléphone : 01 53 26 15 50
Et pour le TREC :
Site Internet : www.trec-france.com

ÉCOLE DES COURSES HIPPIQUES AFASEC
B.P. 70419 - Allée de Jardy
60635 CHANTILLY
Site internet : www.afasec.fr
Téléphone : 03 44 62 41 60

ÉCOLE NATIONALE D'ÉQUITATION
BP 207 49411 SAUMUR Cedex
Site Internet : www.cadrenoir.fr
Téléphone : 02 41 53 50 50

FÉDÉRATION FRANÇAISE D'ÉQUITATION
81 avenue Édouard Vaillant
92517 Boulogne CEDEX
Site Internet : www.ffe.com
Téléphone : 01 58 17 58 17

FÉDÉRATION FRANÇAISE D'ÉQUITATION : FFE CLUB
Parc Équestre
41600 Lamotte Beuvron
Site internet : www.cheval-qualite.com
Téléphone : 02 54 94 46 13

FÉDÉRATION FRANÇAISE DE POLO
Route des Moulins - Bois de Boulogne
75116 Paris
Site Internet : www.francepolo.com
Téléphone : 01 44 14 10 00

FÉDÉRATION INTERPROFESSIONNELLE DU CHEVAL DE SPORT, DE LOISIR ET DE TRAVAIL
104, rue réaumur
75002 Paris7
Site internet : www.fival.info
Téléphone : 01 45 61 12 19

FÉDÉRATION NATIONALE DES COURSES FRANÇAISES
10, Boulevard Malherbes
75008 Paris
Téléphone : 01 42 68 87 97

FRANCE GALOP
46, Place Abel Gance
92655 Boulogne Cedex
Site Internet : www.france-galop.com

INSTITUT DU DROIT ÉQUIN CENTRE DE DROIT ET D'ÉCONOMIE DU SPORT
Hôtel Burgy 13, rue de Genève
87100 LIMOGES
Site internet : www.institut-droit-equin.fr
Téléphone : 05 55 45 76 30

LIGUE FRANÇAISE POUR LA PROTECTION DU CHEVAL
8 Le Bois de Rigny
10160 RIGNY-le-FERRON
Site internet : www.lfpc.asso.fr
Téléphone : 03 25 80 83 81

MUSÉE VIVANT DU CHEVAL
Grandes Ecuries
BP 60242
60631 Chantilly cedex
Site Internet : www.museevivantducheval.fr
Téléphone : 03 44 57 40 40

UNION NATIONALE INTERPROFESSIONNELLE DU CHEVAL
104 rue Réaumur
75002 PARIS
Site Internet : www.unic.chevalunic.fr
Téléphone : 01 45 08 88 60

INDEX

S

T

V

Remerciements de l'éditeur
L'éditeur tient à remercier les personnes suivantes pour leur aide à la préparation de ce livre :

Katie, Lucy et Jane Driver ; Matthew Wilkes ; M. et Mme John Burbidge et toute l'équipe de Parkwood Stables, Somerset ; Stockland Lovell Manor Equestrian Centre, Somerset ; Coach House Saddlery, Stockland Lovell ; toute l'équipe et les élèves du Hartpury College Equestrian Centre, Gloucestershire ; Jane et Chris Reece ; Hannah Payne ; M. et Mme Philip Ellicott, Trapnells House Stables ; Martyn England, Priors Cottage Stables ; The Quantock Riding Club ; Quantock Saddlery ; Deborah Cook ; Bob et Chrissie Mayhew de la Dumpford Manor Farm, Hampshire ; Carley Yeates ; Micheal Langford ; Tim et Lou Petty, Petty Quarter Horses, Florida, USA ; Rachel Gregg ; toutes les personnes de la Classic Farms, Kentucky, USA ; Mark Rafacz ; Cindy Garden ; Wendy Sasser ; Carol Derry ; Bennie Sargent ; Jason Stefanic ; Amy Elizabeth Kash ; et Dale Rudin.

Merci aussi à Christine Berstein pour l'index, et à Nicky Munro, Lettie Luff et Jackey Lennard pour leur travail éditorial.

Crédits photographiques
L'éditeur remercie les personnes, entreprises et organisations suivantes pour leur aimable autorisation de reproduire leurs photographies.

(h = haut, b = bas, d = droite, g = gauche, c = centre)

1, 2-3, 5, 6-7, 8-9, 10-11, 12hg, 12-13b : Kit Houghton ; 14-15 : © Araldo de Luca/CORBIS ; 16cd : Harry Taylor © Dorling Kindersley, Courtesy of the Natural History Museum, London ; 17hd : Alan Hills and Barbara Winter © The British Museum ; 17bd : Alan Hills © The British Museum ; 18hg : Colin Keates © Dorling Kindersley, Courtesy of the Natural History Museum, London ; 18-19b : Jerry Young ; 19cd : Geoff Dann © Dorling Kindersley, Courtesy of the Wallace Collection, London ; 20cg : The Art Archive/ Eileen Tweedy ; 20bg, 20bc, 20bd : Kit Houghton ; 21 : Heritage Image Partnership © The British Library ; 22b : Charge of the Light Brigade, Balaclava, 25 October in 1854, Woodville, Richard Caton II (1856–1927) (after)/ Private Collection/Bridgeman Art Library ; 22h : © Jerry Cooke/ CORBIS ; 23, 24-25, 26, 28c, 28b, 29hd, 30b, 31h, 32b : Kit Houghton ; 33hd : Coco ; 35c, 37, 42-43, 84hd, 95c, 95cd, 95bd, 104bg, 105, 107hd, 108, 109d : Kit Houghton ; 110 : Bob Langrish ; 113hd : Kit Houghton ; 120, 121b : © Michael St. Maur Sheil/ CORBIS ; 158bd, 174b, 181hg, 184 : Kit Houghton ; 192-193 : © Mike Finn-Kelcey/Reuters/Corbis ; 203hd, 206-207, 209bg, 211hd : Kit Houghton ; 214-215 : © David Stoecklein/CORBIS ; 245hd : Bob Langrish ; 258-259, 266hd, 267hd, 273h, 278-279b : Kit Houghton ; 287bd : Bob Langrish ; 289cd, 289b : Kit Houghton ; 290-291, 291cd, 291bd : Bob Langrish ; 296c, 296b, 297 : Sharon P. Fibelkorn ; 298cd : Bob Langrish ; 299 : Sharon P. Fibelkorn ; 302, 303c, 303bd : Bob Langrish ; 304-305b : © CLiX/Shawn Hamilton ; 306-307 : © Bill Ross/CORBIS ; 308h, 308-309b : Kit Houghton ; 310, 311, 312b : Bob Langrish ; 313 : Kit Houghton ; 314 : © Macduff Everton/CORBIS ; 315 : Kit Houghton ; 316 : © Phil Schermeister/CORBIS ; 317b : © Stocknet/CORBIS ; 317cd : © David Muench/CORBIS ; 318b, 318c : © Wolfgang Kaehler/CORBIS ; 319b : © Kevin Schafer/CORBIS ; 319hd : © Danny Lehman/CORBIS ; 320h, 320b : Kit Houghton ; 321b : © Jay Dickman/CORBIS ; 321c : © Layne Kennedy/CORBIS ; 322 : © Dave Bartruff/CORBIS ; 323h : © Andrew Brown ; Ecoscene/CORBIS ; 323b : Kit Houghton ; 324b : © Gavriel Jecan/CORBIS ; 324c : © Nik Wheeler/CORBIS ; 325d : © Carl & Ann Purcell/CORBIS ; 325b : © CORBIS ; 326hd : © Owen Franken/CORBIS ; 326b : © Sergio Pitamitz/CORBIS ; 327 : © Anthony Bannister ; Gallo Images/CORBIS : 328g : © Peter Johnson/CORBIS ; 328d : Franco Barbagallo ; 329bg, 329d : Kit Houghton ; 330 : © Hamid Sardar/Corbis ; 331c, 331bg : © Robert Holmes/CORBIS ; 338 : Kit Houghton.